· 国家民委后期资助："奥托 · 鲍威尔民族理论研究"（编号：2016-GMH--003）

· 潍坊学院博士科研基金："民族文化自治研究"（编号：2014S28）

王幸平◎著

奥托·鲍威尔
民族理论研究

A Study of Otto Bauer's Ethnic Theory

中国社会科学出版社

图书在版编目（CIP）数据

奥托·鲍威尔民族理论研究／王幸平著 . —北京：中国社会科学
出版社，2017.7
ISBN 978 - 7 - 5203 - 0409 - 2

Ⅰ. ①奥… Ⅱ. ①王… Ⅲ. ①鲍威尔（Bauer Otto，1881 - 1938）—
民族观—理论研究 Ⅳ. ①D14②C95

中国版本图书馆 CIP 数据核字（2017）第 110002 号

出 版 人	赵剑英
责任编辑	赵 丽
责任校对	周 昊
责任印制	王 超

出 版	中国社会科学出版社
社 址	北京鼓楼西大街甲 158 号
邮 编	100720
网 址	http：//www.csspw.cn
发 行 部	010 - 84083685
门 市 部	010 - 84029450
经 销	新华书店及其他书店

印 刷	北京君升印刷有限公司
装 订	廊坊市广阳区广增装订厂
版 次	2017 年 7 月第 1 版
印 次	2017 年 7 月第 1 次印刷

开 本	710 × 1000 1/16
印 张	19.5
插 页	2
字 数	265 千字
定 价	85.00 元

目 录

导　言

一　全球化背景下的民族问题

当今世界全球化发展的趋势使得世界各国在经济上的趋同性越来越强，如欧盟的形成、北美自由贸易区的建立、东南亚国家联盟发展。与此同时，世界范围内兴起了民族权利与独立运动。"20世纪的政治创伤并非是民族的地域范围和民族主义的主题所能涵盖的。然而，民族这艘航船劈风斩浪，勇往直前。民族的旗帜从未降落。从其广度、韧性、变化来说，民族现象主宰了整个19世纪和20世纪的历史。"① 当前世界上无论是发达国家还是发展中国家都存在着民族矛盾与冲突，比如中东以色列和巴勒斯坦战火、西班牙巴斯克民族独立运动、北爱尔兰归属问题、加拿大魁北克自治问题、非洲大陆上的种族仇杀等。特别是在苏联和东欧国家解体以后民族矛盾日趋尖锐，俄罗斯国内的民族矛盾并没有因为解体而得到解决，反而和苏联一样面临着严重的民族冲突，如车臣与南奥塞梯问题。

民族现象是当今社会中最为普遍、最为复杂，同时也是人们至今依然还在探索中的社会现象，它往往和国家的政治制度、经济发展、文化价值和宗教信仰等各种问题交织在一起。各民族为建立统

---

① ［法］吉尔·德拉诺瓦：《民族与民族主义》，郑文斌、洪晖译，舒蓉、陈彦校，生活·读书·新知三联书店2005年版，序：第14页。

一的国家而进行艰苦的斗争，而在国家建立以后，各民族之间为了国家权力与民族利益又产生了矛盾与分歧，是什么原因产生了这一现象？是什么力量使得各民族具有如此强烈而又持久的运动？在人类走向共同的发展目标之时，为什么有些人可以形成情同手足、坚不可摧的共同体，而有些人却有着不共戴天之仇以至于冲突不断？所有这些都可以归结为一个现象——民族。正如本尼迪克特·安德森所说："事实上，民族属性是我们这个时代的政治生活中最具普遍合法性价值。"①

从历史上看，最早的民族主义运动是北美各州发起脱离英国殖民统治的独立运动。18 世纪末到 19 世纪中叶，由于法国启蒙思想的广泛传播，欧洲爆发了资产阶级革命运动，如意大利统一运动、法国大革命运动。这次资产阶级革命运动导致了一系列民族国家的建立。第二次民族主义运动是在 20 世纪初至 20 世纪中叶，这一时期，资本主义由自由发展阶段走向垄断阶段。先前的资本主义民族国家走上了为争夺原料产地与商品销售市场而进行侵略与扩张的道路，从而引起了殖民地国家的民族独立与民族解放运动。第二次世界大战以后，广大的亚、非、拉第三世界国家争取民族独立解放运动日益高涨，一系列新兴的民族国家相继成立，帝国主义的殖民体系土崩瓦解。第三次民族主义浪潮是在世界经济全球化条件下，民族的政治、经济、文化、平等的权利成为民族之间的主要矛盾。民族意识增强，民族分离运动此起彼伏，尤其是苏联和东欧各国的民族矛盾直接导致了国家解体。

我国是一个多民族国家，各民族在长期共同奋斗与历史发展中形成了统一的中华民族，各民族之间的统一与融合是历史发展的主要趋势。我国在很长的历史时期内，国家与地方保持着统一性与完整性，但也存在着一些民族问题，它成为国家统一和发展的不稳定

---

① ［美］本尼迪克特·安德森：《想象的共同体——民族主义的起源与分布》，吴叡人译，上海人民出版社 2005 年版，第 2 页。

因素。这些问题主要表现在民族之间经济发展上的差距、民族语言文化及政治上的平等权利、少数民族分裂分子的独立活动。近年来的"拉萨事件"以及"乌鲁木齐事件"说明了民族问题仍然是我国的重大问题。这就使得我们针对民族问题提出我们的民族理论以及制定适合国情的民族政策，这不仅是国际形势发展所赋予的艰巨任务，也是我们国家自身建设中所面临的重要使命。

随着社会的发展，民族问题成为社会的一个重要问题。马克思和恩格斯一生致力于人类解放的理论探索与实践斗争，他们的民族理论是关于人类解放理论的重要组成部分。通过对资本主义社会形成与发展过程的分析，揭示了阶级社会民族压迫的根源和民族问题的发展趋势，论证了无产阶级革命与民族解放运动的关系，形成了马克思主义民族观。列宁、斯大林依据马克思民族理论观点认为民族问题的本质是社会问题，坚持民族问题的解决是以阶级问题的解决为前提，他们支持被压迫民族的解放运动。对于马克思主义民族理论探索，西方理论家有着截然不同的看法。如汤姆·奈伦在《不列颠的崩溃》中认为，民族主义理论代表了马克思主义历史性的大失败。本尼迪克·安德森在《想象的共同体》中认为马克思在民族理论上陷入了"晚期托勒密"困境。[①]海斯在《现代民族主义演进史》中认为马克思的共产主义不但忽略了民族主义而且还提出了反对民族主义思想。[②]

二　第二国际时期关于民族问题的论争

19世纪末20世纪初，欧洲国家尤其是中欧与东欧国家面临着复杂的民族矛盾，一些国家的社会民主党人感到利用马克思主义阶

---

① ［美］本尼迪克特·安德森：《想象的共同体——民族主义的起源与分布》，吴叡人译，上海人民出版社2005年版，第3页。

② 参见［美］海斯《现代民族主义演进史》，帕米尔译，华东师范大学出版社2005年版，第199页。

级斗争学说无法解决现实中的阶级和民族之间的矛盾，这就使得重新思考阶级与民族关系问题成为一种迫切需要解决的现实任务。而这一时期各国无产阶级政党在这问题上发生了激烈的争论。在这种情况下，奥地利社会民主党理论家奥托·鲍威尔受维克多·阿德勒之托在几个月的时间里撰写了关于民族问题的专著，准备用来作为社会民主党在处理民族问题时的指导原则。

从马克思主义发展史来看，第二国际时期是处于传统马克思主义理论和当代马克思主义理论之间的过渡环节，但是囿于过去政治斗争的立场与方法，对待第二国际时期的理论总是将其定性为"机会主义""修正主义"，使我们对于第二国际的研究没有从历史发展的角度在学理上给予应有的重视。这一时期是马克思主义理论发展史上的一个重要时期，它是传统马克思主义向当代马克思主义过渡的时期，①也是西方马克思主义理论的源头。这一时期所面临的问题与任务和传统马克思主义有着重大差异，同时也是后来的马克思主义理论面临的问题的最初展现，诸如革命与改良、经济与政治、全球化问题、民族权利、民主问题、民族主义与国际主义等。这些问题错综复杂、相互交织，因此不注重对第二国际时期马克思主义理论研究也就无法全面了解马克思主义理论发展历史，不研究这一时期理论产生分化的原因也就无法把握马克思主义理论的真正本质。把第二国际马克思主义理论批判为修正主义，忽视了他们对于当时资本主义所作的分析以及马克思主义理论所面临的困境，实际上是一种理论上的"偏见"。

由于受到列宁和斯大林的严厉批判，鲍威尔的民族理论在很长的时间内一直不被重视。加上二战期间政治经危机鲍威尔的著作在国内外受到冷落，这种情况直到苏联解体以及民族主义运动的复兴才开始改变，人们对于"民族文化自治"才予以重新认识。但对于

---

① 参见《国外理论动态》杂志记者对于姚顺良教授的专访，《应重视和加强对第二国际的研究——姚顺良教授访谈》，《国外理论动态》2008年第6期。

奥托·鲍威尔的民族理论评价人们褒贬不一。传统马克思主义者一直是把鲍威尔当作"修正主义"来批判的。而西方一些学者则认为鲍威尔提出了不同于正统马克思主义的民族理论，开辟了新的途径。休·希顿－沃森在《民族与国家》中认为鲍威尔的民族理论尽管未能付诸实施但却是不同凡响;① 国内学者韦定广一改众多国内学者对于鲍威尔修正主义与改良主义批判的观点，他认为正是包括鲍威尔在内的第二国际社会民族党人对于民族和民族主义进行了科学的分析。②

民族问题关系到国家主权、领土完整、经济发展和民族团结。随着世界的发展和变化，鲍威尔的民族理论越来越受到人们的重视，并被不少国家作为解决国内民族问题的理论依据。因此在历史与现实条件下，全面地评判鲍威尔的民族理论及其所产生的作用与影响，并结合我国的实际情况来分析他的民族理论，对我们的民族理论与实践具有重要意义。

---

① 参见［英］休·希顿－沃森《民族与国家：对民族起源和民族主义政治的探讨》，吴洪英、黄群译，中央民族大学出版社 2009 年版，第 616—618 页。

② 韦定广:《"第一国际"为什么会解散?》,《社会主义研究》2008 年第 1 期。

第 一 章

奥托·鲍威尔与民族问题

第一节 奥托·鲍威尔及其民族理论

奥托·鲍威尔（Otto Bauer，1881－1938）被认为是奥地利马克思主义者中最有才华的代表人物。他是奥地利社会民主党理论家与政治活动家，同时还是社会主义工人国际领导人之一。但是他在西方理论界和马克思主义理论范围内有着截然不同的地位和评价，在西方现代理论界中他以民族问题理论而闻名，但是在马克思主义者和社会主义者中，他却作为修正主义者和机会主义者而受到激烈的批判，显然这与他作为奥地利马克思主义者所坚持的政治立场以及理论观点有着不可分割的联系。

一 奥托·鲍威尔的一生

奥托·鲍威尔1881年9月5日出生于一个奥地利维也纳波西米亚犹太家庭中，他的父亲菲利普·鲍威尔是一位富裕的纺织品制造商，因患病而接受过奥地利著名心理学家西格蒙特·弗洛伊德的治疗。他的姐姐艾达·鲍威尔是弗洛伊德关于女同性恋和女性癔症研究即"朵拉"在现实中的研究案例。鲍威尔小时候天资聪颖，且勤奋好学。他9岁时就写出了《拿破仑的末日》[①]话剧，因而被人

[①]　参见赵汤寿《奥地利文化史》，北京大学出版社 2002 年版，第 141 页。

们誉为神童。

19 世纪末的奥地利，是处于哈布斯堡家族统治之下奥匈帝国的一部分。当时奥地利帝国的阶级矛盾十分尖锐，工人阶级运动不断壮大。受到工人阶级运动的影响，鲍威尔在阅读康德、黑格尔等德国古典哲学的同时，对于奥地利现实社会以及工人阶级命运进行思考，于是他开始阅读马克思的著作，尤其是马克思的《资本论》给他留下了深刻的印象，使他深刻地理解了社会中的不公正现象。1902 年鲍威尔进入维也纳大学攻读哲学、法律和政治经济学。在大学期间，他不但阅读广泛，还积极参加学校组织的各种讨论班和社会活动，通过这些活动他认识了当时被称为马克思主义学派的主要代表人物，如卡尔·伦纳、麦克斯·阿德勒、鲁道夫·希法亭等。在庞巴维克经济学研讨班上他结识了奥地利自由主义学派米塞斯以及奥地利政治经济学家熊彼特，并和他们成为同窗好友。为了实现自己改造社会的理想，鲍威尔加入奥地利社会民主党并积极参与党的政治活动和如火如荼的工人运动。在维也纳大学期间，鲍威尔成为一名马克思主义和社会主义的信奉者和追求者。由于出色的理论以及独特的见解，他受到了社会民主党领袖维克多·阿德勒的赏识，并把党的一些重要任务交给鲍威尔处理。1907 年，26 岁的鲍威尔以优异的成绩获得了维也纳大学博士学位。大学期间的学习与生活，不但使他在理论上获得了长足的进步，而且为他以后的人生发展和政治活动打下了基础。

维也纳大学毕业后，鲍威尔一边进行马克思主义的理论研究，一边积极参与社会民主党的政治活动，逐渐成为党的职业活动家。1904 年，鲍威尔在考茨基担任主编的《新时代》刊物上发表了题为"马克思主义关于经济危机的理论"的文章，此文受到了考茨基赞赏，并把鲍威尔称为年轻的"马克思主义者"。1907 年，哈布斯堡帝国奥地利部分首次进行民主选举，其中社会民主党获得了 87 个席位。维克多·阿德勒任命年仅 27 岁的鲍威尔为党的秘书，主要负责议会与党的合作问题。同年，鲍威尔还担任奥地利社会民主党国会党团秘书，并和阿道夫·布劳恩和卡尔·伦纳一起创办了党的理论刊物《斗争》杂志，当时鲍威尔已被公认为党的首要理论家。1912年开始担任党的机关报维也纳《工人报》编辑并负责同工会的联系。1913年与海伦·龚普洛维奇结婚。第一次世界大战前夕，鲍威尔已成为奥匈帝国和国际社会主义运动的重要领导人之一。维克多·阿德勒甚至打算让鲍威尔直接担任奥国社会民主党的领导工作。1910年和1913年鲍威尔参加了在丹麦哥本哈根举行的第二国际代表大会和在伦敦召开的社会党国际局会议，并被安排为1914年8月维也纳第二国际代表大会报告人（不过这次大会因第一次世界大战而取消）。

1914年统一的奥地利社会民主党因对第一次世界大战立场的不同而发生了分歧。鲍威尔支持奥国的战争而应征入伍。但是他在前线作战时被俘，后来被押往俄罗斯西伯利亚的特罗伊茨克拉夫斯克战俘营。在做俘虏期间，仍然坚持学习和思考，他研读政治学、经济学和法学并学习了俄语。1916年鲍威尔撰写了《资本主义的世界观》一书，阐述了自己的哲学思想。他试图把马克思主义历史理论与当时的新康德主义和马赫主义认识论结合起来，以改造马克思主义认识论。1917年俄国十月革命后，在俄国孟什维克帮助下获释。之后开始同孟什维克"国际派"交往密切，不过在此期间的经历与俄国革命发展也影响了他的思想。1917年9月，鲍威尔离开莫斯科回到奥地利。此时的奥匈帝国已今非昔比，战争的失败、国家秩序混乱、经济崩溃、阶级矛盾尖锐等矛盾最终使得奥匈帝国于1918年10月走向解体。匈牙利、克罗地亚、捷克等民族宣布国家独立。同年11月奥地利共和国也宣布成立，鲍威尔担任了维克多·阿德勒去世后的第一届社会民主党和基督教社会党联合政府的外交部长。在任期间，他推荐以研究经济见长的熊彼特担任了联合政府的财政部长。但由于和德国签订秘密协定，于1919年10月被迫引咎辞职。不过在随后的 20 年里，社会民主党的理论与政策主要还是由他来制定。1920 年，鲍威尔在奥地利社会民主党内已成为具有重要作用与地位的人物。10 月，成为奥地利立宪国民议会议员，在政治上，鲍威尔积极推行和制定奥地利社会民主党的政策和路线，提出了"缓进革命"和"防御性暴力"的理论。

在国际共产主义运动中，鲍威尔既不同意共产国际即第三国际普遍革命的主张，又不同意第二国际对于马克思主义的改良和背叛。1921 年 2 月，在奥地利社会民主党倡议下，同英国工党、法国社会党和德国独立社会民主党，在维也纳成立了国际中派组织——社会党国际工人联合会，史称"第二半国际"。鲍威尔于 1920 年发表了《布尔什维主义还是社会民主主义》，在这部著作中，他集中阐述了中派思想。鲍威尔在 1923 年社会主义工人国际成立后就一直作为执行委员发挥作用并不断阐述中派理论。1925 年，在社会主义工人国际马赛代表大会上，鲍威尔做了关于《东方问题》的报告。在报告中他支持苏联的建设和中国工人阶级的运动，并提出了民族自决权问题。1926 年 10 月 30 日至 11 月 3 日，社会民主党在林茨召开党的代表大会，鲍威尔参与并起草了社会民主党的纲领即《林茨纲领》。在大会上他做了关于修改党纲的报告。他的理论始终没有改变折中主义与调和的基本特点，他的折中路线总是随着国家革命形势的变化而不停地摇摆，因而常常受到来自革命派和保守派两个方面的批判。1933 年至 1934 年间，由于工人阶级运动的高涨，他提出了"革命"的过激主张而受到了党内保守派的批评，于是鲍威尔开始向"右"派妥协。

鲍威尔主张"缓慢革命"，反对激烈的暴力革命，坚持"社会力量因素论"和"防御性暴力"，这是他的折中主义以及机会主义的进一步发展。1933 年奥地利国内法西斯势力开始崛起，基督教社会党领导人多尔富斯上台后成立了独裁政权，宣布取消议会，解散工人武装和社会民主党。1934 年 2 月，多尔富斯政府对于工人阶级实行反革命镇压。由于鲍威尔一直坚持社会力量因素，采取一味妥协退让的立场，结果导致了社会民主党所领导的工人运动失败，随后社会民主党也被宣布为非法而予以取缔。鲍威尔作为奥地利社会民主党领导人就被独裁的基督教社会党视为重点打击对象。尽管他对于法西斯本性有了深刻的认识，但是为时已晚。在这种情况下，他不得不离开奥地利逃往捷克。在国外他并没有中断党的理论研究，同时支持奥地利国内社会民主党的反法西斯斗争。在流亡期间，鲍威尔发表了他的最后一部著作《两次世界大战之间吗?》，在这部著作中，他对于自己一直所坚持的改良主义有所认识，希望社会民主主义运动和共产主义运动统一起来进行反法西斯斗争。1938年，希特勒吞并奥地利并威胁捷克，迫于当时紧张的局势，鲍威尔匆忙离开捷克逃往法国巴黎。鲍威尔试图在社会主义革命与改良之间找出一条通往"整体的社会主义"的道路，在资本主义和社会主义之间开辟一条新的道路即"第三条道路"。他有着对自由、民主与国家统一的理想追求，但是由于不相信工人阶级和广大群众的力量，因而在现实中找不到实现自己理想的途径。1938年7月4日晚，鲍威尔因心脏病突发离开了人世。

二　鲍威尔的思想及其政治

鲍威尔的思想与理论，为维护社会民主党团结和统一以及制定党的纲领和政策奠定了基础，同时对于党的政治活动起了非常重要的作用。奥地利社会民主党在激烈的政治斗争中之所以能够连续执政15年，这与鲍威尔理论有着直接的联系。比如1933年，社会民主党在维也纳采取了一系列改善群众生活的福利措施而成为当时社会主义的试验田，被人们誉为"红色维也纳"。

奥托·鲍威尔作为一名奥地利马克思主义者和其他奥地利马克思主义者一样具有一些共同特点，如良好的高等教育，把马克思主义理论研究运用于社会实际。由于受到当时新康德主义和马赫主义的影响，鲍威尔主张把马克思历史理论与康德哲学、马赫主义结合起来修正马克思主义认识论。他试图超越唯物主义与唯心主义二元划分，在马赫主义基础上把二者统一起来，实际上是从实证化立场上试图取消马克思主义理论革命性质，明显带有修正主义的性质，这一做法受到了列宁的严厉批判。除此之外，他积极参与社会民主党的社会活动，并在国家政府部门担任要职。鲍威尔主张成立"第二半国际"的行为是他的折中主义在共产国际工人运动中的表现。鲍威尔后来提出把改良的社会主义与革命的社会主义结合在一起的"整体社会主义"的主张，说明他既反对布尔什维克主义的暴力革命，又反对伯恩施坦改良主义中间立场。由于他把革命与改良调和起来因而又被称作"第三条道路"的开创者。不过他反对改良与革命的二分法观点直接影响了奥地利国家后来的政治走向，这是20世纪50年代奥地利成为中立国的理论依据。

鲍威尔一生写下了大量文章、著作，另外还有演讲稿、会议发言等。这些内容主要涉及政治学、哲学、经济学、民族等领域。他在《走向社会主义的道路》中指出了党的方针与路线。根据奥地利现实斗争中的问题，他于1923年写了《奥地利革命》一书，阐述了他主张"缓慢革命"，反对布尔什维克式的理论。另外还写了关于苏维埃俄国革命问题以及布尔什维克主义的著作。1926年鲍威尔在《奥地利社会民主党的土地纲领》中明确了党关于土地的政策，这一问题还体现在他的另一部著作《森林和牧场的斗争》中。这些著作除了关于民族问题的出版于第一次世界大战前，其他著作均是在战后出版的。

二战爆发后，奥地利经济滞后、物资匮乏以及世界性的冲突加剧。无论是在奥地利国内还是在国外，鲍威尔的思想与理论逐渐淡出了人们的视野，原因在于人们认为他的思想过于思辨而缺乏实用性，因而称之为"理论家"。这种状况直到20世纪70年代末80年代初出现了"鲍威尔复兴"才有所改变。但是这次复兴并不是因为他的民族思想，而是他的"中间"路线理论。20 世纪 90 年代以来，随着苏联和东欧社会主义国家的解体，出现了"一超多强"的世界政治格局，世界两极分化局面被打破。经济全球化与多元文化的发展激发了民族意识，国家与民族的关系、少数民族权利、多元文化以及公民权利问题成为人们关注的焦点。在这一情况下，鲍威尔关于国家与民族的关系理论因而受到人们的重视。

三　奥托·鲍威尔与《民族问题与社会民主党》

　　20 世纪初，哈布斯堡王朝复杂的民族矛盾严重地影响了奥地利社会民主党的统一与团结。面对社会民主党政治中最难处理的民族问题，维克多·阿德勒把这一任务交给了作为马克思主义者且具有深厚理论素养的奥托·鲍威尔。尽管对于写作民族问题并不十分情愿，但是他还是克服种种困难，凭借自己深厚的理论基础和根据自己对于奥地利历史及其国内民族问题的了解，用了仅仅不到半年的时间就写出了长达 576 页、40 多万字的论著即《民族问题和社会民主党》（*The Question of Nationalities and Social Democracy*）。该书于 1907 年在《马克思研究丛书》第二辑上发表，推动了当时的民族问题与民族主义的讨论。这本书也成为关于民族和民族问题理论方面的经典著作，时至今日依然被一些国家的政治学家、社会学家以及历史学家所探讨。1924 年鲍威尔的《民族问题与社会民主党》第二版发表。在前言中，鲍威尔概括了 1907 年至 1924 年的政治与社会变化，并再次强调了民族理论、康德哲学以及马克思主义历史概念之间的关系。

　　鲍威尔是第一个系统研究民族问题的马克思主义者，他的这部著作在民族理论发展史上有着重要的地位与影响。鲍威尔用马克思主义历史方法分析了民族形成与发展的过程，提出了社会民主党的民族纲领即"民族文化自治"，对当时国际共产主义运动和民族主义运动产生了重要影响。随着"第三条道路"以及民族冲突与国家统一问题的凸显，鲍威尔的民族思想又引起了人们的重视，这部著作 80 年代以来已被译成多国文字，主要有西班牙语（1978）、法语（1988）、意大利语（1999）以及英文（2000）等。[①]

第二节　奥地利民族问题

一　欧洲历史上的民族与民族运动

欧洲自古就分布着一些古老的民族，从历史上来看，欧洲古代主要有盎格鲁—撒克逊人、高卢人、日耳曼人、斯拉夫人、罗马人等。欧洲历史上各民族之间的交往与影响比较频繁，尤其是在中世纪以后，由于国家之间的战争造成了民族的征服与迁徙，比如北欧的盎格鲁—撒克逊人对英格兰的征服，罗马人对于地中海沿岸国家的统一，奥斯曼帝国、马其顿帝国、土耳其帝国等各个帝国的兴起与衰落同时也影响了统治民族的分布与发展。一方面形成了统治民族与被统治民族之间在分布上相互交错，另一方面使得民族之间的文化相互影响，造成了欧洲各国从历史上就普遍面临着复杂的民族矛盾。此外欧洲还存在着不同的宗教派别，主要有天主教、东正教、伊斯兰教、犹太教等。这些宗教之间经常发生冲突与斗争，比如历史上著名的十字军东征，就是基督教与犹太教之间的斗争。另外教权与皇权由来已久的斗争也加剧了民族间的矛盾。

欧洲在中世纪处于宗教神权统治之下，随着社会生产的发展，14 世纪在意大利开始出现了资本主义的萌芽。经济上的变化决定了社会结构的发展与变化，也影响了人们的意识观念。15 世纪开始出现了以复兴古典文化为主要形式的"文艺复兴"运动，它实质

---

① 不过鲍威尔的这部著作至今尚未有中译本，个别篇章出现在殷叙彝翻译并编纂的《鲍威尔文选》（包括 1978 年以"灰皮书"出现的《鲍威尔言论》）。在一些甚至被认为是重要的民族与民族问题研究著作中对于鲍威尔的民族理论只是稍带一提或略去不提，这对于民族理论研究而言不能不说是一个缺憾。

上是新兴资产阶级用古典的文艺形式反映资产阶级的目的与要求。它以人权反对神权，以理性反对蒙昧，以自由反对专制。文艺复兴运动在思想上冲破了中世纪宗教神权的专制统治，是资产阶级反对封建专制的理论旗帜，吹响了资产阶级革命的号角。同时皇权最终在与教权的斗争中取得了胜利，世俗的国家成了社会的决定者，也成为国际上的行为主体，而教权对人们的影响开始衰落。资本主义经济的发展和资产阶级的壮大，在经济、政治上出现了反映资产阶级利益和要求的思想家，比如孟德斯鸠、卢梭、伏尔泰等。孟德斯鸠在《论法的精神》中提出了三权分立学说，确立了资产阶级国家政权的立法基础；卢梭在《论人类不平等根源》中揭示了人类不平的私有制根源，抨击封建专制制度与国家统治。启蒙运动激发了人们的自我意识与追求自由的权利，同时促进了民族意识的觉醒和民族主义的产生。最早进行国家与民族统一运动的是意大利，在马志尼领导下开展了"青年欧洲"运动。美洲和欧洲相继发生了推翻封建专制统治的资产阶级革命运动，如美国的独立运动、法国的大革命、英国的权利法案。统一的民族国家结束了封建时代的城邦割据、彼此分裂的状态，为资本主义经济的发展奠定了基础。

中世纪以来，欧洲一直是政治与宗教二元体制下的统治格局。占主要地位的是神学与教权的统治，世俗的国家权力则依附于教皇的权力。但是这种情况到了17世纪发生了巨大变化。随着商品经济的发展，世俗权力战胜了宗教权力，教皇的地位和权力开始衰落。尤其是《威斯特伐利亚条约》签订，主权国家开始成为国际政治交往中的主体。人们在国家主权观念上开始摒弃传统宗教意义上的标准，布丹和马基雅维利对于国家主权的论述突破了传统的国家观念，他们认为国家为维护社会的稳定与统一可以不必约束于道德的观念；洛克和霍布斯使得这种观念得到了进一步的发展。宗教价值的认同转变为国家认同，这就为政治上的国家奠定了基础。

文艺复兴与启蒙运动运动促使人们自由与权利意识的觉醒。特别是资产阶级的兴起，他们要求反对封建专制统治，为发展资本主义经济破除政治上的障碍，确立资产阶级的统治。但仅是资产阶级自身还无法完成反对封建统治的革命任务，资产阶级的自由与权利意识并不能成为民众的意识，因此如何让资产阶级特殊的意识转化为普遍的意识，成为资产阶级需要加以解决的问题。他们把既带有自然性又具有政治意识性的民族主义作为反对封建帝国王朝专制统治的意识形态。民族主义形成促进了资产阶级反对封建统治运动，有力地推动了民族国家的诞生。

17世纪的欧洲旧的帝国王朝价值观念失去了原来的作用与意义，民族及其所形成的文化开始成为人们认同的价值尺度。帝国解体后形成新的国家，国家之间的边界需要重新划分。以民族的边界作为国家的边界，满足了政治、经济和文化发展的要求，所以新的国家形式即民族国家成为17世纪至19世纪最主要的国家形式，英国、法国、德国、意大利和西班牙等国家正是在这个时代形成和发展起来的。民族国家促进了资本主义经济和文化的发展，同时民族主义作为一种意识形态在资产阶级国家统治中发挥着重要作用。19世纪后期资本主义由自由竞争阶段过渡到垄断阶段，资产阶级国家开始走上了对外侵略与扩张的道路，民族主义体现了资产阶级的本质。盖尔纳认为："民族主义自欺欺人的基本做法是：民族主义，从根本上说，是把一种高层次文化全盘强加在社会之上，在这个社会里，以前低俗的文化统治着大多数人，有时甚至是所有人的生活。"①

欧洲各民族在发展与形成中有着相近的文化与宗教影响，但是在具体的民族国家形成途径上，东欧与西欧却有着巨大的差别。西欧经过启蒙运动与文艺复兴之后，资本主义商品经济得到迅速发展，资产阶级逐渐壮大并完成了国家与民族的统一，资产阶级统治

---

① ［英］盖尔纳：《民族与民族主义》，韩红译，中央编译出版社2002年版，第75页。

地位及其政治、经济制度开始确立。与此同时，东欧国家却走上了与西欧完全相反的道路。在西欧民族国家形成并逐步得到确立时期，东欧还处于封建帝国统治的时代，政治上的君主专制，自给自足经济占统治地位，宗教、文化等领域实行集权制，比如哈布斯堡王朝、土耳其帝国、俄罗斯帝国。

东欧由于其战略地位的重要性，使得东欧几乎成为每一个大国侵略与扩张的目标，这就形成了东欧在历史上多次被不同的国家所征服和统治，帝国的兴衰就会形成不同民族大规模的迁徙，从而使东欧和中欧在民族问题上变得异常复杂。在这种复杂多变的历史过程中，由于民族意识的加强而激发了民族之间的斗争与矛盾。奥地利地处中欧，一方面在文化与宗教上深受西欧影响，另一方面在国家的形成以及民族问题上和东欧又有着类似的经历。民族关系与分布错综复杂，民族之间的经济发展不平衡，以及语言、文化和宗教之间的差异，由此带来的民族冲突与对抗经过几百年的发展愈加激烈。

综上所述，欧洲文艺复兴以及启蒙运动促使现代民族的形成，资本主义发展引起了民族意识的觉醒，欧洲经历了从资产阶级民族主义革命到民族征服的帝国主义变化。欧洲民族发展过程既与欧洲各国政治斗争以及宗教斗争联系在一起，又受到外来民族的征服和迁徙影响，从而造成了欧洲民族问题的复杂性和普遍性。

二　奥地利与民族问题

奥地利地处欧洲版图的中心，在欧洲政治事务中占有非常重要的位置，但是它却有着艰辛的历史与非常复杂的民族构成。奥地利历史上就一直存在着复杂的民族冲突与斗争，可以说"在奥地利，每一个政治、经济、社会问题都可以认为具有民族意义"①。虽然奥地利人历史上很早就形成了民族和国家观念，但是由于民族成分复

---

① Otto Bauer, *The Question of Nationalities and Social Democracy*, Trans. J. O'Donnell, E. Nimni（ed.），Minneapolis, MN：University of Minnesota Press, 2000, p.450.

杂，各个民族都有着自己的民族语言与认同，因此作为"奥地利人"却并没有自身的民族认同。奥地利历史上曾经是大德意志帝国的一部分，这就更增加了奥地利人在民族认同上的难度与复杂性。针对这一情况，史蒂芬·贝莱尔指出"奥地利人可以说是个没有历史的民族，奥地利历史则是一段没有民族的历史"，而这种情况直到第二次世界大战以后才开始改变，"奥地利人才真正尝试构建一种同德国人分离的民族身份"①。因此奥地利的民族问题是其国家与民族复杂性的一个反映。

　　奥地利历史始于公元 11 世纪，当时它还是巴伐利亚的一部分，是日耳曼人的一个军事管辖区域。12 世纪中叶在巴奔堡家族统治下成立公国，奥地利开始成为独立的国家。13 世纪的马尔什原野之战使哈布斯堡家族开始成为奥地利长达近六个半世纪的统治者，从此奥地利便与这个家族的命运结合在一起。14 世纪，哈布斯堡家族统治下的奥地利封建制度日趋衰落，自然经济开始解体，资本主义商品经济得到发展。16 世纪初，哈布斯堡家族通过与匈牙利、波西米亚和克罗地亚联姻形成了一个多民族帝国。17 世纪至 18 世纪奥地利成为欧洲仅次于俄罗斯的一个强大帝国。随着各民族的民族意识觉醒，他们对于哈布斯堡民族压迫政策表示不满和反抗，使得民族问题成为国家迫切需要解决的主要问题。当时"哈布斯堡家族的殖民政策和建立军事边界的政策，使得奥地利君主国变成一个五光十色，七零八碎，组织紊乱的国家组织，其中每个地区都有种种民族集团，而每一个少数民族内又包括着另外一些少数民族"②。19 世纪初，查理曼神圣罗马帝国解体，开始形成奥地利帝国。法国大革命促使现代民族国家产生，尤其是拿破仑入侵对于统治着诸

---

　　① 〔奥〕史蒂芬·贝莱尔：《奥地利史》，黄艳红译，中国大百科全书出版社 2009 年版，导论：第 1 页。

　　② 〔奥〕埃·普利斯特尔：《奥地利简史》（下），陶梁、张博译，生活·读书·新知三联书店 1972 年版，第 496 页。

多民族的哈布斯堡家族来说，如何保持自己在领地中的统治地位成为他们的焦点问题。19世纪初，拿破仑对于欧洲的征服激起了各国以及各个民族的强烈反抗，以民族为主体的斗争以及民族主义思潮迅速传遍欧洲。虽然这一思潮也影响了奥地利，但是利用民族来抵抗法国的侵略并没有获得胜利。奥地利帝国因战败而沦为法国的附庸国，直到1815年拿破仑在战争中失败，奥地利才改变了自己的处境。由于法国大革命和拿破仑战争的教训，使得奥地利帝国在民族国家意义上失去了它的合法性。为了维持这个多民族帝国的存在，弗兰茨在统治期间进行了政治、经济、法律与宗教等各方面的改革，这对于哈布斯堡家族统治也起了非常重要的作用。由于受到西欧经济发展的影响，19世纪奥地利帝国也开始在交通、工业、纺织业上得到了不同程度的发展，其中波西米亚的经济发展水平最高，而匈牙利经济水平较为落后。经济的发展促进了各个民族意识加强，民族主义思潮也开始广泛传播。这一时期如马扎尔人、波兰人等开始形成了自己的民族意识与权利观念。但是作为奥地利统一的公民社会始终没有形成，而是"将自由主义和民族主义结合在一起的地方公民社会及政治生活便独自发展起来。人民主权的自由理念，与民族主义对于特定地区的特定人民的忠诚的强调融合起来"①。同时经济与文化的发展唤醒了"非历史民族"的觉醒。在哈布斯堡君主国统治下，意大利人、罗马尼亚人、波兰人、德意志人和马扎尔人等错综分布，每个民族都拥有不同的历史、文化、宗教与社会生活。作为在欧洲外交中处于"欧洲之必须"地位的哈布斯堡君主国，它控制着民族复杂的地区。这里的民族冲突与矛盾异常尖锐，尤其是境内马扎尔人统治下的匈牙利发生了民族起义。1867奥地利与匈牙利通过谈判达成一致，从而使哈布斯堡君主国形成了奥地利和匈牙利两个主权国家并存的二元帝国。同奥匈帝国在

---

① ［奥］史蒂芬·贝莱尔：《奥地利史》，黄艳红译，中国大百科全书出版社2009年版，第116页。

地理位置上处于东欧和西欧之间一样，这个二元制国家既具有西欧影响下的现代成分，表现为资本主义经济发展，在政治上表现为民主自由。同时也受东欧封建制度的影响，主要表现为种族主义、专制主义和权威主义。经过长期相对稳定的发展，形成了良好的社会秩序以及宽容的社会政策，但是这种情况在第一次世界大战中彻底被打破。战乱、物资匮乏，尤其是在俄国革命影响下产生的革命主义与民族主义被激发出来。奥匈帝国最终被一系列新兴的现代民族国家如意大利、罗马尼亚和波兰所代替，最终无法避免按照民族解体的命运。

三　奥地利社会民主党

19 世纪中叶，奥匈帝国在经济、文化上得到了快速发展，尤其是在维也纳和波西米亚地区经济发展水平与西欧不相上下。经济的发展也促进了民族意识的发展。与此同时，1848 年欧洲革命对于奥地利民族运动和工人运动产生了深刻影响。奥地利和匈牙利民族矛盾开始加剧，在以捷克人为主的波西米亚地区德意志"自由派"和"青年捷克人"之间的民族冲突尤为严重。这一时期，无产阶级运动也得到了发展，工人同资产阶级的矛盾日益尖锐。19 世纪 80 年代，马克思主义理论开始在奥地利得到广泛传播。为了维护工人阶级的利益以及组织工会、集会的权利，在德国社会主义思想和工人运动影响下，奥地利工人阶级也成立了自己的政党组织即社会民主党。1888 年 12 月 30 日至 1889 年 1 月 1 日，在维克多·阿德勒主持下，奥地利社会民主党在海因菲尔德举行了党的统一代表大会。大会通过了《海因菲尔德宣言》，他们明确提出反对资本主义国家制度和生产资料私有制，实现社会主义国家制度和生产资料公有制。他们还积极领导工人争取普选权和合法劳动权利的斗争，推动了工人运动发展，在理论上形成了自己的独特理论即"奥地利马克思主义"。柯尔认为："在第二国际中，以维克多·阿德勒为首的奥地利社会党人占有非常重要而备受尊敬的地位。就许多方面来说，奥地利党都是一个模范党：奥地利社会党人不但热情高，而且纪律严明；……"① 尤其是在民族问题上做出了自己的独特贡献。因此"奥地利社会民主党特殊性在于：在二元君主制深深地植根于民族冲突之中，而对于奥匈帝国政治生活却无能为力。同样，民族主义者的观念深深地影响了社会主义者们，迫使党的领导者超越传统社会主义者政治阶级斗争领域，而进入到民族范围之内，这一领域无论在理论上还是在实践中至今还未曾探讨"② 他们竭力超越民族界限以维护工人在社会主义运动中的统一性。他们"倡导法治、责任制政府和超民族的宪政"③，因此，作为一个超民族政治组织，奥地利社会民主党一度被认为是哈布斯堡君主国继续存在下去的希望。社会民主党的阶级性使他们把推翻哈布斯堡君主制统治实现社会主义作为自己的斗争目标。不但如此，他们还成功地团结各民族社会党人，从而在党内形成了一种类似的国际主义精神；而从另一方面来说，哈布斯堡统治下各族人民并没有建立起统一的国家认同，人们只有民族认同，而对于国家的认同则非常淡薄，这一问题在奥地利社会民主党内部同样存在。1899 年，奥地利社会民主党在布隆举行代表大会，党成了七个不同民族的联盟，每一个政党拥有自己的组织并有权处理自己的事务。大会通过了把奥地利改为由各个民族形成的联邦国家的决议，这样民族矛盾就越发使它面临分裂的危险，尤其是当捷克人于 1910 年退出该党时，对社会民主党和哈布斯堡君主国都是一个沉重的打击。20 世纪初，经历了漫长的民族矛盾与冲突，奥匈帝国已筋疲力尽，国内外的民族矛盾使得它

---

① ［英］G. D. H. 柯尔：《社会主义思想史》第 3 卷（下），何慕李译，商务印书馆 1986 年版，第 1 页。

② Otto Bauer, *The Question of Nationalities and Social Democracy*, Trans. J. O'Donnell, E. Nimni（ed.），Minneapolis, M. N.：University of Minnesota Press, 2000, p. xxiii.

③ 史蒂芬·贝莱尔：《奥地利史》，黄艳红译，中国大百科全书出版社 2009 年版，第 158 页。

在内政与外交上危机四起。"奥匈帝国并不是一个能够唤起境内人民对其本身或对国民精神热诚效忠的社会单位。"[①] 尖锐的民族矛盾也存在于民主社会党，比如散居在俄罗斯、德意志、奥地利三个帝国中的波兰人，"波兰人的社会主义运动便分裂成为几个独立的运动，每个运动都不得不在各自的统治者所强加的条件下开展工作，而且每个运动也都一面希望实现民族团结，一面又不得不同所在国的其他民族工人进行共同的斗争"[②]。社会民主党内的民族矛盾造成了党的分裂，甚至严重地影响党的正常工作，特别是捷克人和日耳曼人之间的民族矛盾对于社会民主党人影响最大。当捷克社会民主党人安东宁·涅米克要求在更大的全奥地利社会党内建立自治的党，同时声称拥有建立自己工会的权利，这样就使党所领导的工人运动面临分裂。在阶级问题与民族问题关系上，民主党人感到按照马克思理论与方法无法解决复杂的现实问题。社会党人必须处理好民族主义和社会主义之间的统一性问题，以及在工人运动中如何克服民族分裂来保持统一性就成为社会党人的主要工作。因此奥地利社会民主党面对工人运动中的民族问题就必须表明党的态度与立场。正是在这一点上，鲍威尔所提倡的中间路线对于奥地利社会民主党内部不同党派之间的团结起了积极作用，使得奥地利社会民主党成为当时社会主义政党中最具有战斗力的政党组织，以至于时任第二国际社会党国际主席王德威尔德把奥地利社会民主党称为"国际的铁师"。[③]

面对奥匈帝国境内复杂的民族问题，以伦纳和鲍威尔为首的奥地利社会民主党开始着手解决民族问题并提出了具有开创性的民族理论。他们反对以地域划分民族，提出了"非地域"的"民族性

---

① ［英］G. D. H. 柯尔:《社会主义思想史》第3卷（下），何慕李译，商务印书馆1985年版，第2页。

② 同上书，第3页。

③ 周懋庸:《关于奥托·鲍威尔的一次学术会议和论文选集:〈奥托·鲍威尔——理论和政策〉》，《当代世界与社会主义》1987年第1期。

格"来解决国内的民族问题。特别是鲍威尔"在当时的社会主义理论家中，他是唯一能为左派提供对民族的'积极的、非民族主义的'理解的人"①。从另一方面来讲，以奥托·鲍威尔为首的奥地利社会民主党的民族理论虽然没有能够解决奥匈帝国的民族问题以及挽救帝国灭亡的命运，但是不可否认"他们在力图解决一个无法解决的问题的时候，倒的确对民族理论作出了宝贵的贡献，特别是在文化方面：尽管他们没有能为一个民主的奥地利联邦规划出一种行之有效的组织结构，但是他们却曾为那些民族分裂的力量不那么强大的国家处理多民族国家的文化自治问题提供了宝贵的资料"②。

第三节 奥托·鲍威尔民族理论溯源

一 马克思主义民族理论

19 世纪中叶，民族国家在西欧各国基本得到确立，因而民族问题在马克思主义理论中已不再是主要问题，它服从于无产阶级革命事业。马克思和恩格斯在民族问题上支持有利于无产阶级斗争的民族斗争，如波兰与爱尔兰民族斗争。同时他们反对不符合历史发展趋势的民族斗争，如匈牙利以及土耳其境内的斯拉夫民族运动。在民族国家发展上，东欧与西欧有着截然不同的趋势。当西欧国家已经基本确立民族国家时，东欧却依然还是多民族的封建王朝帝国，包括奥匈帝国、土耳其帝国以及俄罗斯帝国。20 世纪初，随着资本主义的发展以及民族意识的增强，这些传统帝国都面临着解体问题。如何解决国家统一和民族问题就成为当时人们争论的焦点。

---

① 殷叙彝：《德国学者乌利·舍勒尔论述奥托·鲍威尔思想的现实意义》，《国外理论动态》1996 年第 5 期。

② [英] G. D. H. 柯尔：《社会主义思想史》第 3 卷（下），何慕李译，商务印书馆 1986 年版，第 38—39 页。

　　基于对现实社会制度以及工人阶级命运的思考，鲍威尔在年轻时期就把马克思主义理论以及社会主义制度作为自己的信念与追求，因此马克思主义理论对于鲍威尔民族理论产生了重要的影响。马克思理论的贡献主要是唯物史观和剩余价值学说，唯物史观克服了机械唯物主义在历史观上的错误，认为生产力和生产关系、经济基础和上层建筑之间的矛盾决定了历史的发展与变化。在此基础上，马克思按照生产力发展把人类社会由低到高分为原始社会、奴隶社会、封建社会、资本主义社会以及共产主义社会五个阶段。马克思唯物史观揭示了社会发展的根本动力，分析了阶级社会发展的根源及其实质，为人类未来社会发展指明了方向。虽然鲍威尔把民族本质归结为文化，但是在民族形成和文化共同体的发展上他都是以社会生产力以及经济结构的发展为前提条件。比如说现代民族国家的产生，鲍威尔都是根据资本主义商品经济发展来加以分析。此外鲍威尔把民族文化共同体分为原始共产主义文化共同体、骑士文化共同体、资产阶级文化共同体以及社会主义文化共同体，这实际上直接来源于马克思的社会阶段划分理论。

　　马克思主义理论是以无产阶级以及全人类的解放为自己的最终使命和任务，它要求全世界被压迫的工人阶级联合起来反对资产阶级，这就需要工人阶级突破民族界限，团结一致进行斗争，所以马克思认为人类历史是阶级斗争的历史。对于无产阶级来说，只有全人类的解放才能获得自身的解放，因此马克思主义坚持工人阶级革命，建立无产阶级专政。在民族与阶级问题上，马克思主义坚持民族斗争服从阶级斗争。民族问题的本质是社会问题，只要人对人的剥削一消失，民族之间的剥削就会消失。民族是一个历史范畴，在生产力发展到一定阶段民族最终走向消亡。鲍威尔民族理论继承了马克思主义民族理论，但是他不同意马克思关于民族最终消亡的观点。在鲍威尔看来，民族发展最终是各个民族实现文化共同体的融合。民族问题与阶级问题上，鲍威尔并不否认阶级斗争的必要性以及国际团结的重要性。鲍威尔认为工人阶级的国际意识与民族意识并不是矛盾而是一致的。在鲍威尔看来，工人阶级国际意识不是在工人不熟悉的语言和文化中形成，而是在自己的民族文化与教育中形成的，这种民族语言和文化是形成工人阶级国际意识的基础。对于工人阶级来说，他们首先是民族生活和观念形成了他们个人的意识和观念。鲍威尔对于工人阶级民族意识与国际意识关系的观点说明了两个问题：一方面对于工人阶级来说，民族意识是比阶级意识更为现实、更贴近于生活；另一方面，他触及了认同多元性问题。对于工人阶级来说，阶级意识以及民族意识都有可能存在于工人阶级的生活，而且它们在生活中同时发挥着重要的作用而不冲突。

马克思剩余价值学说也是鲍威尔分析民族问题的一个重要理论依据。比如资本主义社会发展导致资本有机构成的不断提高，这使得大量工人失业，从而造成阶级矛盾不断激化。同时资本有机构成的提高还导致大量工人向资本集中以及收入高的地区流动，从而引起了民族人口构成的变化，这就为他的"非地域"性的民族特征以及"民族文化自治"理论提供了基础。另一方面，资本有机构成的提高使得外来人口即工人的阶级矛盾转化为民族矛盾。在此基础上，鲍威尔阐述了民族问题对于工人阶级的重要性，从而改变了传统马克思主义理论关于民族问题服从阶级问题的观点。马克思主义理论对于资本主义社会本质的批判是鲍威尔批判资本主义的理论武器。他认为民族问题在资本主义社会中是无法解决的，只有在社会主义社会中才能得到解决。因此从某种程度上来说，鲍威尔的民族理论是马克思主义理论方法在民族问题上的进一步发展和具体运用，他的民族理论不但推动了马克思主义理论在现实中的运用，而且还是社会主义国家解决民族问题的一种探索。

马克思和恩格斯对于"历史民族"与"非历史民族"的区分成为鲍威尔民族理论一个重要内容。他们把没有民族文化与历史的民族称为"非历史民族"（nonhistorical nation）。"那些从来没有自己的历史，从达到文明发展的最初阶段即最低阶段的时候起就陷于异族统治之下，或者只是由于异族的压迫才被**强迫**提高到文明发展的最初阶段的民族，是没有生命力的，是永远也不可能获得什么独立的。"① 恩格斯首先把这一概念用于处于被统治地位、经济和文化落后的民族。他认为斯拉夫民族除了波兰以外都没有自己的文化，在国家中没有自己的权力，因而他们也没有自己的未来。"除了波兰人、俄罗斯人——充其量还有土耳其的斯拉夫人——以外，没有一个斯拉夫民族是有前途的，原因很简单：其他一切斯拉夫人都没有具备为独立和维持生命力所必需的历史、地理、政治和工业的条件。"② 这些民族如苏格兰的盖尔人、法国的布列塔尼人、西班牙的巴斯克人以及奥地利泛斯拉夫主义中的南方斯拉夫人都是"非历史"的民族，"按黑格尔的说法是被历史进程无情地蹂躏了的民族的残余"，所以是"**残存的民族**"③。

对于1848年奥地利激烈的阶级斗争以及复杂的民族斗争，恩格斯认为："在奥地利各个大小民族中，只有三个民族是进步的代表者，它们积极地影响历史，并且现在还保持着生命力，这就是**德国人、波兰人、马扎尔人**。因此，他们现在是革命的。"而"其他一切大小民族，在最近的将来都要在世界革命的风暴中灭亡。因此，它们现在是反革命的。"④ 在恩格斯看来，那些有着自己的历史、有活力的民族是革命的民族，而那些处于被统治地位没有自己历史的民族则是革命道路上的绊脚石。所以恩格斯认为："这些**残存的民族**，每次都成为反革命的狂热的代表者，并且以后还会是这样，直到它们被完全消灭或者完全丧失其民族特性为止；其实它们的存在本身就已经是对伟大历史革命的抗议。"⑤ 恩格斯站在革命立

---

① 《马克思恩格斯全集》第6卷，人民出版社1961年版，第328页。
② 同上书，第328页。
③ 同上书，第202页。
④ 同上书，第197页。
⑤ 同上书，第202页。

场认为那些历史民族争取自己的独立和自由，成立自己的民族国家，以获得民族的解放，所以他支持历史民族的解放斗争，而反对非历史民族的运动。他认为"在即将来临的世界大战中，不仅那些反动阶级和王朝，而且那许多反动民族也要完全从地球上消失。这也将是一种进步"①。革命的结果是消灭那些作为"反动的"非历史民族，这意味着历史的进步。恩格斯主张这些没有历史的民族是没有生命力的，是无法获得独立的。可以看出恩格斯认为弱小民族在革命过程中所起的阻碍作用，因而反对它们的存在，主张历史民族的革命与独立。尽管鲍威尔不同意恩格斯关于"非历史民族"在历史中的作用，但是恩格斯所采用的"历史民族"与"非历史民族"概念却成为鲍威尔民族理论的重要内容。

二　康德哲学

年轻的鲍威尔在大学期间大量地阅读了德国古典哲学，其中包括康德的哲学著作。在《民族问题与社会民主党》中，他坦承康德哲学影响了他对民族概念的认识。鲍威尔反对经验论以及唯心论的民族概念，就是受到了康德对于经验主义和理念论批判的影响。特别是对于心理学上的民族概念的批判，就是直接来源于康德关于"自在之物"的理论。

康德哲学的主要特点是在认识论上克服了近代哲学主客二分缺陷，在此基础上创立了自己的哲学体系，"灵魂不朽""意志自由"与"上帝存在"是康德哲学思想中的三大主题。他的哲学思想主要体现于他的三大哲学批判著作中即《纯粹理性批判》《实践理性批判》和《判断力批判》。康德试图通过对人类理性认识能力的考察，确定人类认识限度，从而克服由于近代哲学以来主客二分所带来的矛盾，并为科学知识与宗教信仰奠定各自的基础。以培根、洛

---

① 《马克思恩格斯全集》第6卷，人民出版社1961年版，第207页。

克、霍布斯为代表的经验论与以笛卡尔、斯宾诺莎、莱布尼兹为代表的唯理论，他们在知识来源和普遍必然性之间的争论始终是人们无法解脱的难题。经验论认为人类的知识产生于感觉经验，而不是神的启示和天赋观念。因为感觉经验是来自外物的刺激，从而说明了科学的客观性。而唯理论则认为人类的感觉经验是不可靠的，因而不具有普遍必然性，只有心灵才能产生普遍性的知识。双方在知识客观性与普遍性问题上的矛盾并没有得到解决，反而是经验论陷入了怀疑论，唯理论则滑进了独断论。在这种情况下，如何正确认识和确定科学知识成为当时人们的一个迫切任务，康德就是在休谟的不可知论启示下综合了经验论和唯理论提出了自己的哲学思想。

康德通过在认识论上的"哥白尼式革命"完成了哲学在主体与客体、感性与知性上的统一，在为科学知识的发展奠定基础的同时，为人们的内心信仰留下了地盘。因此在一定程度上，康德哲学观点综合了经验论与唯理论，所以在后来的哲学发展中，无论是唯物主义还是唯心主义都可以在康德那里找到理论的资源，它影响了德国古典哲学以及当代西方哲学的发展。后来的新康德主义就是对于康德哲学唯心主义方面的进一步阐发，马赫主义以及奥地利马克思主义理论都直接或间接地受到了康德哲学的影响。

鲍威尔关于民族性格概念就是受到康德在《纯粹理性批判》中所提出来的"第三经验类推"的影响。因此他在第二版序言中认为自己才开始摆脱"康德式天真"的影响，而开始采用马克思唯物主义理论来分析民族概念。

三 新康德主义与马赫主义

新康德主义是19世纪中叶欧洲资产阶级革命完成以后，德国资本主义经济发展与政治落后之间的矛盾在哲学上的表现。由于当时科学技术取得瞩目的成就以及它在社会发展中所起的巨大作用，所以在社会上形成了用科学性和精确性取代传统形而上学的科学主义和实证主义思潮，从而造成了以黑格尔哲学为代表的思辨哲学体系的解体。在这种情况下兴起了试图通过"回到康德"来超越传统二元对立的哲学思潮即新康德主义。早期新康德主义是以李普曼和朗格为主要代表人物。它主要是以文德尔班和李凯尔特为代表的"西南学派"亦即弗莱堡学派以及以柯亨和纳托尔普为代表的"马堡学派"。

　　新康德主义哲学最显著的特点就是以"回到康德"为名反对康德哲学中的唯物主义因素以阐述自己的唯心主义哲学。李普曼明确否定康德哲学中的"物自体"，认为它不是概念而是"伪概念"①。他们主张超越唯物与唯心之争，认为唯物主义把虚假的现实当作真正的现实，从而使人缺少理想，陷入自私自利的物质追求陷阱中。而唯心主义则是离开了人类认识的普遍性，把个人的意识当作绝对的创造原则。在这方面恰恰是康德打破了欧洲主客二分哲学传统，实现了主观与客观的统一。他们把康德哲学作为克服唯物论和怀疑论的思想基础。从表面上看，他们既反对唯物主义又反对唯心主义，实际上最后都走向了唯心主义哲学。新康德主义的另外一个特点就是把自然科学研究方法运用于社会科学，从而说明哲学与科学的关系。柯亨认为以数学为核心的科学和以理性为本质特征的哲学都奠基在科学理性之中，在科学的理性与理性的科学之间有一种内在的本质联系。②

　　在 19 世纪后半叶至第一次世界大战期间，新康德主义是当时德国乃至欧洲广泛传播与影响的思想派别，当时大多著名的思想家和科学家都是新康德主义的信徒。第二国际时期主要代表人物为 E. 伯恩施坦、K. 施密特以及对于俄国和奥地利社会主义者同样有着深刻影响的，如俄国"合法马克思主义者"司徒卢威以及

---

　　① 谢地坤主编：《西方哲学史（学术版）》第 7 卷（上），江苏人民出版社 2005 年版，第 180 页。

　　② 同上书，第 228 页。

奥地利社会民主党人麦克斯·阿德勒。新康德主义之所以能够在当时具有广泛的影响，原因在于19世纪末20世纪初，主要的资本主义国家从自由资本主义的阶段过渡到垄断资本主义阶段，社会失去了原来的秩序与基础，包括自由主义、社会主义、民族主义在内的各种社会思潮与理论相互激荡，传统的文化与价值观念失去了合理性。因此如何重新确定人们生活的信念与价值观念就成为哲学的任务与时代的要求。正是在这种情况下，新康德主义重新发现了康德主体价值哲学，突出了道德的重要性，满足了人们的社会需要。这也说明了当时实证主义思潮对于新康德主义的影响，这种方法深深地影响了德国修正主义者伯恩施坦，他主张利用新康德主义来补充和修正马克思主义哲学，他的这一观点对于包括奥托·鲍威尔在内的奥地利马克思主义者在思想与方法上产生了重要影响。

马赫主义在形成时间上比新康德主义稍晚，但在19世纪末至20世纪初是同样有着广泛影响的社会思潮。它的创始人是奥地利物理学家和科学哲学家恩斯特·马赫，他是维也纳学派和逻辑实证主义的先驱，也是现代科学革命和哲学革命的开创者。20世纪前后，正当人们以为牛顿所开创的物理学大厦已经建成的时候，自然科学取得了新的发现，用传统物理学无法说明这些发现，这就必须用新的思维方法来加以解释。马赫主义在继承实证主义基本观点基础上对于新的科学发现做了解释，主要是把自然科学上的方法论与观念运用于哲学研究，把哲学归结为科学的认识论，是实证主义在新时代条件下的发展，所以它又被称为第二代实证主义。马赫主义的特征在于把自然科学方法用于哲学，他认为凡是不能在经验中加以描述或证实的内容如本质、自在之物等都应当作为不经济的东西加以抛弃。在认识论上，马赫主义把经验作为认识的出发点，否认认识对象的外在客观性。他认为人类的认识世界就是经验世界，这种经验世界既不是客观物体也不是人的自我意识，而是由人的感觉要素组成。"并不是物体产生感觉，而是要素的复合体（感觉的复合体）构成物体。"① 马赫主义的另一个主要观点就是阿芬那留斯在"费力最小原则"基础上提出了思维经济原则，他以主观性的生存原则取代了客观物质世界的必然性和因果性。当时在欧洲许多国家如德国、奥地利特别是在关心科学和进步的知识分子中间产生了广泛影响，奥地利马克思主义者如弗里德里希·阿德勒主张运用马赫主义来完善马克思主义。鲍威尔对于资本主义世界观的认识以及关于民族生存斗争理论就是受到了这一理论影响。在俄国甚至成为当时最时髦的哲学流派，它影响了当时俄国的政治斗争。列宁曾专门写了《唯物主义和经验批判主义》一书来批判马赫主义为俄国革命斗争奠定理论基础。

　　19 世纪中叶至 20 世纪初，新康德主义和马赫主义都有一些共同点：它们都受到了当时自然科学发展的影响，主张用科学的认识与方法论来克服传统哲学唯物与唯心二元对立，坚持科学的有效性，反对形而上学的本质论，在本质上他们都是唯心主义。但是它们都对自然科学和社会科学做出了积极的贡献，比如现代物理学以及爱因斯坦的相对论就是受到了马赫主义的影响。另外它对于人们的价值观念以及文化传播起了推动作用。尽管它们与马克思主义存在分歧，但无论是新康德主义还是马赫主义都对当时不少国家的社会主义工人运动产生了重要作用。奥地利一批马克思主义的青年学者正是运用新康德主义和马赫主义的思想和方法开始了对马克思主义的独特理解，在各自的领域中形成了独具特色的理论体系，后来人们称之为"奥地利马克思主义"，其中就包括以研究民族问题而著称的奥托·鲍威尔。

① ［奥］马赫：《感觉的分析》，洪谦等译，商务印书馆 1986 年版，第 23 页。

第四节　奥地利马克思主义理论

第一次世界大战前后，资本主义由自由竞争阶段发展到帝国主义阶段。由于政治经济发展的不平衡导致主要帝国主义国家之间矛盾不断加剧，而帝国主义国家殖民掠夺与征服激起了全世界范围内民族反抗浪潮。自然科学的发展引起了人们思维方式上的变革，传统的理论与观点受到了严重挑战。与此同时，无产阶级工人运动在西欧国家遭到了失败，工人阶级队伍面临着瓦解。而在东欧以及殖民地国家的工人运动却日益壮大，这两种截然不同的局面导致了无产阶级知识分子对于马克思主义的不同理解，主要分为以伯恩施坦为主要代表的修正主义、以列宁为代表的马克思主义以及奥地利马克思主义。

一　奥地利马克思主义

"奥地利马克思主义"一词并不是他们自己的称谓，而是因美国一位社会主义者路·鲍丁把 20 世纪初奥地利一些知识分子和政治积极分子从事批判传统马克思主义的人称之为"奥地利马克思主义者"，之后这一称谓被广泛采用。它是指 20 世纪初至 30 年代末在奥地利维也纳兴起的马克思主义思想派别。主要代表人物包括 M. 阿德勒（Max Adler）、卡尔·伦纳、鲁道夫·希法亭、古斯达夫·埃克施坦和奥托·鲍威尔。他们都毕业于维也纳大学，受到了当时在维也纳大学任教的奥地利马克思主义历史学家卡尔·格律恩堡观点的直接影响。他把马克思主义的概念当作社会科学的一个概念，通过历史与社会学研究来发展出严格的系统方法。他认为马克思主义的历史唯物主义既非现成的哲学体系，也不是科学体系，它的对象不是抽象的存在，而是在其发展与变化过程中所给定的具体世界。① 这一观点深深地影响了后来的奥地利马克思主义者，所以格律恩堡又被称为"奥地利马克思主义之父"。1904 年 M. 阿德勒和希法亭共同创办的刊物《马克思研究》标志着这一学派正式产生。这一学派的主要理论体现在他们所主编的《马克思研究》杂志上所发表的一系列研究成果。第一卷包括 M. 阿德勒《因果性和目的论》和伦纳《法律制度的社会作用》，第二卷是鲍威尔《民族问题》，希法亭《金融资本》发表于第三卷，第四卷发表了 M. 阿德勒《马克思主义的国家概念》。这些著作的发表对于推动奥地利马克思主义思想的形成和发展起了重要的作用。这些奥地利马克思主义者都具有以下共同特点：其一，他们深受当时新康德主义和马赫主义思想的影响而带有严重的折中化与实证化倾向。这一学派是作为反对当时马克思主义权威的考茨基理论，也是作为反对伯恩施坦修正主义而出现的，同时也是作为当时维也纳边际经济学派对于马克思主义经济学批判而做出的回应。② 其二，他们都有着深厚的理论专长，在各自理论领域做出了突出的贡献。M. 阿德勒和 F. 阿德勒（Friedrich Adler）的哲学研究，伦纳和鲍威尔对于政治学、法学和民族问题的研究，希法亭对于资本主义经济的研究，这些理论对于马克思主义在新时代的发展做了有益的探索。如希法亭的金融资本理论直接影响了列宁关于帝国主义理论。其三，他们不只是从事理论研究而且积极从事国家的政治事务并在政府部门担任要职，成为著名的社会活动家并积极参加党的各种组织活动。希法亭在民主党学校里教过政治经济学，鲍威尔在奥地利维也纳党的总部开过课。鲍威尔从第一次世界大战到 1934 年一直被公认为社会民主党政治理论家和领袖，伦纳 1918 年任奥地利共和

---

① Tom Bottomore and Patrick Goode, ed., *Austro-Marxism*, Oxford: Clarendon Press, 1978, p. 10.

② Otto Bauer, *The Question of Nationalities and Social Democracy*, Trans. J. O'Donnell, E. Nimni（ed.）, Minneapolis, M. N.: University of Minnesota Press, 2000, p. xxxii.

国第一任总理，1919 年任第二届联合政府总理兼外交部长。第二次世界大战以后任奥地利共和国总理，随后他当选为总统。希法亭 1923 年和 1928 年两次担任德国资产阶级政府财政部长。最后，他们的理论在奥地利社会民主党纲领和政策的制定以及工人阶级运动方面起了非常重要的作用。在两次世界大战之间他们曾掌握了国家政权，在住房、医疗、教育等许多领域实施了多项有利于工人群众政策，被人们称为"红色维也纳"，在欧洲一度产生了重要影响。

随着法西斯在德国的崛起并于 1938 年侵占了奥地利，奥地利马克思主义受到了极大的破坏，这一学派的影响也随之结束。但是作为以新的理论研究与方法展开对于社会问题和马克思主义的研究并未消失，它"不仅推动了世界范围内系统的'马克思研究'，而且成为后来西方'马克思学'的先驱"①。近年来，奥地利马克思主义又引起了人们的重视，"既讨论它作为马克思社会学的一般结构（尽管它的'实证主义'倾向使它事实上被作为社会科学领域中的实证主义而受到重新批判），同时又探讨它对发达资本主义社会结构和变革的主要问题所进行的实际研究。"②

奥地利马克思主义的哲学基础是由 M. 阿德勒和 F. 阿德勒奠定的。由于受到考茨基理论的影响，他们认为马克思主义是关于社会发展的经验科学因而缺乏哲学基础，因此他们提出用新康德主义认识论和马赫主义认识论来进行补充。对于鲍威尔民族理论具有重要影响的是 M. 阿德勒的先验社会化意识以及 F. 阿德勒的观点。M. 阿德勒的"先验的社会化意识"在于重新解释马克思主义的唯物史观，企图把马克思主义哲学和康德哲学统一起来。M. 阿德勒依据

① 姚顺良主编：《马克思主义哲学史：从创立到第二国际》，北京师范大学出版社 2010 年版，第 315 页。

② ［英］汤姆·博托莫尔：《马克思主义思想辞典》，陈叔平、王瑾等译，河南人民出版社 1994 年版，第 47 页。

马克思关于人的本质是社会关系总和的观点，认为人是社会性的存在，个体不能单独存在。个人总是"处于与自身本质相同的其他个体的普遍联系之中的"①，虽然每个人都有自己的意识即自我意识，但是这种自我意识并非是自己单独产生的，而是在社会意识中形成的，因此个人意识"就其本质来说，就其内容而言，始终是众人的意识，是超越自我的"②。M. 阿德勒的先验社会化意识抛弃了马克思主义物质性内涵，而是把人的社会性归结为精神联系，实际上背离了马克思主义的观点。鲍威尔把民族看做性格共同体以及个人与民族的关系分析就明显受到了 M. 阿德勒观点的直接影响。F. 阿德勒同 M. 阿德勒一样，他也主张用马赫主义来补充马克思主义在哲学方面的不足。在本体论方面，F. 阿德勒认为马赫的物质观可以补充马克思主义唯物史观。马赫提出了要素一元论和感觉复合论，主张从经验的事实出发而不是从假定不存在的"物质"出发，他反对传统形而上学，认为传统"物质"与"精神"是无法经验到的事实。F. 阿德勒还认为马赫主义的思维经济原则同样也是对于唯物史观的补充，在他看来"科学的发展并不是为了实践的目的，而是为了克服思维的不便"，③ 其实这种"思维经济原则"否认了马克思主义的基础即物质世界的客观实在性，鲍威尔把这一原则作为有组织资本主义的世界观，并用于对民族发展过程的分析。鲍威尔反对民族唯物论与民族唯心论就可以看到它和F. 阿德勒观点的联系。从另一方面来讲，奥地利马克思主义在理论上的影响以及实践中的作用也正是"从鲍威尔关于民族思想的新观点开始的"④。因此新康德主义和马赫主义在方法论上对于包括鲍威尔在内的一批奥地利马克思主义者产生了影响，而在民族理论上，鲍威

---

① 马健行主编：《马克思主义史》第 2 卷，人民出版社 1995 年版，第 361 页。

② 同上。

③ 同上书，第 365 页。

④ 殷叙彝：《德国学者乌利·舍勒尔论述奥托·鲍威尔思想的现实意义》，《国外理论动态》1996 年第 5 期。

尔民族理论正是在伦纳的民族理论基础上直接发展而来的。

二　卡尔·伦纳的民族理论

奥托·鲍威尔和卡尔·伦纳在知识背景、社会经历与政治活动等各方面具有很多的一致性，他们都毕业于奥地利维也纳大学，毕业后积极参与党的政治与组织活动，成为马克思主义者。他们都是党的政治理论以及政策的制定者与参与者。作为奥地利马克思主义者他们对国内积重难返的民族问题进行了研究，提出了具有影响的民族理论。尽管如此，作为奥地利社会民主党领导人，他们在政治立场上是不一样的。鲍威尔是社会民主党左翼，支持并同情俄国布尔什维克革命；伦纳则属于右翼，明确反对暴力革命。针对奥地利国内具体实际情况，伦纳在实际政治活动中更具有灵活性。他历任奥匈帝国内务部部长、社会民主党和基督教社会党联合政府的总理以及奥地利共和国总统，是奥地利马克思主义者中从政时间最长也最成功的一位理论家。在其主要著作《法律的社会功能与作用》与《民族与国家》中探讨了民族与国家之间的关系以及法律在社会中的具体作用。在民族问题上，伦纳创见性地提出了非地域民族"性格原则"以及"民族文化自治理论"，他的这一民族理论为后来人们解决国家中的民族问题提供了新的方法与思路。

伦纳的民族理论内容主要包括：第一，把性格原则作为民族区分的原则，用以消除多数民族与少数民族之间的矛盾。第二，实行民族登记制度，公民可以自由选择自己的民族归属，以参与民族事务活动。第三，民族文化自治理论，实行国家政治与民族文化区分。第四，在国家制度上实行多民族国家联邦，防止各民族分裂，保持国家统一。

（一）民族的"领土原则"批判

在伦纳看来，"在民族意识和具体的领土之间并没有必然的联系"。① 因为在人们的相互作用中并不起作用的地域因素，对于民族来说是毫无意义的。而只有在人们相互作用中有作用的地域才是民族形成要素，而不是客观的标准。他看到了民族的领土原则所导致的民族问题，所以伦纳主张利用民族性格原则来保证民族和平以及民族自我管理。"民族领土原则与其说消除了民族矛盾，不如说它产生和加强了民族矛盾。它并不是通过法律手段来化解冲突，而是通过武力来解决；它使胜利遥遥无期，产生了破坏和损失。它决不能在多语言的、统一的法治国家中保证和平与民族权利。"② 伦纳不同意民族"领土"原则，他认为，"对于民族来说，它是一个精神和文化生活的共同体"，③ 而不是"地域"共同体。与国家通过外在法律关系建立起来的关系不同，民族是一个内在的共同体，它体现的是人们之间的相互关系。这种相互性是通过情感和意识表达出来，与具体的领土之间没有必然的联系。而民族"地域"原则是民族问题产生的一个重要原因，因为土地作为人们生存活动与劳动的条件，它体现的是人与自然物质资料之间的关系，这种关系是占有与控制关系。土地是一种自然存在的，它本身无法生长出人类所需要的东西，只有人类根据自身的需求在土地上进行耕作，它才能生产出人类所需要的东西。作为人们的财产，土地可以按照人们的意愿进行处置。生产的发展、人们的需求以及国家的实力都可以左右领土界限的变化。在伦纳看来，民族领土原则实际上是把人与物之间的控制与占有关系用于民族之上，因而产生了民族剥削与压迫。把国家的领土原则用

---

① Ephraim Nimni（Ed.），*National Culture Autonomy and its Contemporary Critics*，London and NewYork：Routledge，2005，p. 21.

② Ibid.，pp. 21 – 26.

③ Ibid..

于民族就会产生了民族统治与民族征服问题。既然土地作为人们
的所有物，那么在这一块土地上的人就拥有对于土地的占有权和
支配权。所有者非但拥有土地，而且还拥有生活在这一片土地之
上的人们。这也就意味着生活在一定土地上的人们就要服从土地
的所有者，他们就像土地一样成为所有者的财产。"如果你在我
的领土上生活，那么你就必须服从我的统治、法律与语言"，① 这
就产生了基于人对于物的控制之上的对人的统治，这就是民族统治
的根源。"领土原则不能产生一致与平等，它只能是斗争与压迫，
因为它的本质就是统治。"② 当统治者拥有广袤土地的时候，也就
意味着他将统治生活在他土地上的民族。因此民族在地位上可以
分为统治民族和被统治民族，在数量上可以分为多数民族和少数
民族。

（二）民族与国家关系的"有机调整"

有着不同范畴和属性而又有着相近要素的民族与国家在历史发
展的过程中有着复杂的关系。无论是历史上的王朝帝国还是近代以
来的现代国家，多民族国家往往是最普遍的国家政权组织形式。与
作为领土实体的国家不同，伦纳认为民族是一个文化共同体，民族
不是"地域"的联合而是"人"的联合。"民族是具有相同观念和
语言的人们的联合体"。③ 当民族边界和国家边界清晰的情况下，民
族与国家就容易区分，但是在多民族国家以及民族混合居住区域，
民族的边界就不容易区分。因此伦纳首先指出了民族与国家的区
别。他认为国家是对一定地域享有排他性主权的领土实体，国家颁
布的法令在领土范围内具有普遍效力和作用，在这一领土范围内所
有的公民必须遵循国家的法律和政策。伦纳认为国家是一个"领

---

① Ephraim Nimni (Ed.), *National Culture Autonomy and its Contemporary Critics*, London and NewYork：Routledge, 2005, pp. 21 – 26.

② Ibid. , p. 24.

③ Ibid. , p. 25.

土"实体，是对领土范围内所有公民享有管辖的权力，因此它主要包括人口、领土、集体意志以及国家的主权。① 而民族是一个"文化"共同体，它是以语言和思维方式以及由文化所决定的民族性格和情感为内容。作为思维与情感的文化共同体，民族决定了人们的价值观念和行为意识，民族的这一作用和宗教是一致的，因此他进一步分析了国家与宗教共同体之间的关系来揭示民族与国家关系。

伦纳看到在同一个行政区域内，在相同的城市以及地方行政中不同的宗教共同体彼此能够和平共处，这正是宗教文化与国家政治区分的结果。他说："许多不同的宗教派别有自己的管理机构，它们在教区、行政区以及省级层次上共处而几乎没有任何矛盾。尽管教派内容与民族的存在与权利上有不同的内容，但是与教派在法律形式上的区分和教会与国家之间的区分一样有许多相似之处。"② 由此他得出，同样作为文化存在的民族共同体也是可以和国家政治分开的。由民族管理文化事务，而政治权力则交给国家行政机构，这样各个民族在国家中就可以避免了民族之间的斗争。这样伦纳试图通过民族文化与国家政治的区分来保证民族自我的发展，以达到维护国家统一的目的。

伦纳认为，民族与国家关系的法律调整就是根据"民族性格"原则，在国家法律的基础上来调整民族与国家之间的关系。"提供赋予具体民族的公民和民族以具体的主体事务，而不是形成权威机构行为规范，因此通过实体性法律手段才有可能长久地解决。"③ 通过这种调整，从而把民族与国家的政治问题转变为文化与法律问题。鲍威尔在伦纳民族理论基础上进一步阐述了民族与国家之间的有机关系，提出了他的"民族文化自治"理论。

---

① Ephraim Nimni (Ed.), *National Culture Autonomy and its Contemporary Critics*, London and NewYork：Routledge, 2005, p. 21.

② Ibid., p. 17.

③ Ibid..

(三) 作为法人实体的民族

由于在资本主义国家制度中,民族在法律上并没有它的权利,所以"把民族群体作为一个整体是不可能的,因为民族不是一个法人实体;如果把它作为个人则又是多余的,因为国家法律中就已经规定了个人的平等地位"。[①] 既无法作为个人也不能作为团体组织,因此民族在现代国家中的地位是不存在的。但是国家法令要在社会中得到普遍实施就离不开民族文化,离不开人们对法律的理解。"法律术语仅仅是一种难以实行的概念制度。国家以这种形式所颁布的法令针对每一个个体。国家法令需要一定知识与文化上的民族文化,他们要求发达的民族。而且,只有利用民族文化资源,国家法令才能对个人发挥作用。为了在国家中生活,那些落后的族群必须要具有完善的文化并融进这样的民族。另一方面,国家为了对民族产生影响,它必须利用民族文化资源。"[②] 个人对于国家法律的理解离不开他所生活的社会环境,离不开他自身的民族文化。因此法律的普遍有效性不能离开民族文化对它的支持。相反,作为思想和情感民族,它受到国家组织发展的影响,所以"我们的思想和情感不会无缘无故地形成。它是对于外界事物的反应,尤其是对于人类行为的反应。人们的行为几乎都是法律上的规定,民族情感首先受到国家组织的影响,它通过政府机构来加以促进或禁止"[③]。个人具有社会性,而不是原子式的、孤立的个人,他是在人们之间相互作用中形成了自己的价值观念和行为意识,这种社会性就是民族。但是民族在现代普遍性的法律制度中没有地位和权利,因此它无法为民族成员提供保护。个人作为国家中的公民,他在现代国家中有着法律规定的义务和权利,但是民族却没有。民族没有对本民族同胞

---

① Ephraim Nimni (Ed.), *National Culture Autonomy and its Contemporary Critics*, London and NewYork: Routledge, 2005, p. 15.

② Ibid., p. 22.

③ Ibid..

征税的权力，如果人们把民族作为他的继承者和保护者，那么这一想法是无效的，因为法律并没有规定这种权力，所以它也就无法作为法律中的"实体"来享有这种权力。

现代国家中普遍法律制度下个人是造成民族矛盾的制度原因。为解决这一问题，伦纳首先提出了民族与国家关系的有机调整。"把恺撒的还给恺撒，把上帝的还给上帝"，他主张像宗教事务与政治事务分开那样，实行国家政治与民族文化的区分，把民族作为法律上的实体（legal entity），赋予民族在法律上具体的权利和义务就能保证民族文化的发展。现代国家把民族作为其形成的基础，但是一方面民族在法律中并没有它的地位和权利，另一方面民族的发展又离不开统治阶级以及国家法律的影响。伦纳指出解决民族问题就是把民族作为像个人一样拥有自己权利的法律实体，因为"作为宪法上的人们，作为社会和物质利益总体上的人们，以及作为文化与精神共同体的民族，在各自的作用上要求各自的机构"，[①] 具有法律实体意义上的民族拥有管理本民族文化事务的权力，成立学校、博物馆、剧院以及孤儿院等慈善机构。除此之外，民族还拥有对于本民族成员进行征税的权力。

（四）资本主义与民族问题

卡尔·伦纳认为民族问题也是由资本主义的生产方式决定的，正是资本主义的世界性破坏了资本主义最初的民族与国家一致性原则。它一方面促使民族突破了狭隘的地域性而形成了世界性民族，另一方面资本主义生产方式使资产阶级成为其他民族的统治者，民族征服由此产生。于是早期资产阶级民族国家演变为多民族帝国主义国家，资本主义国家民族政策不再是民族自由与统一而是征服与掠夺。"资本主义从内部到外部的发展方式，使得民族中统治阶级对于其他阶级的统治成为了其他民族的统治者，这一情况破坏了民

① Ephraim Nimni (Ed.), *National Culture Autonomy and its Contemporary Critics*, London and NewYork: Routledge, 2005, p.20.

族的存在。民族原则目的在于形成独立的民族共同体，但是民族帝国主义使它们处于一个共同的权力之下。"所以他认为"世界统治者之间的矛盾只是这种权力到底是英国人、俄国人，还是德国人"。①

以此可以看出，卡尔·伦纳民族理论对于鲍威尔产生了最大也是最直接的影响。正是在伦纳民族理论基础上，奥托·鲍威尔才得以系统地提出自己的民族理论，从而奠定了他在民族理论中的地位。所不同的是，伦纳更多是在法律上实现多民族国家"民族共同体权利"中来思考民族问题，而不探讨民族的观念。② 而鲍威尔则主张民族问题的社会实质以及国家权力在民族问题中的核心地位，尤其是他把民族自治作为阶级斗争的一种手段，这使他在政治上与伦纳形成了"左"与"右"的分野。

① Tom Bottomore and Patrick Goode（Ed.），Oxford：Clarendon Press，1978，p. 125.

② Ephraim J. Nimni，*Marxism and Nationalism*：*The Theoretical Origins of the Political Crisis*，London：Pluto Press，1991，p. 129.

第二章

民族概念

第一节　何谓民族

何谓"民族"，这是任何一个民族理论家首先要面对的问题。在这一问题上，古往今来的人们费尽心思地试图给出准确的定义，但都没有取得成功。鲍威尔被称为第一个系统地研究民族问题的马克思主义理论家，他首先对通常的民族观点进行了批判，主要包括形而上学的民族理论、经验的民族理论以及心理学的民族理论，并在此基础上提出了自己的民族概念。

一　传统民族理论批判

19世纪英国政论家白哲特说："民族是许多现象中的一种，在还没有问我们的时候，我们知道这些现象是怎么回事，但是我们却不能简单扼要地说明这些现象。"[1] 因此它无法成为科学的对象。鲍威尔在谈到这一问题时认为，科学技术日益发达的今天人们依然无法解释民族，而不得不把这一问题"完全留给抒情诗人、杂文作家以及国民大会中、议会里和啤酒桌旁的演说家去议论"[2]。不但如此，即使社会学家以及历史学家也困惑不已，以至于使他们陷入了

① [奥] 奥托·鲍威尔：《鲍威尔文选》，殷叙彝编，人民出版社2008年版，第1页。
② 同上。

一种"剪不断，理还乱"式的烦恼。对此本尼迪克特·安德森认为原因有三：其一，民族在历史学家眼中的客观的现代性相对于民族在民族主义者眼中的主观的古老性；其二，民族归属作为社会文化概念的形式的普遍性相对于民族归属在具体特征上的特殊性；其三，各种民族主义在政治上的力量相对于它们在哲学上的贫困与不统一。① 人们在民族问题上之所以陷入"思而不得"的境地除了安德森所指出的原因以外，其实还与民族自身所涉及的诸多领域有着非常密切的关系。民族问题不但包括了社会学、哲学、历史学，还有政治学、经济学、心理学、宗教学、人类学、地理学等各个方面的问题。从不同角度来看民族都有不同的内容，它既有感性经验的认识，也有理性的思考；既是历史传统还是当下现实。所以休·希顿–沃森说："要给'民族'下一个'真正科学的定义'几乎是不可能的；而且，这种现象一直存在，现在仍然存在。"② 虽是如此，人们在民族的密林中依然孜孜以求，为揭示民族密码而殚精竭虑，以期揭示社会以及人类发展的规律。鲍威尔正是在充满复杂的民族矛盾中肩负着为奥地利社会民主党解决民族问题的任务，因而也走上了民族探索之路。

民族作为一种社会现象是在历史中形成和发展起来的。20世纪初，历史学家、社会学家以及政治学家对于民族进行了各自领域的探索，从而形成了各种不同的民族理论。对于传统民族概念，鲍威尔分别给予了批判。

（一）形而上学民族理论批判

形而上学的民族理论认为在民族现象背后有一个固定不变的实体，它决定了民族的形成与发展。这种形而上学的民族理论主要是

---

① ［美］本尼迪克特·安德森：《想象的共同体》，吴叡人译，上海人民出版社2005年版，第4—5页。

② ［英］休·希顿–沃森：《民族与国家——对民族起源与民族主义政治的探讨》，吴洪英、黄群译，中央民族大学出版社2009年版，第7页。

唯物主义民族理论以及唯心主义民族理论。唯物主义的民族理论认为"民族是一个特殊的物质的实体,它具有创造民族性格共同性的神秘力量"①,民族以及人类的历史是这种不变的永恒实体之间斗争的历史。而民族唯灵论则认为民族是精神的产物,"民族的历史成为民族精神自我发展的历史,世界历史成为各个由于本身的特性或者彼此友好相处、或者彼此敌对的民族精神之间的斗争的历史"②。由于受到马赫主义、实证主义思潮的影响,鲍威尔以科学的方法论反对形而上学的思维方式,他认为民族是一个未完成的、不断变化的过程。他认为形而上学的民族理论是一种非科学的方法,因为它是在现实中无法得到证实的,因此它用达尔文主义"进化论"和生物学意义上的"细胞学说"来反对形而上学的民族理论。鲍威尔认为在民族历史发展中也存在着遗传与变化,它的内容取决于"人与自然在作斗争时所使用的生产力",它形成了具体的民族性格。鲍威尔这一观点实际上是他用人与自然的关系来解释马克思主义的生产力概念。他反对在民族观上把"抽象"的实体作为民族的本质,而是用"科学"的实体即"细胞"与"基因"作为民族产生的基础。从这里可以看到鲍威尔所理解的"唯物论"还是从近代机械唯物论意义上来理解"唯物主义",而不是马克思主义意义上的即辩证的、实践的唯物论。这说明鲍威尔还没有真正把握"物质"的真正含义,因而它的民族理论带有经验论与实证论色彩。

从另一方面来看,当鲍威尔用劳动关系的变化来说明民族的历史性时,在这种意义上他的民族理论带有马克思主义的唯物主义方法论特点。他主张在人与自然的关系中理解民族的历史,一定程度上反对了教条化的民族理论。"精神实体"在经过康德的批判之后已经成为不可认识的对象,它缺乏实证性,只是人们的一种假设而不是科学研究的对象。马克思生产方式包括劳动者、生产工具以及

①　[奥]奥托·鲍威尔:《鲍威尔文选》,殷叙彝编,人民出版社 2008 年版,第 18 页。
②　同上书,第 19 页。

劳动资料所形成的统一关系，是生产力与生产关系相统一。马克思主义的唯物论本质特点是一种在现实基础上的"实践"活动即"改造世界"，因而马克思主义意义上的"物质"是一种客观实在，是一种功能性关系和活动。所以唯物史观实际上是改造历史的革命性活动而不是对象性的科学研究。把马克思主义作为一门研究社会的实证科学，这是第二国际时期理解马克思主义的一个主要特征。因此鲍威尔把民族理解为人与自然的斗争，劳动方式的变化以及人的生产关系的变化是正确的，但他进一步指出这种"唯物史观"是一种具体的、经验的或者科学意义上的"物质"时，这说明鲍威尔是把马克思主义唯物史观看作一种具体"科学"意义上的历史研究，这是他从实证主义角度对马克思唯物史观的误解。

（二）经验论民族理论批判

经验的民族理论把民族理解为一系列构成要素，如地域、语言、血缘等，但是鲍威尔认为这些要素并不是构成民族的本质要素，原因在于民族是通过人们之间的相互作用形成的，如果人们之间没有相互联系与作用，那么地域、语言对民族来说是没有意义的。因此鲍威尔反对把民族内容简单地罗列为构成民族的本质要素。因为经验民族理论是"在理论上列举民族的本质要素，并按照民族所具有要素的多少来决定其共同体是否成立"，也就是把民族形成的诸多因素作为判断一个民族区分的依据。人们通常把具有共同的居住地、起源以及语言作为民族的标准，这在鲍威尔看来是错误的，"因为迄今给研究民族的理论家造成很大困难的情况，也就是这些因素能够以极不相同的方式彼此结合的事实，一回缺少这个因素、一回没有那个因素的情况，现在成为可以理解的了"①。这些因素在民族形成过程中并不是同时具有的，它们在民族形成中所处的地位与作用并不是并列的、等同的。鲍威尔认为在自然共同体与

_____

① ［奥］奥托·鲍威尔：《鲍威尔文选》，殷叙彝编，人民出版社2008年版，第27页。

文化共同体、古代民族与现代民族中这些因素的作用是不同的。共同的起源、地域与语言在古代民族中有重要的作用，但在现代民族中这些因素已经不再重要，共同的风俗、文化因素成为重要的因素。单独的一个因素往往无法说明一个民族的形成，比如说共同的语言，塞尔维亚人和克罗地亚人虽然使用一种语言但并不是同一个民族；而在共同的起源上，德国人与荷兰人属同一血缘但不是一个民族。相反，瑞士人有不同的宗教与语言却能够成为一个民族，因此世界民族的复杂性与多样性使得根本无法用一种普遍的标准来判定民族。鲍威尔认为共同的起源、语言与地域而没有文化因素只能形成"种族"而不是"民族"，它们形成的是自然共同体，随着社会的发展它会不断地走向分裂。文化才是民族统一的因素，文化可以把不同地域、语言的人群统一为一个民族。所以鲍威尔认为要"用一种体系来代替仅仅列举民族的因素"，在这些"有机关系"因素中来看待民族，而不是单凭经验简单地罗列民族的因素。德裔瑞士籍政治学家 J. K. 布伦奇利认为，构成民族有八个因素："（一）其始也同居于一地；（二）其始也同一血统；（三）同其支体形状；（四）同其语言；（五）同其文字；（六）同其宗教；（七）同其风俗；（八）同其生计。"① 这八个因素几乎涵盖了所有民族构成的基本条件。在鲍威尔看来，民族的要素只有"在普遍的互相影响和经常的互相联系下经历的命运才造成一个民族"②。即所有这些民族内容只有在人们相互联系与作用中亦即共同的命运中才有意义。鲍威尔在要素之间的关系与发展中把民族作为一个"不断变化的过程"，这说明他的民族理论在一定程度上还是体现了"唯物主义"的方法。

（三）心理学民族理论批判

从外在条件固然能够解释一个民族，但是在现实中更多情况却

---

① 梁启超：《饮冰室文集点校》第 1 卷，云南教育出版社 2001 年版，第 452 页。
② ［奥］奥托·鲍威尔：《鲍威尔文选》，殷叙彝编，人民出版社 2008 年版，第 11 页。

是不同语言，甚至不同地域的人们也能成为一个民族；相反，也有同一种语言却不是一个民族这种现象。于是人们就从心理上的民族认同即民族意识来判断民族。比如法国思想家勒南（Ernest Renan）就把民族定义为一种"遗忘"以及"日常生活的民众公决"。正是在这种心理认同中把人们归为一个民族。民族心理学固然可以克服在民族客观因素形成上的局限，但是这一做法又造成了新的缺陷，因为人们在心理上对民族的意识是基于对异族的认识。"他者"是民族意识产生的前提，因为"在与同一民族的交往中无法产生民族意识"①。人们的观念是在生活基础上产生的，对于不同生活经历的人们有着不同的观念意识。对于世代生活在固定地域中的人来说，传统的生活习俗与观念就是他们的生活内容，他们既没有异族意识也没有本民族意识，所以就不存在民族的心理上认同的需要。那么问题在于如何判定那些没有民族意识的人呢？"难道提罗尔的农民因为从未意识到同东普鲁士人和波美拉尼亚人、同图林根人和爱尔萨斯人之间有共同的属性就不应当算是德意志人吗？"② 最初具有民族意识的人常常是那些从事商业贸易或战争的人，因为对于异族的认识使他们认识到自己与本民族同胞的统一性，从而产生民族情感。而对于没有民族认同的人则意识不到这种统一性，民族意识对于不同的人群是不一样的。在资本主义时代随着印刷、交通的发达，知识的普及与发展使得民族意识的产生成为一个普遍的现象，"民族意识的传播本质上是资本主义时代的产物"③，越来越多的人受资本主义文化共同体影响，尤其是知识分子。他们通过报纸、杂志认识异族而产生民族意识。鲍威尔反对以心理学解释民族的统一性，主张从文化中判断民族的统一性。"德国人的性格是由德国文

---

① Otto Bauer, *The Question of Nationalities and Social Democracy*, Trans. J. O'Donnell, E. Nimni（ed.），Minneapolis，MN：University of Minnesota Press，2000，p. 121.

② ［奥］奥托·鲍威尔：《鲍威尔文选》，殷叙彝编，人民出版社 2008 年版，第 2 页。

③ Otto Bauer, *The Question of Nationalities and Social Democracy*, Trans. J. O'Donnell, E. Nimni（ed.），Minneapolis，M. N.：University of Minnesota Press，2000，p. 121.

化决定而非其他因素，文化使他真正成为一个德国人。"文化使不同地域的人们产生相同的行为意识、价值观念即民族性格，也就是在命运共同体发展中形成民族。

二　客观民族论批判

通常人们把客观存在的要素作为区分民族的标准，如地域、语言、血统等。意大利社会学家认为民族的六个要素是：共同的居住地区；共同的起源；共同的语言；共同的风俗和习惯；共同的经历，共同的历史；共同的法律和宗教。鲍威尔正是从人们对于民族的日常认识、批判来开始民族的本质分析，他认为这些要素并不是并列的，而是有着不同的地位和作用。

（一）民族起源论

以血缘作为民族区分的依据在鲍威尔看来是不成立的，他以家庭的发展所导致的分裂为例来说明民族区别。他认为家族随着数量和范围的不断扩大，家庭成员之间的差异性就会越来越大。同样，起源于同一祖先的民族虽然具有血缘上的统一性，但是这种统一性往往随着社会发展而分裂为不同的民族，因此他认为起源上的共同性只是在种族而不是民族上有其一定的意义。同一种族经过历史发展可以分裂为不同的民族，同一民族也可以由不同的种族组成，比如"意大利人是伊特刺斯坎人、罗马人、克勒特人、日耳曼人、希腊人和萨拉森人的后裔，今天的法兰西人是高卢人、罗马人、不列颠人和日耳曼人的后裔，今天的德意志人是日耳曼人、克勒特人和斯拉夫人的后裔"[①]。法兰西人、意大利人和德国人尽管起源于不同的血统却最终发展为一个民族。另外，德国人与荷兰人虽然有着共同的起源，但是形成了不同的民族，所以对于民族来说，共同的起源是无法作为民族判定标准的。在鲍威尔看来作为"自然共同体"

[①]　[奥] 奥托·鲍威尔：《鲍威尔文选》，殷叙彝编，人民出版社 2008 年版，第 2 页。

的共同起源是民族发展过程的一个手段，但是对民族来说更重要的是"文化共同体"，因为"民族固然可能是以起源的共同性为基础的，却并非一定要以它为基础"①。这样鲍威尔就否定了共同的起源作为判断民族的依据。

（二）民族语言论

《圣经·创世纪》中说由于上帝搅乱了人们的语言使得他们无法交流从而流散于世界各地，因此未能完成建造通天塔任务。这说明了语言对于人们之间交往的重要性。"不能想象一个民族在缺乏共同语言这一人类交往的最重要工具的情况下还能持久保持为文化共同体。"② 正是语言对于民族的重要性，所以不少民族主义者就把语言作为民族的一个属性，比如德国思想家费希特与文化民族主义者赫尔德，他们认为语言是一个民族区别于另一个民族的标志，是一个民族生存和拥有建立国家和权力的重要标准。其实民族与语言的关系是一个复杂的关系，既有一致性又有差异性。同一种语言的可以形成不同的民族，不同语言的也可以是一个民族。如"英格兰人和爱尔兰人、丹麦人和挪威人、塞尔维亚人和克罗特人说同一语言，却并不因此就是一个民族；犹太人并没有共同的语言，却仍旧是一个民族"③。因此鲍威尔反对考茨基用语言来区分民族，因为语言只是人们在交往中的一种工具，是一种外部规定性，不能作为民族的内在本质。鲍威尔认为人们之所以把语言作为民族差别是缘于"个人主义的社会观"，这种观点注重个人的自由与权利，认为社会是由无数个人形成的总体，人与人之间是一种原子式的、自由而分散的关系，他们之间是靠外在的契约与制度联系在一起。由于受到了个人主义社会观的影响，后来包括奥地利社会民主党在内的理论

①　［奥］奥托·鲍威尔：《鲍威尔文选》，殷叙彝编，人民出版社 2008 年版，第 27 页。

②　同上书，第 13 页。

③　Otto Bauer, *The Question of Nationalities and Social Democracy*, Trans. J. O'Donnell, E. Nimni（ed.），Minneapolis, MN：University of Minnesota Press, 2000, p. 19.

家们就把民族作为以语言为纽带而联系起来的人们的集合。鲍威尔反对这种原子式机械联系的社会观点，他认为这种观点仅仅是把社会看作从外部联系起来的个人总和，因此民族也仅仅是通过外在方式即语言相联系的个人总和。鲍威尔认为个人与社会是一种有机的联系，社会由个人形成，它体现了个人的普遍性。反过来，个人是社会的产物，是社会性在每一个个人身上的具体体现，因此"个人的特征同时也是联合成共同体的所有其他个人的特性，因为每一个个人的性格是在与所有其他个人的经常互相影响中形成的，每一个人的个人性格是同一些社会力量的产物"[①]。

　　鲍威尔并不是排斥语言在民族共同体中的作用，相反，鲍威尔认为："没有语言的共同性，就没有文化的共同性，也就没有民族。"[②] 也就是说，民族共同体内在的有机联系是以语言为基础的，它需要语言作为外在的联系才能形成民族共同体，但是语言的作用还不能作为民族差异性的根本依据。人们的语言分为日常生活中所使用的语言以及教育所使用的语言。由于文化教育语言只是对具有一定知识与文化的人如统治阶级以及知识分子有影响，但是对于广大群众的影响并不显著。随着社会生产和交往范围的扩大，外语就成为一些人必须要掌握的语言。但是这并不能说明学会一门外语就可成为一个异族人，相反，恰恰是由于母语所产生的文化作用使人们成为本民族的成员。这表明语言只有在共同体中对民族成员起作用的时候才具有辨别民族的意义。正是在这种情况下，语言本身就是一种文化，它才对民族文化共同体具有作用。学会一种语言不等于学会它的思想，语言与思想不是一回事。单纯的语言只是一种交流的工具，比如一个人可以学会多种外语，但是只有一种语言才是他生活中的语言，其他语言还不能作为他思考的方式。外语和一个人的价值观念、行为意识很难发生关联，所以外语不能作为文化。

---

① ［奥］奥托·鲍威尔：《鲍威尔文选》，殷叙彝编，人民出版社2008年版，第23页。
② 同上书，第28页。

"这种外语永远不会像母语那样使我受到文化影响：通过母语传授的文化对我的童年也就是对接受能力最强的年代产生影响，首先形成了我的性格；所有后来的印象，当它们被我接受的时候，都要适应已经存在的个性，在它们被接受的过程本身中都有一个改变的过程。"① 也就是说，只有融入生活中的语言，同时也只有作为思考方式的语言才是人们生命的一部分，这种语言才是一种文化。此外统治阶级把语言作为维护统治的工具，它与群众的实际生活联系并不大，对此埃里克·霍布斯鲍姆认为："神秘的民族认同感加上柏拉图式的语言观，基本上可以说是民族主义知识分子而非真实的语言使用者所建构的意识形态假象，而赫尔德正是这类知识分子的代表人物。"② 鲍威尔认为共同的语言在民族形成中"是一个第二级的手段。因为如果说共同的文化是使共同的历史能对形成民族性格产生影响的手段，那么共同的语言又是共同的文化施加影响时的一个手段，它是一个造成文化共同性并使它得以维持的工具，它作为外在规定又是那些组成一个共同体并且一再从本身产生共同性的个人进行社会合作的形式"③。民族文化共同体是在历史中形成和发展起来的。它一方面作为人们联系的中介，把人们统一到文化共同体之中；另一方面，在人们的相互作用下，语言又产生了文化，决定了人们的价值观念和行为意识，加强了人们的民族认同，"所谓与语言无关的民族认同，其实是戴着独尊一语的假面"④。所以鲍威尔把文化作为民族的本质，反对把语言作为民族差异的依据。鲍威尔区分了作为外在工具性语言与作为文化作用语言的差异，在这一点上

---

① ［奥］奥托·鲍威尔：《鲍威尔文选》，殷叙彝编，人民出版社 2008 年版，第 13 页。（着重号为笔者所加）

② ［英］埃里克·霍布斯鲍姆：《民族与民族主义》，李金梅译，上海人民出版社 2006 年版，第 56 页。

③ ［奥］奥托·鲍威尔：《鲍威尔文选》，殷叙彝编，人民出版社 2008 年版，第 27 页。

④ ［英］埃里克·霍布斯鲍姆：《民族与民族主义》，李金梅译，上海人民出版社 2006 年版，第 94 页。

鲍威尔确实接触到了语言和人们的行为意识以及价值观念之间的关系问题，强调了在社会关系中来看待语言与文化对民族的作用，否定了工具意义上的语言在民族中的作用。

（三）民族地域

对于民族而言，一定的居住区域是民族存在的首要条件，这个条件是保证民族存在与发展的前提，也是形成一定规模与数量的基础。但是鲍威尔认为地域上的共同性也不是民族本质要素，原因在于它和共同的起源一样随着历史的发展而走向分裂。正是不同的地域才造成了自然共同体和文化共同体的分离，不同的地域有着不同的生活环境，从而形成了不同的语言与文化，形成了不同民族。在李斯特看来："地大、物博和人口众多是正常国家的基本条件，也是文化发展、物质发展和政权巩固的基本条件。"① 因此地域是民族不可或缺的要件，而小于一定疆域的民族，其合法性便受到质疑，在这一点上民族与国家就是重合的，据此民族主义者提出"一国一族"理论，主张一个国家只有一个民族，一个民族成立一个国家。对此马志尼根据民族"门槛原则"② 反对卢森堡和爱尔兰的独立，因为这两个民族在地域上达不到国家的标准。而鲍威尔认为地域的因素只是在民族初期起着重要的作用。在社会生产落后、交通不便情况下，自然的界限如高山、河流等基本上就是民族间的界限，人们之间的关系仅仅限于一定的范围之内。但是这种情况随着生产力的发展，交通工具如铁路、轮船的出现大大缩短了人们之间的距离。此时自然的界限已不再是人们交往的障碍，所以共同的居住区域对于民族来说已不再是一种关键的因素，甚至不再作为一个因素

---

① 〔德〕弗里德里希·李斯特：《政治经济学的国民体系》，陈万煦译，商务印书馆1961年版，第153页。

② 霍布斯鲍姆认为民族"门槛原则"主要有三：其一，它的历史必须与当前的某个国家息息相关，或拥有足够长的建国史。其二，拥有悠久的精英文化传统，并有其独特的民族文学与官方语言。其三，武力征服。参见埃里克·霍布斯鲍姆《民族与民族主义》，李金梅译，上海人民出版社2006年版，第34页。

而存在。便利的交通与生产的提高使得不同区域的人们受相同的文化影响成为可能，尤其是"在书籍印刷、邮政和电报、铁路和汽船的时代，它的重要性比以前差多了"①。这样鲍威尔就通过地域与民族之间的关系揭示了人们在不同地域也可以成为一个民族。鲍威尔"非地域"的民族原则是受到了另一位社会民主党领导人卡尔·伦纳的影响而提出来的。"非地域"原则是他的民族理论与政策的一个关键因素，也是他审视民族与国家之间关系的一个基础。他说："我们关于民族与最重要的地区机构即国家的关系的认识毕竟是以我们对民族和土地的关系的观点为基础的。"②"非地域"民族原则是伦纳分析民族问题的产生以及解决民族问题而提出的创见，它打破了传统民族认识中的"地域"原则，为解决多民族国家中的民族问题提供了新的途径，也为民族文化自治奠定了基础。

以共同的起源、地域和语言来判定民族虽具有直接性，但是民族的复杂性使得这些标准在现实中往往会把许多民族排除在外。有些民族虽然没有共同的地域、共同的语言及其起源，但却被人们认为是一个民族。如世界上的散居民族犹太人、流浪民族吉普赛人。正如霍布斯鲍姆所说："事实上，民族根本不可能具有恒久不变、放之四海而皆准的客观定义，因为这个历史新生儿才刚诞生，正在不断变化，且至今仍非举世皆然的实体。"即使人们所说的客观性条件，霍布斯鲍姆认为也并不是客观的，而是含混不清的，"想用它们来判断民族，无异缘木求鱼，就像旅行者想借助云朵的形状而非路标来指引方向一般"③。把客观的标准用以区分民族，在现实中难以解释一些民族的归属，如法国阿尔萨斯—洛林地区的居民，这一地区领土归属与民族归属问题集中了德法两国历史纠纷与恩怨。

---

① ［奥］奥托·鲍威尔：《鲍威尔文选》，殷叙彝编，人民出版社 2008 年版，第 29 页。
② 同上。
③ ［英］埃里克·霍布斯鲍姆：《民族与民族主义》，李金梅译，上海人民出版社 2006 年版，第 5 页。

从"语言"原则以及"族裔"原则上讲，当地人们是以"日耳曼语"作为通用语言，在传统生活习惯上更接近德意志民族，但是由于在法国大革命中所形成的"民族意识"使得人们在"情感"上更愿意选择法国作为自己的国家。所以法国思想家厄内斯特·勒南把民族称为"日常的公民表决"，主张民族的权利原则反，对种族权利原则。勒南认为："既不是种族与语言之徒，亦非宗教、山川、河流之使。人的创造之处在于形成民族的道德意识。"① 因此人们就从主观情感与心理因素来认识与区分民族，它主要包括民族意识与民族情感。

三　主观民族论批判

（一）民族意识

鲍威尔把民族称为从命运共同体中产生的性格共同体，但是任何一个关于民族的定义都是充满着争议性、多样性和复杂性。诚如法国思想家吉尔·德拉诺瓦所说："民族的存在是理论的也是美学的，是有机的又是人工的，是个人的又是集体的，是普遍的又是个别的，是独立的又是依赖的，是意识形态的又是非政治的，是超验的又是功能的，是族群的又是公民的，是延续的又是断裂的。"② 对于由一定领域、语言组成的人们来说民族是真实的，可是为什么一生中都不曾谋面的人们却有着相同的行为意识与价值观念，因此本尼迪克特·安德森把民族称为"想象的共同体"。民族的古老性是因为它从人类祖先时期就已经伴随着人类发展，所以人们总是把悠久灿烂的历史文化作为民族的荣耀。资产阶级把国家建立在民族原则之上形成了民族国家。国家的政治活动加强了民族意识，也产生

---

① Ernest Renan, *what is a nation?* In Stuart Woolf (Ed.), *Nationalism in Europe*, 1815 *to the Present: A Reader.* London and New York: Rutledge, 1996, p. 59.

② ［法］吉尔·德拉诺瓦：《民族与民族主义》，郑文彬、洪辉译，生活·读书·新知三联书店 2005 年版，第 22—23 页。

了新的民族，所以说民族又是现代的产物。而这对于个人而言却未
必如此，因为现实中的个人常常是生活习俗与经验之中，与整体
的、统一的民族无涉，对于世代固守在同一土地上的人来说更是如
此，"在与同民族的人交往中是无法产生民族意识的"①。所以民族
意识是无法在同一个民族内部产生。但是对于经常游走于不同地方
的人比如商人、侠客和武士，往往很容易在不同于自己的语言、生
活方式及环境中产生民族意识。因此民族意识首先是一种对于"他
者"的意识，是对于不同于本民族群体在民族"性格"差异性上
的认识。

　　民族意识是与自己具有相似性以及共同特征的一种归属性意识
即"我们"意识。"他者"是民族意识产生的前提，没有差异性也
就没有"我们"。在众多民族存在的地方容易产生民族意识。鲍威
尔说"在多民族边界地带最容易产生民族意识"②。在没有"他者"
条件下，民族意识只是一种潜在性，只有"他者"能够激发出来，
因此与异族的交往是民族意识形成的方式。具体来说，民族意识通
常是在以下几种情况下产生的：其一，经济发展。随着资本主义生
产力的提高以及商品贸易不断扩大，经济发展越来越超出国家与民
族的范围，国家与国家之间、民族与民族之间的商品交换越来越频
繁，民族意识随之得到广泛的传播与发展。经济发展所引起的民族
之间的矛盾以及经济水平的差距都会激发强烈的民族意识，从这个
意义上来说，经济的发展使得民族之间在物质上的差异性减少的同
时也会增强民族意识。其二，民族战争。民族间的战争所导致的民
族征服也是激发民族意识的诱因，拿破仑在欧洲的战争激起了广泛
的民族意识以及民族主义的运动。德国古典哲学家费希特也是一位
民族主义思想家，在 1806—1807 年间拿破仑军队入侵德国情况下

---

① Otto Bauer, *The Question of Nationalities and Social Democracy*, Trans. J. O'Donnell,
E. Nimni（ed.），Minneapolis, MN: University of Minnesota Press, 2000, p. 121.

② Ibid., p. 120.

费希特发表了著名的《对德意志民族的演讲》，号召德意志民族团结一致抵抗法国的入侵，恢复国家领土统一，从而激发了德国强烈的民族意识。英法百年战争成就了法国历史上民族英雄圣女贞德。其三，民族压迫。在阶级社会中，统治阶级的压迫剥削制度不但遭到了被压迫阶级的不满和反抗，还受到被压迫民族的反抗，在这些被压迫民族中常常会引起民族意识以及民族仇恨。德意志人统治下的奥地利和马扎尔人统治下的匈牙利都面临民族斗争就在于此。其四，文化教育水平。民族之间的区别首先是行为意识以及价值判断上的区别亦即文化上的区别，所以发达的文化常常引起强烈的民族认同。古老的民族意识是人们在异族认识基础上产生的，但是资本主义的发展以及教育制度的发展，尤其是印刷出版的普及化，人们通过报纸、杂志就形成了民族意识。

（二）民族情感

"民族意识不过是从某种特征上对于自己和其他民族同胞之间相似性的认识，也是对于不同于自己民族的认识。"[①] 民族意识是个人对于自己的民族归属以及和异族的差异性的认识，它必然伴随着个人的意识。个人意识是在生活经验与社会文化的基础上产生的，"人类的意识取决于惯性法则"[②]。个人意识取决于民族历史中的发展内容，基于传统与习惯上的认识，人们就必然会产生对于本民族文化与历史传统的强烈情感，这就是民族情感。人们对于事物的认识总会伴有对它的情感，这种情感包括喜、怒、哀、乐等。鲍威尔认为这些情感产生的原因来自认识上的"惯性"，这种认识上的"惯性"就是符合历史传统从而引起我们愉悦的感受，给我们带来快乐。相反，对于那些与民族历史传统相违背的事物则会引起我们的痛苦，"人类意识对于不同的具体性适应是很困难的，并总是带

---

① Otto Bauer, *The Question of Nationalities and Social Democracy*, Trans. J. O'Donnell, E. Nimni（ed.），Minneapolis, MN：University of Minnesota Press, 2000, p. 120.

② Ibid. .

有不快。”“对于异族知识的学习总是伴有痛苦。”① 愉快的情感总是和我们生活与成长的事物有关，它影响着我们的认识，成为我们生活的一部分。比如说养育我们的家园与土地，和我们具有相似性且命运与共的民族同胞，相反，异族的事物之中总有一种“陌生感”与“距离感”。“看到同样事物的表现与反应迥然不同于同民族的人在祖国所产生的表现和反应，我则无法认同异族的观念。”② 鲍威尔说：“对于故乡事物的回忆是民族情感的自然流露。”③ 故乡事物伴随着人成长中的点点滴滴，孕育了丰富的情感，这些事物既表达了对故乡思念，也是对民族的一种情感。据法国思想家吉尔·德拉诺瓦在词源学上对于民族一词的考究，他认为民族有三大词源：出生、身份以及自我意识，他说：“人必定生于某处，并生自某人。土地与血缘。要形成一个民族，应一起出生，即：

——生于同一年代；

——生于同一地点；

——生于同一血统；

——通过语言和习俗一起长大，一起成人。”④

如果说民族意识是基于对异族差异性所产生的认识，那么民族情感则是对于本民族共同属性上的认同。对于本民族同胞之爱是因为我们是在同一个命运共同体之中，有着相似的认识与价值观念，生死不离，荣辱与共。“它的性格共同体、文化、命运决定着我的性格与命运。对它的侮辱就是对我的侮辱，我与它荣辱与共。”鲍威尔认为，“民族观念就是一种自豪感”⑤。对于民族的热爱既不是

---

① Otto Bauer, *The Question of Nationalities and Social Democracy*, Trans. J. O'Donnell, E. Nimni (ed.), Minneapolis, MN: University of Minnesota Press, 2000, p. 122.

② Ibid., p. 120.

③ Ibid., p. 124.

④ ［法］吉尔·德拉诺瓦：《民族与民族主义》，郑文彬、洪晖译，生活·读书·新知三联书店 2005 年版，第 4 页。

⑤ Otto Bauer, *The Question of Nationalities and Social Democracy*, Trans. J. O'Donnell, E. Nimni (ed.), Minneapolis, MN: University of Minnesota Press, 2000, p. 123.

对于共同利益的认识，也不是道德的要求，而是源于人的一种"自爱"心理，鲍威尔称之为"自我保护"的本能。"归属感"是对于共同性的相互承认，既是"他人"对于自己的承认也是对于"他人"的承认，这种相互承认本身就包含着对于安全与合作的需求。对于本民族的情感也包含了对民族历史与文化的情感。历史英雄人物、神话传说、民族风俗、文化艺术都会激发我们的民族情感，民族的历史与文化构成了我们的生活内容。但是这种民族情感在具有历史知识的人群中才能产生，而对于没有这种知识的人来说是无法产生的。生活在不同的环境也会引起不同的民族情感，所以民族情感对每个人所起的作用并不是完全相同，因为"对于民族情感所形成的习惯性力量对于不同的阶级和人群是不同的"[①]。封闭的社会环境、简单的社会交往、缓慢的生活节奏、固定的生活方式容易形成人们根深蒂固的意识，由于受习惯力量的影响而很难接受外来新事物。这一点对于生活在固定区域的农民来说就是如此，他们对于传统习俗有着很深的情感，这种情感往往是排斥外来事物、反对新观念的根源。相反，生活在开放的环境，由于社会交往比较频繁、经济水平较高、生活节奏变化快并且新事物的不断产生，使得人们更容易接受新事物。

四 民族评价

民族情感导致我们喜爱与民族有关的事物而给予评价，这就是民族评价。民族评价是一种基于民族之上的一种情感评价，由于带有强烈的民族情感就导致"不管对象怎样总是赞赏的态度。因为每个人都是民族的一员，本民族的特点对他来说都是好的"[②]。对于不同于本民族的事物总是带有排斥或反对的态度。民族评价是与认识

---

① Otto Bauer, *The Question of Nationalities and Social Democracy*, Trans. J. O' Donnell, E. Nimni (ed.), Minneapolis, MN: University of Minnesota Press, 2000, p. 123.

② Ibid., p. 125.

主体情感相联系的认识。鲍威尔举例说，当我们说一个人是一个"真正的德国人"的时候，这并不是在描述他的民族性，而是包含了对他的赞许与夸耀。在这种情况下是由于他的所作所为体现出了作为德国人所具有的价值，应受到人们的尊敬。相反，当我们说一个人"不配德国人"的时候，显然这是对他的责备和批评。因为这个人的行为违背了作为一个德国人应具有的品德，理应受到人们的指责，要求人们以此为戒。除了民族评价以外，在人们的行为活动中还有一种基于手段和目的之间关系的认识与评价方式，这就是理性评价。它不是主观情感上的认识，而是按照"为某种目标而选择一定的手段"，是根据事物本身的性质与特点确定行为的认识评价方式，带有一定的客观性。从民族评价立场上看，所谓价值就是和民族有关的内容，而与民族无关的内容是没有价值的，但是民族评价在遇到新的事物或者处于本民族之外就会遇到各种困境与矛盾。从理性评价角度上来看，所谓有价值的东西是根据达到目的所选择的手段之间的效果来确定，比如"经济政策的制定者把提高劳动的产量作为目的，那么凡是有利于这一目的的实现就具有价值，反之就是有害的"①。理性评价是从事物的发展上而不是从民族立场上进行评价，但是它并不是完全排除人的主观情感因素。在民族反抗斗争中，既包含了民族评价也包含了理性评价。如"为减少法国文化的影响而进行的斗争，这种斗争就是保持自身民族性的民族评价形式，它同时包含了理性评价形式。法国的宫廷文化并不能满足德国新兴资产阶级的要求，它同时与其审美和道德观念相矛盾"②。民族评价与理性评价都是人们对于事物的认识，鲍威尔认为虽然它们都根源于人性但都是在社会发展与影响下的产物，因而具有社会的意义。

---

① Otto Bauer, *The Question of Nationalities and Social Democracy*, Trans. J. O' Donnell, E. Nimni (ed.), Minneapolis, MN: University of Minnesota Press, 2000, p. 125.

② Ibid., p. 126.

　　一定的意识必然伴随着一定的行为，民族情感是对于自身民族的具体性以及与其他民族的区别中产生的，民族意识成为人们行为尤其是政治行为的决定性基础。这样鲍威尔通过对民族评价的分析进而引向了民族政治，并详细地分析了资产阶级民族保守政治与无产阶级民族演进政治。鲍威尔认为，一定民族特性总是与社会结构相联系，因为民族情感是在社会发展过程中形成和发展起来的，因此不同的社会阶段总是有不同的民族特性，这是由民族的社会性决定的。比如说资本主义社会的民族特性与封建社会的民族特性是不一样的。"民族特性的保护也是维护特殊社会结构的条件"，因此"致力于维护已有社会结构的阶级必须保留民族特性，这是他们权力存在的社会条件"①。就是说在一个社会结构不发生变化的情况下，统治阶级的权力地位一般是不会发生变化的。但是当社会结构与经济结构发生了变化，民族特性相应地也要变化，那么统治阶级的地位就会面临着新兴阶级的威胁与挑战。这时他们为了维护自己的权力，赋予民族具体性价值以保持现有的社会秩序。对于新兴阶级来说"由民族性格所形成并巩固的制度是他们进行统治的主要障碍"。因此他们就利用理性评价反对民族评价。鲍威尔把历史上封建社会和资本主义社会中的地主阶级以及资产阶级作为民族评价阶级。他认为无产阶级要想推翻资产阶级的统治，为了获得自身的解放就需要理性评价，无产阶级的具体特性也决定了他们的评价方式。他说："由于民族文化并不是无产阶级的财富，所以民族评价并不是无产阶级的评价方式。""封建地主为了扩大他们的财产，把他们的祖先从他们的居住地驱逐出去。他们的祖先离开了他们的故土——他们最初的生存方式——他们因此被连根拔起，失去了传统。"② 不再拘束于传统文化，因此也不产生民族评价，理性评价就

---

① Otto Bauer, *The Question of Nationalities and Social Democracy*, Trans. J. O' Donnell, E. Nimni（ed.）, Minneapolis, MN: University of Minnesota Press, 2000, p. 126.

② Ibid., p. 129.

成为无产阶级评价方式，他们不再相信历史上任何神圣的东西，他们只承认斗争的目标以及实现这一目标的手段。

　　资产阶级最初也是以理性评价反对传统的国家制度，但是现在的资产阶级认同历史传统，成为民族特性的拥护者，从而维护资产阶级专制制度。鲍威尔把哲学上的唯心主义在资本主义社会的发展归结为资产阶级的民族特性，民族性在文学与艺术中占有重要的地位，实际上是资产阶级政治上保守的体现。与资产阶级不同，无产阶级用理性方式完成自己的解放，为此他就需要用这种方式影响广大群众，就要用普遍的世界主义取代民族特性，在目标与方法上使全体人民统一于共同文化之中，这就是无产阶级的"民族演进政治"。虽然和资产阶级一样都是一种民族政治，但是它是现代工人阶级的政治，"确切地说工人阶级不但追求民族的利益，而且也追求工人阶级自身的利益"，[1] 无产阶级民族演进政治是社会主义的政治，它保护工人的合法权利，把全体人民统一到民族文化共同体之中，消除各个民族狭隘的区域隔阂，最终实现社会主义文化共同体中的自由与统一。马克思、恩格斯在阶级矛盾与民族矛盾关系上认为，阶级问题解决是民族问题解决的前提，阶级斗争是实现社会主义制度的主要手段。与此不同，鲍威尔的无产阶级民族演进政治既是对民族利益的追求也是对阶级利益的追求，它把文化作为实现阶级斗争的手段，显然他的这一措施在资产阶级占统治地位的历史条件下是无法实现的。鲍威尔试图把阶级问题与民族问题用无产阶级民族演进政治统一起来，走一条既不是无产阶级革命斗争也不是改良主义的道路。他的这种看似全面其实是"完全没有看到时代的转变和东方被压迫民族解放的世界历史意义"[2]，无产阶级民族演进政

① Otto Bauer, *The Question of Nationalities and Social Democracy*, Trans. J. O'Donnell, E. Nimni (ed.), Minneapolis, MN: University of Minnesota Press, 2000, p.135.
② 姚顺良主编：《马克思主义哲学史：从创立到第二国际》，北京师范大学出版社 2010 年版，第 323 页。

治正是鲍威尔折中路线在民族理论中的反映。

第二节　性格共同体

一　民族性格

鲍威尔把民族性格区分为客观和主观两个方面。从客观上来说，外在身体特征是最为容易判断民族，黄种人所形成的民族与白种人所形成的民族之间的差异是显而易见的。此外身体结构的差别在鲍威尔看来还与意志的差别存在某种关系，"身体结构的差别或者直接伴随着在同样情况下作出的决策的差别，或者伴随着认识能力与认识方式的差别，而这一种差别本身又产生决策和意志的差别"①。尽管还不能确定身体特征上的差别与人们意志差别之间的因果关系，他把人的思想观念变化归结为生理结构上的变化，这是当时以实证主义为代表的科学主义的普遍做法。它以自然科学的研究方法进行社会科学研究，以此来反对思辨的形而上学，这种研究方法影响了包括鲍威尔在内的奥地利马克思主义者。尽管如此，鲍威尔认为虽然身体特征与精神特征有着一定的联系，但是它们在作用上并不是等同的。因为民族性格的实质不是外在身体特征而是人们对于事物的评价即人们的注意力和行动决策上。这样鲍威尔就把民族性格由客观身体特征转向了主观精神特征即从人们对于外在事物的看法与意识上来判断民族之间的差异。这种精神特征主要表现为人们的价值观念与行为意识。正是这些观念与意识使得他们对同样的外界刺激有不同的反应。在这一点上，鲍威尔阐述了他的民族性格观念："民族性格首先不是指的一个民族所特有的身体特征和精神特征的总和，而仅仅是指意志趋向的差别、也就是指同样的刺激引起不同的运动、同样的外界情况引起不同的决策这一事实。"②

---

① ［奥］奥托·鲍威尔：《鲍威尔文选》，殷叙彝编，人民出版社2008年版，第10页。

② 同上。

"民族性格"这一概念是由法国启蒙思想家卢梭提出来的。卢梭认为："我们必须遵守的第一条准则就是民族的品质特征：每个民族都拥有，并且必须拥有品质特征；如果一个民族还没有自己的品质特征，我们就要开始让它拥有这样的一种特征。"① 他所说的民族品质特征就是民族生活习惯和生活方式，这与鲍威尔所说的民族性格在意识行为和价值观念上是一致的。由于意志差异，人们对于同样的事物就会产生不同的认识，也就是注意力和思维方式的差异。鲍威尔举例说一个法国人和一个英国人做一次同样的旅行，但是他们的收获和感受肯定是不一样的。除此之外，还表现在他们在生活中的一些决策比如选择生活方式的差异。另外，不同的民族有着不同的风俗、价值观念、审美观念以及道德观念，这也就是我们所称的文化差异。鲍威尔把这种文化区别归结为"不同表象和意志趋向"。这样他就把价值、道德观念奠基在人的意志之上而不是经济基础之上，这说明包括鲍威尔在内的奥地利马克思主义者试图超越唯物主义与唯心主义二元对立，最终还是走向了唯心主义。鲍威尔把这些价值判断与道德观念内容称为"表象群"，它是指人们对于外界事物所产生的认识，并由此形成价值判断，这些价值判断进而影响人们的行为选择。这样表象、意志与行为就构成了鲍威尔民族性格的基本内容。

鲍威尔认为民族性格是一个民族在行为方式、观念意识上的趋向性与一致性，但是它不能作为对人们观念、意识与行为原因的解释。因为这种解释常常会导致两个错误：一是把并列存在的共同特征和现象当作因果关系；二是犯了同义语反复的错误即用一种现象来解释另一种现象。显然这并不是对人们行为原因的解释。比如说，犹太人在宗教、哲学方面表现出的抽象思维天赋，鲍威尔认为这实际上是从历史上单个的犹太人表现出来的一致性特点的总结，

① ［英］安东尼·史密斯：《民族主义：理论，意识形态，历史》，叶江译，上海人民出版社 2006 年版，第 27 页。

这种在生活中表现出来的民族性格又常常被人们当作行为的原因。这一现象就如同原始社会的拜物教一样，人们由于缺乏对自然现象的理解而产生的恐惧心理，把风、雷、雨、电等自然现象赋予其神的性质，反过来又成为支配人的力量。在资本主义社会中，人们所创造出来的商品、货币与资本，由于它们的特殊价值与作用反而成为支配人的一种力量，从而形成了商品拜物教、货币拜物教与资本拜物教。鲍威尔把民族性格共同体这一现象称之为"民族性格拜物教"，在对民族本质有了充分认识以后，鲍威尔自信地说："我们的理论一下子就把这个鬼子打跑了。"①

那么接下来的问题是人们的行为究竟为什么会有共同性？是什么力量使得一个群体与另外一个群体区分开来，甚至导致民族之间的斗争？鲍威尔试图寻找这一现象的原因，由于实证主义的幽灵缠绕了 20 世纪初的思想家和理论家们，他们认为只有诉诸科学才能使理论具有正确性。鲍威尔同样也认为只有用科学方法才能解释"民族性格"。

鲍威尔用所谓"科学"方法即"经验"心理学方法它反对无法证实的"理性"心理学和民族"精神"来说明民族性格共同体。之所以采用经验心理学而不是理性心理学，鲍威尔坦承是受到康德对认识论批判的影响。康德综合了经验论与先验论，认为我们的感觉来源于外物，但是这种感觉并不能成为知识，因为它们不具有普遍必然性。而先验论把人类的心灵、理性具有的普遍性作为人们的知识来源，但是理性、心灵是在现实中无法经验到的，是没有内容的纯粹理性，所以不能作为知识的对象。为此康德提出了先天综合判断，它既保证了认识的具体性又保证了认识的普遍必然性，从而打破了近代哲学以来唯物主义与唯心主义二元对立。康德认识论对后来的思想、科学发展以及思维方式产生了广泛影响。在康德认识

---

① 〔奥〕奥托·鲍威尔：《鲍威尔文选》，殷叙彝编，人民出版社 2008 年版，第 25 页。

论受批判以后，心理学研究抛弃了原来把心灵作为心理学研究的对象，而是把心理学研究建立在客观对象研究基础上即人的行为、人体结构以及生理学等。1879年，德国哲学家、生理学家冯特在莱比锡大学建立了世界上第一所心理学实验室，心理学从此发展为一门独立的"实验"科学。

在康德认识论影响下，鲍威尔用"经验"心理学来解释人们行为共同性的原因。人们的关系不再"理解成那些简单的心灵实质彼此之间的关系"①，而是客观现象之间的相互关系。鲍威尔认为通过人们的生活经验与活动，我们每个人只是知道自己的心理感受，比如喜、怒、哀、乐等，除此之外我们还能够了解别人的心理感受，但是别人的感受不是直接经验的而是通过他的行为活动并根据共同性原理推断出来的。鲍威尔反对一般普遍的精神实体即心灵而是把日常的行为当作经验的对象，经验产生的对象就是表象、感受与愿望。这说明他并未真正走出那种把心灵当作客观实体对象这种虚假陷阱。对于人们行为共同性原因的解释除了心理学之外，再就是以浪漫主义表现出来的"民族精神"与"民族灵魂"，把它们看作"是一切变动中的恒久不变的内容，是寓于一切个人差别中的统一；个人只不过是这一精神实质的形态，只不过是它的表现方式"②。在鲍威尔看来，这仍然没有回答出性格共同性的原因，它和理性心理学一样都是基于错误的推理，在个人行为与精神实体的关系上，或者把普遍不变的精神实体作为个人行为的基础，个人是这种精神的体现；或者把个人之间的关系看作精神实体之间的关系。从本质上来说，它们只不过是一种"浪漫主义的幽灵"而已。鲍威尔在科学基础上批判了对民族性格的错误运用，也批判了浪漫主义和理性心理学的观点，在此基础上他进一步阐述了"性格共同体"以及"命运共同体"。

---

① ［奥］奥托·鲍威尔：《鲍威尔文选》，殷叙彝编，人民出版社2008年版，第8页。
② 同上书，第6页。

二　性格共同体

"民族是通过命运共同性而结成一个性格共同体的人们的整体。"① 通过鲍威尔的定义可以看出，民族是一种性格共同体，这种性格共同体是在命运的共同性基础上形成的。人们在历史中经历相同的命运。正是鲍威尔这一观点决定了他在解决民族问题的方法和策略上同正统马克思主义者的差异。

（一）共同体

最早阐述共同体概念的是德国著名社会学家和哲学家斐迪南·滕尼斯，在其代表性作品《共同体与社会》中提出了共同体与社会是人类在群体结合中的两种形式。他认为共同体是在自然的即血缘、家族、邻里基础上形成的，还包括范围较小的联合体如村社、城镇以及朋友、师徒等。共同体的特点是"本质意志"，在生活中它表现为习俗、记忆与意向。在共同体中形成统一的完善体系，它们之间形成互相作用与影响的有机整体。与共同体不同，社会则是通过人们有计划、有目的的选择即通过"选择意志"而形成的人类群体，人们通过法律、权力、制度、契约产生联系。在社会中人们的手段和目的是分离的，而是相互分散的，他们彼此之间是相互独立的，所以社会是一种机械的结合。他认为人类社会发展是一个由共同体到社会的过程，资产阶级社会中的个体主义、物质文明特征正是社会的典型表现。对此滕尼斯认为："共同体是持久的和真正的共同生活，社会只不过是一种暂时的和表面的共同生活。"② 后现代主义者齐格蒙特·鲍曼指出共同体在内容上是指基于主观或者客观上社会中存在具有共同或者相似的特征，这些特征可以是种族、

---

① ［奥］奥托·鲍威尔：《鲍威尔文选》，殷叙彝编，人民出版社2008年版，第30页。
② ［德］斐迪南·滕尼斯：《共同体与社会》，林荣远译，商务印书馆1999年版，第54页。

观念、地位、遭遇、任务、身份等。①

与滕尼斯不同，鲍威尔认为社会的本质是一种外在的联系，而共同体本质是人们相互间的联系。共同体只有在社会中产生，社会又以共同体为前提。国家是社会的一种形式，民族则是共同体的一种形式。② 鲍威尔比滕尼斯更广泛地使用这一概念，滕尼斯认为社会并不是真正的生活，而共同体才是人们自然的、真正的生活，在此基础上他批判了资本主义社会制度。鲍威尔则多方面、多层次来使用共同体概念，比如作用、性质、目的、手段以及形成过程都可以分为不同的共同体。相同的历史传统形成民族共同体，可以是具有相同的职业、劳动地位如阶级共同体、劳动共同体；还可以是具有一定的职能与作用如教育共同体。

马克思提出了古代共同体、封建共同体、阶级共同体等形式。马克思认为资本主义社会中资产阶级与无产阶级的矛盾与对立，是一种虚假的共同体，真正的共同体是一种人与人之间的自由联合体。马克思在《1857—1858 年的经济学手稿》中认为基于血缘、语言、习惯之上形成的是自然共同体。"在真正的共同体的条件下，各个人在自己的联合中并通过这种联合获得自己的自由。"③

鲍威尔的"共同体"概念既没有像马克思那样把资本主义社会认为是虚假的共同体，也没有像滕尼斯那样在价值上区分为天然共同体与人为社会。鲍威尔共同体概念是指在社会中具有相同或相近的特点与作用的社会组织、社会地位，还有在认识与文化上所具有的特点都称之为"共同体"。他的这一概念是深受康德哲学中经验类推的影响。在人的社会性上，康德提出了经验类推原理即"经验

① 关于共同体概念内容参见［英］齐格蒙特·鲍曼《共同体》，欧阳景根译，江苏人民出版社 2003 年版，第 1 页注释部分。

② 鲍威尔对于共同体概念的阐释参见《鲍威尔文选》，殷叙彝编，人民出版社 2008 年版，第 23 页注释部分。

③《马克思恩格斯选集》第 1 卷，人民出版社 1995 年版，第 119 页。

仅有'知觉之必然的联结之表象'而可能者"。其中又包含了三个具体类推,对于鲍威尔共同体概念影响的是第三类推即依据交互作用法则的共在原理:"一切实体就其能够在空间中被知觉为同时的而言,都存在于普遍的交互作用中。"① 正是在交互作用中形成了人们的共同体并相互影响,而那些尽管也存在着相似性,但人们相互之间并没有联系与影响,在这种情况下它只是一种相似性而不是共同体。比如英国工人与德国工人都受到资本家的压迫与剥削,在生活条件上具有很大的相似性,但是他们并不是一个民族,他们只是命运的相似性。劳动共同体、教育共同体、命运共同体以及性格共同体都是在"交互作用"中形成的。共同性不是没有差异的同一性,它是人们之间的相互影响,"只是在普遍的互相影响和经常的互相联系下经历的命运才造成一个民族"②。正是在相互作用中形成了命运共同体,在命运共同体基础上形成了性格共同体即民族。在鲍威尔看来判断民族的差异既不是传统意义上的血缘,也不是把人们分割开来的自然地理条件,而是"使一个民族区别于另一个民族的身体特征和精神特征的复合体"③ 即民族性格。

（二）性格共同体

民族是"在命运共同体基础上的性格共同体",但是性格共同体并不一定是民族,因为人们对于外界事物的选择性认识与价值上的差异并不只是由于不同的知识与文化引起的,即使在同样的教育与文化环境下人们的认识也不尽相同。人们的认识是在社会生活的实践过程中形成的,社会性实践活动决定了人们的认识,如职业、社会地位、经济状况。鲍威尔并没有把这种区别归结为社会实践活动,而仍然把它看作性格,如阶级性格共同体、职业的性格共同体。他说:"除了民族的性格共同体外,还存在着一系列其他的性

---

① ［德］康德:《纯粹理性批判》,邓晓芒译,人民出版社2004年版,第190页。

② ［奥］奥托·鲍威尔:《鲍威尔文选》,殷叙彝编,人民出版社2008年版,第11页。

③ 同上书,第2页。

格共同体，其中阶级的性格共同体和职业的性格共同体是远为最重要的。"① 这说明了人们的观念受社会影响是多重的，并非单一的民族性格或者是职业性格。所以生活在一定环境下的人们受一定的文化与历史传统影响，对于一个国家的工人来说，它既是一种民族性格共同体也是一种阶级性格共同体。民族性格共同体决定了德国工人和本民族中其他不同职业的人具有相同的意识与行为，比如资产阶级、小资产阶级与知识分子、农民等。另外德国工人和其他民族工人由于有着相同的社会地位、经济状况，因而有着相同阶级特征，"这就使他们成为这个阶级的国际的性格共同体的组成部分。德国的排字工人和其他所有民族的排字工人无疑具有某些共同的特征，他们属于一个国际的职业共同体"②。因此作为一个德国工人他无法摆脱民族文化的影响即民族性，同时与其他民族的工人又具有相同的性格，因而又具有国际性。鲍威尔无疑触及了当时奥地利社会民主党所面临的问题即阶级与民族、民族主义与国际主义之间的关系问题。对于工人来说，到底是民族性重要还是国际性重要？这是奥地利社会民主党人在领导工人进行社会主义运动中所必须解决的问题。在这一问题上，马克思、恩格斯坚持工人阶级的国际团结，坚持民族斗争服从于阶级斗争，最终通过建立无产阶级专政消灭剥削阶级，从而解决民族问题。由于马克思主义的阶级斗争理论在实践中要面对当时民族主义思潮与工人阶级民族意识的冲击与影响，因此马克思、恩格斯提出了"全世界无产者联合起来"以号召世界无产阶级的国际团结。而第一次世界大战的爆发以及第二国际的破产证明工人阶级的国际团结要面临复杂的困境。对此霍布斯鲍姆认为："对英国、法国以及德国的工人而言，1914年8月（即第一次世界大战爆发时）并没有使他们陷入选择困境，因为在他们眼中，支持政府参战和展现阶级意识并对资本家表示敌意，是没有冲

① ［奥］奥托·鲍威尔：《鲍威尔文选》，殷叙彝编，人民出版社2008年版，第3页。
② 同上书，第3—4页。

突的。不像社会主义政党领导人那样，深感重创。"① 在现实中，奥
地利社会民主党运用马克思阶级斗争理论却无法解决国内的民族与
阶级矛盾。鲍威尔认为："阶级的性格共同体是比民族的性格共同
体更加密切，还是相反，这个问题或许是多余的。衡量这类共同体
的密切程度的任何客观标准是没有的。"② 另外，鲍威尔也承认不同
国家的工人之间要比同一国家不同阶级之间的相似性要多，而不同
国家工人的联系只不过是一种"相似性"，并不是在互相作用中形
成的命运"共同体"。因此他把阶级性格共同体、民族性格共同体
与阶级斗争和民族斗争关系区分开来。鲍威尔认为工人的阶级性和
民族性决定了是执行阶级政策还是执行民族政策。进言之，是世界
无产阶级团结起来共同反对资产阶级，还是无产阶级联合资产阶级
反对其他民族工人根本不是一回事，因为二者的考虑完全不同。③
在这里，鲍威尔把工人阶级的斗争手段与目的区分开来，既然工人
的阶级性与民族性哪一个更重要没有标准，也就不存在坚持民族斗
争服从阶级斗争的问题。马克思主义的阶级立场在鲍威尔这里成了
客观的且没有标准的密切程度。因此鲍威尔与列宁关于民族的差异
与其说是观点的差异，不如说是立场的差异，这也是鲍威尔民族观
点遭到列宁激烈反对的原因。

　　民族问题与阶级问题之间的关系还涉及另外一个问题即认同的
多元性问题。传统马克思主义者并未否认工人的民族性与阶级性，
只不过是坚持革命的立场，主张民族斗争服从于阶级斗争，以无产
阶级政权作为解决民族问题的保证与基础，最终随着历史的发展阶
级和民族都走向消亡。鲍威尔把民族问题的解决作为阶级问题的基
础和保证，他认为阶级认同与民族认同的关系问题对于党的认识来

---

　　① ［英］埃里克·霍布斯鲍姆：《民族与民族主义》，李金梅译，上海人民出版社 2006 年版，第 119 页。

　　② ［奥］奥托·鲍威尔：《鲍威尔文选》，殷叙彝编，人民出版社 2008 年版，第 4 页。

　　③ 参见［奥］奥托·鲍威尔《鲍威尔文选》，殷叙彝编，人民出版社 2008 年版，第 4 页注释部分。

说非常重要，它影响着党的理论政策方针路线的制定。但是阶级认同并不比与民族认同更为重要，对于工人来说这一问题并不是生死攸关的问题。第一次世界大战爆发使工人阶级政党在关于反对资产阶级斗争与支持本国资产阶级政府反对外国战争问题上引起了激烈的争论。在传统马克思主义看来，无产阶级政党要坚持国际工人团结反对资产阶级的战争，反对本国资产阶级政府。但是与各国政党的期望相反，工人群众却支持这场战争，甚至连不少国家的无产阶级政党也支持这场战争。对人们来说，除了阶级认同与民族认同之外，还有宗教认同等多种身份认同，这些认同都可以在工人身上出现而不存在矛盾。霍布斯鲍姆对此认为："对一般男女而言，选择集体认同并不像选鞋子，一次只能穿一双。他们可以同时对各种类型的主义或原则，投入强烈的情感认同，并对之誓死效忠，包括民族主义在内。他们同时关心生活各个层面，至于会在什么时候采用哪种认同，就得视环境而定。"① 不同的环境决定了人们对于认同的选择性，认同往往取决于人们现实的需要。鲍威尔的"相对性格共同体"说明了人们在认同上的复杂性和多元性。

　　鲍威尔把民族性格共同体称之为"**相对的性格共同体**"。民族性格共同体之所以不是"绝对的"而是一个"相对的"性格共同体，"是因为各个民族同胞尽管在整个民族的共同特征上完全一致，此外确实还有把他们互相区别开来的个人特征（以及地域的阶级的和职业的特征）"②。性格共同体的相对性首先表现在作用上的相对性，它是包含差异在内的共同性，不是绝对排他性的。它在人们的生活中和其他一些共同体一起发挥作用，也就是说，性格共同体并不是一种普适性的概念而是相对的。鲍威尔认识到了阶级、地域、职业等方面的认同同样在人们的生活中发挥作用。对此安东尼·史

① ［英］埃里克·霍布斯鲍姆：《民族与民族主义》，李金梅译，上海人民出版社 2006 年版，第 118 页。

② ［奥］奥托·鲍威尔：《鲍威尔文选》，殷叙彝编，人民出版社 2008 年版，第 5—6 页。

密斯认为人的认同是由多种层次认同构成，并且各个认同之间可以进行转换，"我们具有多重不同的集体归属认同——家庭、性别、区域、职业团体、党派、教派和族群——并且随着环境的需要可以非常容易地从一种认同转向另一种认同"①。其次是性质上的相对性，它只是对于个人行为所具有的相对共同特征的一种描述，不是形成个人行为的原因。民族性格是民族成员之间所存在的共同性现象，但是这种共同性并不是均质的、等同的而是具有差异的，甚至在个别人身上是相反的，但是个别异质性并不影响总体性特征。最后是历史上的相对性。人们所谈到的民族性格共同体并不是永恒不变的，而是一定时代的民族性格。对此鲍威尔说："不能否认，塔西佗时代的日耳曼人具有一系列共同的、区别于同一时代的其他民族例如罗马人的性格特征。同样也不能否认，我们时代的德国人具有某些共同的、和其他民族不同的性格特征，不管这些性格特征是怎样形成的。但是毕竟没有一个行家会因此否认，今天的德国人同他的时代的其他文明民族的共同之处比他同塔西佗时代的日耳曼人的共同之处要多得多。"② 这说明了民族性格并非是一成不变的，而是随着历史的变化而发生变化。同一个民族在不同历史时期有不同的民族性格，同一时代的各个民族要比不同时代的同一民族在性格上具有更多的共同性。在民族形成上可以看出鲍威尔是接受了马克思主义民族理论，认为民族是从原始社会的部落、部族发展而来的。而现代主义民族理论并不认为民族是起源于古代的部落、族群，而是随着资本主义商品经济以及工业社会的发展而产生的，"并不是民族创造了国家和民族主义，而是国家和民族主义创造了民族"③。

---

① [英] 安东尼·史密斯：《民族主义：理论，意识形态，历史》，叶江译，上海人民出版社 2006 年版，第 18 页。
② [奥] 奥托·鲍威尔：《鲍威尔文选》，殷叙彝编，人民出版社 2008 年版，第 3 页。
③ [英] 霍布斯鲍姆：《民族与民族主义》，李金梅译，上海人民出版社 2006 年版，第 9 页。

　　鲍威尔认为性格共同体是人们在价值观念和行为意识上一致性的表现，但它只是一种经验的描述而不是说明行为的原因，但是人们往往把民族性格当作解释民族行为的原因。他说："用民族性格去解释一种行动的尝试所依据的是一种逻辑上的错误，即毫无道理地把对各种不同行动的共同特征的观察变成一种因果关系。"① 人们在社会中所表现出来的意识与行为方式就是民族性格。具体表现为不同的民族具有不同的道德观念、审美标准与价值判断。为了具体说明民族之间在性格共同体之间的差异性，鲍威尔在《民族问题与民主社会党》第二版前言中，利用当时法国科学哲学家皮埃尔·迪昂（Pierre Duhem）在其著作《物理学理论的目的与结构》中关于英国人和法国人在思维方法上的差异，印证了他的民族性格共同体理论。迪昂在这部著作中阐述了英、法两国科学家在研究方法上的区别，除此之外他还比较了两国哲学家在思维方式、文学中的人物形象和各自法律特点上的差异。② 鲍威尔认为，英、法两个国家的民族在事物的精确性上是不一样的。法国人注重事物的统一性、连贯性和确定性，而英国人则倾向于把研究的复杂事物详细地、清楚地描述出来。③ 这就是两个国家所表现出来的不同民族性格。现代资本主义发展使得各个民族之间的物质差异逐渐减少，但是各个民族特性依然存在并发挥重要作用。比如说同样反对资产阶级压迫与剥削，但是意大利工人与斯堪的纳维亚的工人对于资本家的反抗方式是不一样的。④ 也就是说，民族发展并不是随着经济上的发展而走向融合而是依然保持各自民族的特殊性。鲍威尔的性格共同体说明了不同国家的工人运动因为民族差异而形成不同的行为方式，这

---

　　① ［奥］奥托·鲍威尔：《鲍威尔文选》，殷叙彝编，人民出版社 2008 年版，第 5 页。

　　② 参见［法］皮埃尔·迪昂《物理学理论的目的与结构》，李醒民译，华夏出版社 1999 年版，第 61—118 页。

　　③ Otto Bauer, *The Question of Nationalities and Social Democracy*, Trans. J. O' Donnell, E. Nimni（ed.）, Minneapolis, MN: University of Minnesota Press, 2000, pp. 7 - 8.

　　④ Ibid. , p. 9.

一点也暗含了鲍威尔从民族性格的角度即民族多样性来说明奥地利社会主义工人运动与俄国的工人运动方式的差异，从而为自己反对俄国暴力革命找到了借口。

三　命运共同体

德国哲学家尼采和哈特曼最早使用了"命运共同体"一词。在他们那里"命运共同体"并非人们积极要求的一系列事件，而是超出人的主观行为之外的内容，但是人们都受到它的影响。[1] 而命运共同体在鲍威尔那里则是在特定的历史条件下影响人们与意识的具体表现。鲍威尔命运共同体的第一个特点即是历史性。由于受到康德第三经验类推思想的影响，鲍威尔的命运共同体观点的另外一个显著的特点就是共同体之间的相互作用与影响，正是"普遍的互相影响和经常的互相联系下经历的命运"才形成了民族而不是简单的同一性。

在性格共同体那里鲍威尔并未说明阶级问题与民族问题何者是我们所着重解决的问题，他只是把它淡化为客观上的认同标准问题。那么在命运共同体中还会遇到同样的问题。鲍威尔首先说明了共同性与同一性之间的差异。按照康德的观点，共同性就是普遍的相互影响，通过文化与社会活动产生彼此间的交往与联系。而同一性只是说明了两种或多种事物之间具有的共同特点，这些共同的特点之间没有或很少有联系。就像德国工人与英国工人虽然在各自的国家中有相同的职业特点、经济地位，但是他们之间由于没有相互作用与影响，因而他们的联系是松散的。尽管各国工人阶级同样遭受资产阶级压迫，有着相同的阶级性格共同体，但是由于缺乏交往，所以德国人仍然是德国人，英国人依然是英国人。"因为**命运共同体不是意味着遭受同样的命运，而是意味着**在经常交往和不断

① Otto Bauer, *The Question of Nationalities and Social Democracy*, Trans. J. O' Donnell, E. Nimni (ed.), Minneapolis, MN: University of Minnesota Press, 2000, p. xxxix - xl.

互相影响中**共同经历同样的命运**。"① 其次鲍威尔说明了阶级与民族
的区别。阶级是由命运的"同一性"而不是命运的"共同性"形
成的，这就意味着各国工人之间缺乏相互作用。阶级性格共同体使
得世界各国工人阶级具有同样的革命信念和斗争目的，只不过这种
相同性不存在联系。鲍威尔进一步指出了阶级之间不如民族之间的
联系紧密。世界各国工人由于有着相似的地位与状况，但是这种联
系只是松散的、简单的联系，各国工人与本民族资产阶级之间的联
系要紧密得多，这是因为尽管地位与状况不一样，但是由于"他们
生活在同一座城市，读着同样的墙头告示、同样的报纸，参加同样
的政治活动或体育活动"②。他们之间相互作用与影响，所以对大多
数人来说更倾向于认同"民族"而并非"阶级"。"命运共同体"
和"性格共同体"都涉及关于"阶级"认同的与"民族"认同的
问题。鲍威尔认为对于日常生活中的群众而言，并不一定是政治上
的阶级问题而是生活中的教育与文化以及民族问题才是较为关切的
问题，除非特殊危急时刻，政治才会引起他们的注意。从此可以看
出，鲍威尔研究民族问题的重心在悄悄地发生位移，那就是从政治
上的认同转向文化上的认同。他把命运共同体作为产生性格共同体
的原因，而命运共同体又是如何形成的？鲍威尔把"自然遗传"和
"文化传承"作为民族命运共同体在历史发展中形成的两种手段，
并由此形成了自然共同体与文化共同体。

四　自然共同体与文化共同体

（一）自然共同体

　　人类在生存与发展中既是一个自然存在，也是一个社会存在。
在自然的生存与斗争中常常是基于一定的血缘或自然环境形成人们

① ［奥］奥托·鲍威尔：《鲍威尔文选》，殷叙彝编，人民出版社 2008 年版，第 11 页。
② Otto Bauer, *The Question of Nationalities and Social Democracy*, Trans. J. O'Donnell,
E. Nimni（ed.），Minneapolis, MN：University of Minnesota Press, 2000, p.101.

之间的关系，它由原始社会部落、部族发展而来，具体表现为在不同的血缘、地域以及生存条件中形成不同的自然共同体。它多是体现在人体质特征、生理特征等自然条件下人类生存的特点，是民族形成的前提条件和基础，这种自然性是取决于祖先的生存条件、血缘关系以及地理环境。按照科学的说法，"它们是通过胚胎原生质的共同性而确立起来的"①。因而不能人为地加以改变。自然共同体的另外一个特征就是变化性，因为随着生产的发展、地域的扩大会导致自然共同体的分裂。自然共同体需要彼此之间的相互交往才能得以保持和发展，当原来的环境发生变化，那么人们的联系就会发生变化，"民族同胞之间的性的联系一旦停止，立刻就会出现从到那时为止的统一民族中产生新的彼此不同的性格共同体的倾向"。②自然共同体只是民族的前提与基础，但是它还不能成为"民族"，它只是人类学意义上的"种族"，因为"共同的血缘形成的只是种族而非民族"③。鲍威尔根据细胞分裂学说考察了家庭作为自然共同体在社会中的发展。在家庭成员中孩子与父母、兄弟姐妹之间都存在着某些相似性，这是因为他们遗传了父母特征的缘故。他们之间只是相似而不会等同。但是随着家庭的发展特别是家庭范围的扩大，家庭成员的增多，虽然他们之间总有一些相似性，但是这种相似性越来越少，而他们之间的差异则会越来越大，这是由于生活环境的改变以及经历上的变化所致。所以"个人总是因为环境、生长、生活方式的不同，他们的命运也不一样"④。这样鲍威尔就把来自祖先遗传与生活的历史作为自然共同体发展的主要手段，说明了民族同胞之间的相似性即性格共同体。除此之外民族并非是一成不变的，在家庭那里鲍威尔认为是生活的经历导致了家庭成员的差

① ［奥］奥托·鲍威尔：《鲍威尔文选》，殷叙彝编，人民出版社 2008 年版，第 12 页。

② 同上。

③ Otto Bauer, *The Question of Nationalities and Social Democracy*, Trans. J. O' Donnell, E. Nimni（ed.），Minneapolis, MN：University of Minnesota Press, 2000, p.114.

④ Ibid., p.30.

异，那么对于民族共同体，他将科学方法与成果用于民族的分析，而达尔文进化论就作为民族变化的"科学"依据。鲍威尔认为自然界现象发展的"优胜劣汰，适者生存"规律同样也适用于民族自然共同体的发展。生存在不同环境中的民族形成了不同的性格，这是由于民族生存适应周围环境的需要，人的这种适应性就是一种选择性的。比如狩猎与游牧民族长期生活在草原上，人口的增长与草原之间的矛盾使得人们不得不去为适应生存环境而斗争。那些争强好斗、体格健壮的人就容易生存下来，相反，那些懒散、懦弱的人不能适应周围的环境会被淘汰，这样久而久之"整个民族就成为好斗的性格，不能适应这种环境的人会彻底消失"①。这种对于外在环境的适应就是自然选择的结果，所以鲍威尔把生物中的遗传与进化用于对自然共同体的分析，说明了遗传与进化中的确定性与选择性，分析了自然共同体的相互作用性与历史性特点，从而为民族共同体形成的另一个手段即文化共同体奠定基础。

（二）文化共同体

鲍威尔认为民族在本质上并不是自然共同体而是文化共同体，因为"没有文化共同性的纯粹的自然共同体可能作为种族会使人类学家发生兴趣，但不能形成民族"②。为证明这一观点，他首先做了一个假设："假设一场灾难毁灭了除孩子以外所有的德国人，也毁灭了包括学校在内的所有文化设施。这些不幸的孩子就可以形成一个新的民族，他们能成为德国人吗？他们还会留下从父母那里所学到的东西，但他们所使用的语言将不再是德语，那么他们所形成的风俗习惯与现代的德国人肯定不同。"③ 也就是说人们的习惯是来自周围环境，尤其是社会关系，这种社会关系决定了文化的形成。

① Otto Bauer, *The Question of Nationalities and Social Democracy*, Trans. J. O' Donnell, E. Nimni (ed.), Minneapolis, MN: University of Minnesota Press, 2000, p. 30.

② ［奥］奥托·鲍威尔：《鲍威尔文选》，殷叙彝编，人民出版社 2008 年版，第 17 页。

③ Otto Bauer, *The Question of Nationalities and Social Democracy*, Trans. J. O' Donnell, E. Nimni (ed.), Minneapolis, MN: University of Minnesota Press, 2000, pp. 33 – 34.

"人在本质上是社会关系的总和",所以在社会关系中所形成的各种价值判断、风俗习惯以及政治、经济、法律等各种关系就是人的社会性表现,这种社会性在鲍威尔看来就是文化,"民族不仅仅是自然的共同体,同样是文化的共同体"①。他把这种决定人的生存和发展的手段称之为"文化内容的口头传承"。如果说"自然共同体"主要是共同体存在与发展的物质基础与前提,那么"文化共同体"则是指人们在相互作用中所赖以生存和发展的精神手段。鲍威尔所说的"自然"主要是指民族在产生和形成上所需的条件,对于个人而言是"由他所受的教育,他所服从的法律,他据以规范自己生活的习俗,由传统的对神和世界的看法,对道德和非道德、美好和丑恶的看法,由对他产生影响的宗教、哲学、科学、艺术、政治,……"②由此来看,鲍威尔的"文化"概念是一个比较宽泛的概念,它既有意识形态内容如政治、经济、法律制度以及道德价值判断,还有非意识形态的科学;既有日常的生活习俗,还有思想上的宗教与哲学,所以文化是对人们生存与发展起重要作用的方式与手段。

　　文化共同体具有的两个属性即相互作用性与历史性。在文化共同体相互作用中语言起了重要的作用,它是人们交往关系的中介,"语言是重要的交往工具:它是教育的工具,一切经济交往和一切精神交往的工具。"③ 因此他认为正是语言使得人们之间的交往关系成为可能,同时交往的需要产生了共同的语言。就语言和文化关系而言,语言也是民族文化共同体存在的基础与文化载体,同时它本身也是一种文化。共同的交往产生共同的语言,从而形成共同的民族性格,也就是保持为一个民族。但是共同的语言却并非共同的民

　　① Otto Bauer, *The Question of Nationalities and Social Democracy*, Trans. J. O' Donnell, E. Nimni (ed.), Minneapolis, MN: University of Minnesota Press, 2000, p. 102.

　　② [奥]奥托·鲍威尔:《鲍威尔文选》,殷叙彝编,人民出版社2008年版,第12—13页。

　　③ 同上书,第13页。

族，因为语言只是文化的一部分，而不是全部。"丹麦人和挪威人尽管有共同语言，却受不同文化的影响；信奉天主教的克罗地亚人和信奉希腊正教的塞尔维亚人虽然有共同语言，却受到不同文化的影响。"① 因而他们并不是一个民族。也正是这一点，鲍威尔反对考茨基把语言作为判断民族的标准。在鲍威尔看来，语言与民族并不一致，同一语言可以形成不同的民族，不同的语言也可以形成同一民族。是否为同一民族的关键并不在于语言形式而是民族成员之间的相互作用，也就是文化。相同的语言既可以形成统一的文化，也可以形成不同的文化。比如"荷兰人是从德意志种族的三个部族形成的，却已不再属于德意志民族"②，原因是他们与德意志没有任何联系与作用，而是在经济基础上形成了自己的文化。而犹太民族则说明了不同语言可以形成一个民族，因为他们有着共同的生活方式与宗教信仰，从而保持着相互间的作用与影响。

文化民族主义者赫尔德认为民族文化是一个民族的精神表达，每个民族都有自己的文化，正是这种独特性推动本民族的统一与发展。赫尔德意在通过民族文化独特性来说明文化对于国家和民族统一的作用与意义，是文化民族主义在政治上的诉求；而鲍威尔则是在民族形成机制上来说明民族的本质，他表达的是民族文化的统一性。这种统一性在鲍威尔看来主要体现在共同体之间的相互作用上，民族统一性是在历史中形成的，所以它的另外一个特点就是历史性。鲍威尔认为文化共同体在历史的发展过程中有三个主要类型：原始社会的民族文化共同体；阶级社会的统治阶级文化共同体以及未来社会主义文化共同体。

1. 原始社会文化共同体

原始社会文化共同体是在共同血缘基础上维持民族的统一性，它是随着社会的发展而走向分裂。原始社会以血缘关系为基础包括

---

① ［奥］奥托·鲍威尔：《鲍威尔文选》，殷叙彝编，人民出版社2008年版，第13—14页。
② 同上书，第14页。

母系氏族与父系氏族社会，社会是以氏族部落为单位，他们一起进行生产劳动。原始社会并没有固定的土地，游弋与迁徙成为氏族群体的主要生活方式，因而生存环境因素决定了自然和文化的遗传，从而决定了民族性格。原始社会中自然共同体的发展主要受制于自然环境，文化共同体的发展是靠遗留下来的风俗习惯和氏族首领的权威来维持。起初氏族只是很小的共同体，它的联系范围只限于氏族血缘关系范围之内，而在"氏族之间并无任何联系，彼此之间相互独立，类似于独立的国家"①，因此这一时期并没有出现民族。随着血缘的不断发展，氏族不断发展壮大，在血缘基础上氏族分裂为更多的氏族集团。氏族就成了更大范围内的基本组织单位，氏族之间通过祖先流传下来的风俗习惯相互作用，形成了文化共同体，"所有这些氏族过着相同的生活：有着相同的劳动形式、法律、信仰、语言等，共同的祖先所传承的血统与文化产生了共同的性格"②。在这种情况下，最初的民族开始出现。随着拥有的土地越来越多，自然环境的复杂性与差异性逐渐扩大。鲍威尔以日耳曼民族为例说明了民族之间所面临的分裂。"日耳曼群体扩张的领土越来越多，他们越是依赖于农业，就越是受制于土地，他们之间的相互作用与通婚就越少。他们所形成的命运差异就越大，性格与语言差异也就越大。因为失去了相互作用，日耳曼民族因此面临着分裂为独立的小民族。"③另外，伴随着人口的增长，外来敌人的压力以及生存的斗争使得相近的部落在军事上、政治上统一起来，在相互作用下逐渐形成新的文化共同体，为封建社会制度文化奠定了基础。

随着血缘和文化分化的加剧，新文化不断形成，原来的群众统

---

① Otto Bauer, *The Question of Nationalities and Social Democracy*, Trans. J. O' Donnell, E. Nimni（ed.）, Minneapolis, MN: University of Minnesota Press, 2000, p. 37.

② Ibid. .

③ Ibid. , p. 41.

一性文化逐渐被统治阶级文化统一性所代替。在阶级社会中文化共
同体的一个显著的特点就是文化共同体与劳动共同体之间的分离，
也就是统治阶级享有劳动群众所创造的文化，而广大群众被排斥在
文化共同体之外。鲍威尔认为阶级社会的文化共同体主要包括两
种：骑士文化共同体以及资产阶级文化共同体。

2. 封建社会骑士文化共同体

自公元前 4 世纪后半叶西罗马帝国灭亡一直到 15 世纪中叶，
这个时期，欧洲处于封建割据、小国林立时代。经济制度上主要是
土地租佃制，社会结构主要是农民与封建领主，农民为地主无偿劳
动，封建领主负责社会治安。战争导致原先的军事制度发生变化，
当时德意志所面临的敌人主要是马扎尔人的骑兵部队，为适应战争
的需要，这一时期出现了专门效忠于封建领主并保卫国家安全的阶
层即骑士阶层。由于战争引起大规模人口迁徙，自然疆界遭到了破
坏，这样就在战争与征服的过程中逐渐形成了民族。血缘基础上的
自然共同体开始解体，由骑士阶层形成的文化开始影响各地，逐渐
形成了骑士文化共同体。11 世纪欧洲经济迅速发展，同时也推动
了文化上的繁荣与发展。这一时期"欧洲商业繁荣，城镇兴旺，文
化高涨，政治创新，军事扩张，宗教热情高昂"①，统一的文化共同
体逐渐形成。把这些民族统一起来的不再是共同的血缘，也不是
"源于祖先的共同文化，而是一种新的文化共同体，并不是统一所
有的日耳曼人，而是统治阶级"②。因为这时的文化是一种高深文
化，"高深知识文化的历史以及科学、文学与艺术的历史是一个休
闲的历史"③。它产生于专门阶层，在土地上从事繁重劳动的群众无
法产生这种高深文化，正是这种劳动分工使得中世纪的文化与教育

---

① [美] 查理·沃伦·霍莱斯特：《欧洲中世纪简史》，陶松寿译，商务印书馆 1988 年版，第 146 页。

② Otto Bauer, *The Question of Nationalities and Social Democracy*, Trans. J. O' Donnell, E. Nimni (ed.), Minneapolis, MN：University of Minnesota Press, 2000, p. 48.

③ Ibid., p. 49.

得到提高，其中寺院与教会是进行教育和文化传播的主要场所。诗歌、文学、艺术得到了极大的发展。骑士文化共同体只是统治阶级文化共同体，它并不包括农民在内，因为"在统治阶级看来农民是粗野的，并成为他们嘲笑的对象"①，广大的群众只不过是民族附庸，虽然他们的劳动创造了民族文化成果。

3. 资本主义文化共同体

由于农业生产的不断发展，大量的土地得到开垦，到了 13 世纪出现了商品交换，中世纪自给自足的封建经济结构开始解体。手工业商业逐渐兴起，14—15 世纪首先在意大利出现了资本主义萌芽。这一时期的社会结构也开始发生变化，劳动分工使部分农民成为手工业者。城市中不断分化出手工业作坊主和雇佣工人，城市的发展也推动了农村的发展，出现了农村与城市之间的商品交换，旧的封建土地制度开始转变为现代生产制度，越来越多的农民离开世代劳作的土地开始进入城市成为雇佣工人。更重要的是商品生产的发展"不仅推动了城乡之间的关系变化而且直接影响了现代国家的产生"②。自然经济基础上所形成的国家制度在商品经济发展中开始解体，经济上形成了以货币税收取代原来的实物地租。在商品经济基础上形成了现代国家官僚制度与军事制度，反过来国家又要确保商品经济的发展以确保自己的发展。文化上产生了以读、写、计算为主要内容的文化取代贵族气质的宫廷文化。特别是印刷技术的出现，加大了文化和知识传播的范围和速度，使更多的人接受教育成为可能。同时市场的扩大逐渐形成了统一的语言，从而取代了地方语言，为文化统一奠定了基础。知识文化的广泛传播改变了人们的思维方式，人们开始以理性的眼光看待信仰与传统，"人们的生活、眼界发生了变化，克服地方的限制，开始与传统分裂，于是传统的

① Otto Bauer, *The Question of Nationalities and Social Democracy*, Trans. J. O' Donnell, E. Nimni（ed.），Minneapolis, MN: University of Minnesota Press, 2000, p. 54.

② Ibid., p. 56.

基督教教义不再神圣"。① 市场成为人们相互联系的主要途径与纽带，这种联系不再是局限于特殊的阶层，而是把更多的人联系在一起。资产阶级的兴起推动了文化共同体的产生。14—16 世纪掀起了文艺复兴、宗教改革与启蒙运动等一系列资产阶级文化运动。但是资产阶级文化共同体还只限于新兴的阶级与受教育的阶层，它只是局部文化共同体而不是全部。文艺复兴与宗教改革是精英的运动，它对于广大群众来说几乎没有影响。所以鲍威尔问道："资产阶级文化艺术和启蒙运动对于那些为地主而艰辛劳动的农民有什么意义呢？对于那些由于资本主义的进步而有苦难言的工匠有什么意义呢？对于那些在资本主义制度下受到更重剥削的工人来说有什么意义呢？"②

随着资本主义的发展，越来越需要更多的原料产地以及商品销售市场。资本主义国家凭借强大的经济与军事实力开始在全世界范围内开拓市场，殖民占领与征服成为现代资本主义自我发展的主要途径。经济发展引起了人们思维方式的变革，"农村的人们在商品生产影响下开始改变他们长期以来的风俗习惯，并开始认同城市生活方式"③。越来越多的人开始从事商品生产与贸易，商品生产几乎把所有的人紧密地联系在一起。现代资本主义政治上的民主普选制、义务教育制和义务兵役制，鲍威尔认为这正是现代国家制度的基本特征，它使全民族统一文化共同体成为可能。但是资本主义的发展使无产阶级处于被压迫与被剥削地位，不能享有政治与文化权利，所以鲍威尔认为资本主义在社会发展中具有进步性与局限性：经济上一方面促进了生产力的发展，另一方面又阻碍了生产力的发展；文化上一方面扩大了文化共同体，另一方面又限制了文化共同

---

① Otto Bauer, *The Question of Nationalities and Social Democracy*, Trans. J. O' Donnell, E. Nimni (ed.), Minneapolis, MN: University of Minnesota Press, 2000, p. 66.

② Ibid., p. 78.

③ Ibid., p. 83.

体；政治上一方面发展了民主自由，另一方面又限制了民主自由。
在对资本主义制度的批判中鲍威尔充分吸取了马克思的批判理论，
利用马克思剩余价值理论与资本有机构成理论批判了资本主义制度
的矛盾，指出了工人阶级反对资产阶级斗争的必要性。"我们这个
时代的规律就是：**一个人的劳动成为另一个人的文化成果**。""对于
剩余劳动的剥削使得广大工人无法享有文化成果，因此剥削制度无
法形成民族文化共同体，它无法使工人融入民族文化共同体。"① 所
以他认为资本主义文化共同体是劳动与文化相分离的，还不是全民
族的文化共同体，只有到了社会主义社会全民族统一的文化共同体
才能实现。

4. 社会主义文化共同体

社会主义制度是建立在生产资料公有制基础之上合理地组织社
会生产，"通过生产工具的社会化以及对于社会生产的控制来提高
劳动生产率，一方面减少了社会必要劳动时间，增加了休闲时间，
另一方面满足了人们的需要"②。社会主义社会将消除剥削现象，消
除阻碍生产力的所有因素，将会极大地促进生产力的发展。在政治
上社会主义民主是真正的民主，它要求每一个人积极参与社会事
务，同时它是资本主义民主在社会主义条件下的完善而不是取消。
社会主义的文化是一种新型的文化，在教育上将实行全民教育制
度，教育将会使每一个人充分发挥自己的个性，享有共同的民族文
化，工人与农民隔阂将消除，体现了"文化创造者"与"文化享
受者"之间的统一性。同时社会主义文化是在继承历史上人类优秀
文化成果的基础上创立起来的。社会主义文化共同体结束了阶级社
会中民族的分裂，群众在统一的教育、劳动、文化基础上形成了民
族统一性。鲍威尔强调社会主义制度下的民族发展并不是民族差异

---

① Otto Bauer, *The Question of Nationalities and Social Democracy*, Trans. J. O' Donnell, E. Nimni（ed.）, Minneapolis, MN: University of Minnesota Press, 2000, p. 86.

② Ibid., p. 92.

的消失而是保存各个民族的差异性，因为"只有在社会主义制度下，民族才享有充分自治，才会有真正的自决，才能从无意识中解放出来"①。这种自治会使各民族的个性得到发展，社会主义的文化是一种统一的文化，但并不意味着各个民族简单地接受，它必须"要与千百万人的文化生活结合在一起，整个民族也是这样，只有通过改变、消化、吸收才能真正成为民族文化共同体的内容"②。马克思把民族看作一定历史发展阶段的产物，并在生产力发展到一定的阶段将和国家、阶级一起消亡。鲍威尔一方面继承了马克思民族历史产生的理论，另一方面，他坚持民族发展的统一性，这种统一是保留了民族具体性的统一，而不是消除民族个性的"同一性"。鲍威尔看到，"令人吃惊的是，无论是社会主义的支持者还是反对者都把社会主义将减少民族多样性，缩小或消除民族之间的区别看作是理所当然的"③。因此他主张社会主义文化与各民族具体性之间的统一性。在文化共同体发展历史中，他看到了社会主义文化内容具有不同的民族形式，把普遍的文化内容与具体的民族形式相结合，只有这样才能保持民族文化发展的生命力和活力。鲍威尔认为在社会发展过程中，自然共同体逐渐衰弱，文化共同体决定了民族的形成，但是自然共同体并没有消失，血缘、语言、地域这些民族因素在一定的条件下还会起作用，尤其是随着经济发展不会削弱反而会增强民族意识，"社会主义制度下的民族文化自治，尽管减少了各民族文化内容的差异性，但同时也是民族文化差异性的扩大"④。

自然共同体意味着民族分裂，从而形成不同的民族，而文化共同体意味着民族的统一，从而形成一个民族。但是民族统一并不是

---

① Otto Bauer, *The Question of Nationalities and Social Democracy*, Trans. J. O'Donnell, E. Nimni (ed.), Minneapolis, MN: University of Minnesota Press, 2000, p. 96.
② Ibid., p. 97.
③ Ibid., p. 96.
④ Ibid., p. 98.

等同，不是意味着语言、血缘、地域上是等同的，民族统一性包含
着各个民族的差异性，否则就是种族而不是民族。民族与种族的区
别、民族的统一性与具体性，实际上涉及鲍威尔所谈到的自然共同
体与文化共同体之间的关系问题。自然共同体与文化共同体往往会
同时存在于一个民族的发展中。古老的民族既是血缘共同体也是文
化共同体，如氏族社会时期的日耳曼文化共同体。在这样的氏族群
体中，"所有这些民族过着相同的生活：劳动形式、法律、信仰、
语言等"①。但是随着历史发展、人口变迁、交通发达，这些因素使
得自然客观因素不再成为人们相互联系的障碍，文化在民族的形成
过程中起着越来越重要的作用。在文化影响下相互作用的人们联系
在一起，从而形成一个民族。"联合成自然共同体的只是出于同一
起源的人们，而文化共同体却把在经常彼此交互影响的情况下接受
共同文化影响的所有的人都联合起来。"② 在民族形成和发展中，自
然共同体与文化共同体并不是分开的，而是同时在民族中发挥着作
用。在鲍威尔看来，统一文化中彼此相互影响则是促进了民族的发
展。那么民族成员"有意识地选择隶属于一个与我们在其中出生的
民族不同的民族，甚至也是可能的"③。即一个人的民族属性并不是
不可变的，而是可以选择的，这一点使我们看到了鲍威尔民族理论
中"自由宣称"的影子。

第三节　民族实质

一　民族的历史性与统一性

共同的起源和地域会随着历史的发展而面临分离，因而不能保

---

① Otto Bauer, *The Question of Nationalities and Social Democracy*, Trans. J. O' Donnell,
E. Nimni（ed.）, Minneapolis, MN: University of Minnesota Press, 2000, p. 39.

② ［奥］奥托·鲍威尔：《鲍威尔文选》，殷叙彝编，人民出版社2008年版，第14页。

③ 同上。

证民族的统一性。社会结构的发展决定了文化的社会性，而文化的社会性在民族中表现为相互作用和影响。在生产资料私有制基础上的劳动共同体与文化共同体是分离的，广大劳动群众的劳动创造了文化，但是他们却被排除在文化共同体之外。广大劳动群众成为民族的附庸，所以阶级社会的文化共同体还只是部分人的共同体即统治阶级文化共同体。只有实现社会主义制度以后，在生产资料公有制基础上，各个民族实行民族文化自治，实现民族的自由与统一，从而使劳动共同体与文化共同体获得了统一。所以鲍威尔认为共同的起源、居住地、历史与法律等诸要素之间并不是一种并列关系，而是有着作用与地位上的差异。因此它提出了自己的民族理论："共同的历史是有效原因，共同的文化和共同的起源是它施加影响的手段，共同的语言又是共同的文化的中介者，既是共同的文化的产物，同时又创造共同的文化。"① 其中民族形成的原因是历史，这个历史就是命运共同体，它形成了性格共同体。

一定的社会结构产生一定的文化，它常常表现为社会制度、法律、宗教等社会内容。统治阶级往往形成统治地位文化，它把统治阶级联系在一起，但是与群众几乎没有关系。这种文化就是作为手段，是统治阶级文化共同体，它主要的实现方式是教育。在阶级社会中广大群众无法接受教育，从而被排除在外。鲍威尔所使用的民族文化共同体正是教育意义上的"文化"，在这个意义上它更接近"文明"。从劳动群众中所产生的文化是一种行为意识与价值观念，它的主要实现方式是劳动。教育的文化共同体与劳动的文化共同体都是在群众基础上形成的，不过在阶级社会中，统治阶级享有群众的文化成果，群众只是作为民族的附庸，这样就造成了劳动共同体与文化共同体的分离。形成这一结果的原因是统治阶级利用手中的权力占有群众的劳动成果。鲍威尔认为劳动共同体与文化共同体的

---

① ［奥］奥托·鲍威尔：《鲍威尔文选》，殷叙彝编，人民出版社 2008 年版，第 27 页。

统一只有在社会主义基础上才能实现，社会主义条件下统一的各个民族并不是取消差异而是保留各自的民族特点，是在个性形式上与社会主义文化内容上的统一，从而实现各个民族自由与国家统一。

鲍威尔民族概念把语言、文化、命运、性格与民族形成过程性结合在一起，从而阐述了民族的本质以及特点。他把民族形成的客观性要素即起源、地域作为自然共同体基础，"人类生存斗争的条件可能也会以自然共同性为手段，但是必须总是而且无论如何要以文化共同性为手段产生民族"①。所以他认为只有文化才是民族形成的本质要素。这样鲍威尔的民族概念就以语言为中介，以文化共同体为手段，以历史中形成的命运共同体为前提，在现实中表现为民族性格共同体。

二　民族与文化

鲍威尔认为没有文化把人们统一起来，就不会形成民族。血缘和地域由于历史的发展会导致分离，所以它们不能作为民族的本质，而文化能够把不同血缘以及地域的人们统一起来形成性格共同体，它决定着人们的行为意识与价值观念，因此文化才是民族的本质。鲍威尔之所以把文化作为民族的本质，是因为文化具有历史性、社会性以及统一性的特点，它决定了人们在意识行为与价值上的统一性。鲍威尔认为文化是在一定社会结构中形成和发展起来的，不同社会结构即劳动方式决定了文化的内容。他根据马克思的社会发展理论把文化共同体的历史分为原始民族文化共同体、阶级文化共同体以及社会主义文化共同体。文化共同体发展历史形成了各个民族的命运，也就是命运共同体，正是这种历史性决定了民族的其他因素。历史发展决定了民族传承的内容，从而形成了共同的风俗习惯、法律、宗教。因此鲍威尔把文化作为民族的本质内容，

---

① ［奥］奥托·鲍威尔：《鲍威尔文选》，殷叙彝编，人民出版社 2008 年版，第 17 页。

他认为地域、语言、血缘作为客观实体性的因素形成的只能是人类学意义上的"种族"而不是"民族",因为民族不是自然共同体而是文化共同体。

在命运共同体形成过程中有两种手段即自然共同体和文化共同体。语言是共同文化的中介,是文化的载体,它有着双重作用。它是文化的产物,同时还创造共同的文化。鲍威尔把"文化"作为民族的本质,一方面他认为文化起源于社会劳动分工即"休闲"阶层创造文化而劳动群众不能创造这种文化,他是指一种专门知识意义上的高深文化,比如文学、诗歌等。另一方面他还把群众的行为意识和价值观念作为文化,它是在人们劳动的过程中产生并发展起来的。这种文化不同于精英文化,在于它是来自人们的生活经验和传统习俗,它的发展主要是局限于一定人群中间。不同的文化产生不同的意识,因此大众文化与精英文化的区别就会产生不同的意识和价值观念。鲍威尔认为民族意识是一种对于"他者"的意识以及对于本民族属性的意识。而在土地上的农民只有对于经验的意识而没有"他者"的意识,那么作为他们的民族性格是什么呢?"把民族联合起来的是对共同属性的意识吗?但是难道提罗尔的农民因为从未意识到同东普鲁士人和波美拉尼亚人、同图林根人和爱尔萨斯人之间有共同的属性就不应当算是德意志人吗?而且,当德意志人想到他的德意志国民性时,他所意识到的又是什么呢?是什么使他属于德意志民族,是什么把他和其他德意志人联系在一起呢?"[①] 广大劳动群众虽然没有自己的民族意识,但是在价值观念和行为意识上所表现出来的共同性就表明了它们的民族性。

---

① [奥] 奥托·鲍威尔:《鲍威尔文选》,殷叙彝编,人民出版社 2008 年版,第 2 页。

第四节   鲍威尔民族概念的评价

各种思想家和理论家们对鲍威尔的民族概念褒贬不一，在西方民族理论家那里，鲍威尔代表了马克思主义在民族理论上所达到的高度，他还被称为"多元文化主义"的先驱。而在传统马克思主义者那里，鲍威尔是作为修正主义者以及唯心主义而受到批判。

一   民族概念与本质

由于民族的复杂性，迄今为止尚没有一个普遍认同的民族概念，不同的学者根据各个国家或民族的实际情况有着不同的看法。我国社会学家马戎谈到民族研究中需要注意民族的多样性以及变化性，因为民族的形成和发展本身就具有十分复杂的条件和内容，这就造成了关于民族概念认识上的多样性和复杂性。① 从民族内容上主要可以分为主观性定义和客观性定义。民族的主观内容强调人为因素，如人的情感归属与认同意识；在政治上则强调国家制度在民族中的作用。本尼迪克特·安德森认为民族"是一种想象的政治共同体——并且，它是被想象为本质上有限的，同时也享有主权的共同体"②。而强调民族形成的条件如地域、语言则是一种客观性定义。从民族产生的过程中强调文化在民族中的作用，从文化角度看

① 对此马戎认为有两点应当引起我们的注意：第一，人类的起源在这个地球上是多元的，各个群体的发展在相当长的历史时期中是相互隔绝的，各自有着各自发展的轨迹，形成了不同的观念系统，包括群体界定的观念，这些观念体系之间既存在共同之处又有各自的特殊性，所以需要从多元的角度来认识世界上的民族现象与民族概念；第二，民族群体的界定和民族意识的产生、延续是一个动态的过程，它的内涵与外延随着外界场景和内部结构的变化以及两者之间的相互影响而处于不断的变迁之中。参见马戎《关于"民族"定义与民族意识》，《民族社会学研究通讯》1999 年第 17 期。

② ［美］本尼迪克特·安德森：《想象的共同体——民族主义的起源与散布》，吴叡人译，上海人民出版社 2005 年版，第 6 页。

待民族如赫尔德；从民族的政治作用上定义民族强调的是民族的人为性与现代性如盖尔纳。

斯大林把民族定义为：**"民族是人们在历史上形成的一个有共同语言、共同地域、共同经济生活以及表现在共同文化上的共同心理素质的稳定的共同体。"**① 他的定义把共同的地域、语言和经济生活作为民族的标准。它通常被马克思主义学者当作科学的、权威的民族概念而广泛传播。而在西方民族理论家那里他的这一定义则认为虽是全面但并无创见。斯大林的民族定义认为是典型的客观定义，但是同时它也强调共同的心理素质作为民族的内容，所以包含了主观与客观两个方面内容。它既重视民族形成的前提条件，还强调民族的主观认同意识。同样安东尼·史密斯认为民族是"具有名称，占有领土的人类共同体，拥有共同的神话、共享的历史和普通的公共文化，所有成员生活在单一经济之中并且有着同样的权利和义务"② 鲍威尔的民族性格共同体概念接近民族主观定义，他把人们价值观念与行为意识作为民族的内涵。这一民族定义受到了马克思主义者的批判，认为这一民族定义是唯心主义的、反动的和资产阶级的民族理论，是为他的折中主义路线服务的。我们认为鲍威尔的民族概念是带有主观倾向，但认为它是"唯心主义"的、"反马克思主义"的民族理论则是对他的概念断章取义的结果。因为他从社会发展的关系性、历史性、社会经济基础性与结构性来分析民族，指出了民族的社会性本质，在某种程度上掌握了马克思历史唯物主义的方法，反对了当时教条的、实体性的民族概念，为我们进行民族理论研究提供了启示。

鲍威尔把文化作为民族的本质，但是他是在劳动基础上分析文化共同体发展的，在这一点上鲍威尔其实并没有背离马克思主义观

---

① 《斯大林选集》(上)，人民族出版社 1979 年版，第 64 页。

② [英] 安东尼·史密斯：《民族主义——理论，意识形态，历史》，叶江译，上海人民族出版社 2006 年版，第 14 页。

点。认为他的民族理论是唯心主义的，这种观点只是看到了民族表现内容而没有注意到鲍威尔有关民族形成的历史性和未完成性。他说："一个民族的历史在任何时刻都不是已经完成的。变动不居的命运使民族的性格——它无非是过去的命运的一个沉淀物——经受不断的变化。"① 所以他通过不同社会的经济状况与社会结构的历史发展阐述了民族的"变化性"与"未完成性"，这种"未完成性"体现了马克思唯物主义过程性。马克思历史唯物主义从结构上讲是指社会存在与社会意识辩证关系决定社会的发展过程，从性质上来讲马克思历史观是一个批判与发展的过程，否认对象化的、实体化的认识。在民族问题上，鲍威尔认为共同的起源地域等都是对象化实体性的要素，而在民族发展过程中体现了民族统一性即文化。这种统一性体现在人们的相互作用中，它是民族形成的关系性。可以看出鲍威尔更注重从要素之间的"关系"与"功用"上而非客观的"实体"要素上来看待民族。他认为没有文化的统一性，在血缘与地域基础上形成的只是自然共同体，它是种族，而不是民族。无论是西方学者还是传统马克思主义者对于民族都有不同的看法，造成差异的原因除了民族本身的差异性、复杂性之外，我们还应当从他们的政治立场、民族归属尤其是他们所处的历史背景中看待他们的差异性。比如鲍威尔"非领土"民族原则与奥匈帝国的统一；斯大林的民族定义与俄国布尔什维克领导的无产阶级革命；厄内斯特·勒南民族遗忘理论与阿尔萨斯—洛林问题，对于民族的分析常常是基于他们的政治需要出发的，而并非仅仅是由于历史与文化的差异。

与鲍威尔从主观上定义民族不同，斯大林则是将客观要素如语言、地域以及经济生活等作为民族要素，他认为地域、语言、经济生活与心理素质构成民族的全部内容，缺少一个便无法成为民族。

---

① ［奥］奥托·鲍威尔：《鲍威尔文选》，殷叙彝编，人民出版社 2008 年版，第 20 页。

从鲍威尔的民族概念与斯大林的民族定义可以看出，他们对于民族的理解存在着主观与客观的差异，但是这种差异并非不相容。他们对于民族的形成看法不同，列宁斯大林认为民族是在现代经济基础上形成和发展起来的，因此民族是资产阶级时代的产物。鲍威尔则认为民族形成的手段包括自然共同体与文化共同体，他同时看到了现代资本主义对于民族发展的重要作用。他们的民族理论虽然有着差异，但是也有共同点，如共同的民族意识，在鲍威尔那里是性格共同体，在斯大林那里是稳定的心理素质。从另一方面来说，把民族理论按照唯物、唯心区分，这种思维方式在日益多元化、复杂化发展的条件下应该得到充分的反思。尼姆尼在谈到鲍威尔民族概念的特点时认为，其一，鲍威尔强调民族共同体形成是一个发展和未完成的过程，并不是对于唯物唯心的分类。如果不了解这个复杂过程，那么鲍威尔对于民族的定义是没有意义的。其二，鲍威尔在多方面理解共同体，否认对民族问题概念的本质化。这也是鲍威尔思想得不到正确理解的原因。其三，民族不可能通过列举一系列范畴和本质属性来理解，民族共同体是一种发展过程的结果，在这一过程中，不同的方面在现代交往过程中通过历史发展结合在一起。这些因素使得鲍威尔民族概念得不到正确理解并受到批判。[1] 由于受到当时科学思潮影响，鲍威尔反对民族的本质化定义，在他看来无论是唯物主义还是唯心主义对于民族的规定都是一种本质化的定义，因此他力图超越唯物与唯心的二元对立来揭开民族之谜，实现民族的自由与国家的统一，显然他的这一愿望在帝国主义扩张时代是无法实现的。

二 性格共同体与文化共同体

鲍威尔的民族性格原则是从解决民族问题的角度主张从客观的

---

① Otto Bauer, *The Question of Nationalities and Social Democracy*, Trans. J. O' Donnell, E. Nimni (ed.), Minneapolis, MN: University of Minnesota Press, 2000, pp. xlii – xliv.

民族区分标准转变为民族的主观区分，因此他的"民族性格"原则遭到了马克思主义者的批判。从理论上来说，斯大林对于鲍威尔的批判是看到了他对于民族认识的唯心主义性质，忽视了民族发展的经济性因素。从目的上来看，鲍威尔基于维护奥匈帝国的统一而把民族性格作为民族的内容。

　　鲍威尔所提出的民族性格原则是将民族文化所决定的民族意识作为区分民族的标准。在这一民族主观的原则中，不管民族成员住在何地，根据民族登记制度都可以参加本民族的文化教育以及民族事务管理，因此本民族的事务不受外来民族的干涉。这样在民族性格原则基础上各个民族之间无须为了国家的权力而进行斗争。鲍威尔认为民族性格原则不仅是民族自治的基础，而且它还是民族融合的保证。因为民族性格原则结束了民族之间的统治，各个民族管理自己的内部事务，因而取消了民族中"多数"与"少数"的观念。尽管在国家中存在着人数不同的民族，但是由于民族之间的区分不再是按照地域原则而是性格原则，因此对于具有相同文化的民族成员来说，人数的多少已经不再有任何意义。即使在一定范围内有数量上的区分，而且对于"多数"民族来说，它无权对于"少数民族"进行统治。所以鲍威尔认为"少数"民族不再是统治与剥削意义上的"数量"概念而是文化基础上的"性格"概念。民族性格原则使得民族之间的武力征服转变为民族之间的和平竞争，这样在民族性格原则之上就会产生民族融合。在鲍威尔看来，性格原则之上的民族和平竞争有利于历史民族，因为他们有着发达的民族文化与教育制度，他们的文化对于非历史民族以及经济上落后的民族有着吸引力，使得这些民族接受先进民族文化与教育制度，从而实现历史民族对于非历史民族的同化和融合。鲍威尔认为性格原则上的"民族文化自治"并不造成民族之间的封闭性和独立性，反而会促进民族的统一与融合。民族"文化"并不是封闭的民族文化，而是不断吸收外来民族文化和因素而发展的文化，从实质上来说，这种民族文化是一种开放的文化。一个民族主张自己民族的文化权利并不是要抱残守缺地坚持自己的民族的封闭性，而是通过吸收其他民族先进文化来发展自己的文化。从这一点来说，鲍威尔民族文化自治是与他的民族统一与民族性格原则紧密地结合在一起的。

鲍威尔对于自然共同体与文化共同体的区分，为我们在现代意义上审视民族与种族、民族与国族之间的区别提供了一个参照。比如说我们常说我国是由五十六个民族组成，我们所说的汉族和其他少数民族其实是从鲍威尔所说的自然共同体意义上来说的，而所说的中华民族实际上是从文化共同体意义上来说的。因此有人提出汉族和其他少数民族不宜称为"民族"而应称之为"族群"，而是把社会主义文化范围内的共同体称之为"中华民族"。不过有人认为，汉族和其他少数民族都有各自的语言文化与风俗习惯，成为民族是没有异议的，问题在于整个国家范围受社会主义文化影响下的文化共同体不能再称之为"民族"，在国家范围内的文化共同体应称为"国族"。

在民族形成问题上有"自然"与"人为"之争，通过鲍威尔自然共同体与文化共同体可以得到解释。自然共同体是在民族历史发展中基于祖先所生存的自然环境形成的一个民族的身体特征。民族的性格就是在外在环境中经过不断进化并遗传给后代子孙，从而形成了一个民族的具体性格，体现了民族的自然性。这种自然性主要表现为生存上的自然性与文化上的自发性。首先是前提的自然性即自然共同体。它是基于外在环境之上的自然选择性，形成了人们在体质生存上的适应性。其次是民族制度的自发性。它是由人们的社会生活所形成的各群体与组织。最后是指文化自然性，人们在交往中形成的风俗、习惯、礼仪。但是仅仅是自然共同体还不能形成民族，由于民族文化共同体的扩大，统治阶级为了巩固自己的统治，就把文化作为统治的手段，作为统治工具的文化或制度形成了新的民族，从而表现了"人为"特点。这种人为性主要表现为民族在生存与文化上的选择性与创造性。具体表现为：其一，民族在生存与发展上以迁徙、同化与征服为主要的形成方式。其二，民族以文化、教育为主要方式的人为性。其三，民族在国家政治、政策制定及发展目标上的人为性。鲍威尔认为民族是在自然共同体与文化共同体共同作用下产生和发展起来的，由此可以看出民族特点同时具有自然性与人为性，这也正是民族复杂性之所在。

鲍威尔把民族性格作为民族社会性的表现，而命运共同体则是形成性格共同体的原因，自然共同体和文化共同体则是形成命运共同体的两种手段。民族之间的差异性首先是性格上的差异，这表现在不同民族具有不同的行为意识与价值取向。鲍威尔通过法国物理学家迪昂对于英法两国在科学、哲学、法律上的研究，他认为这两个民族在民族性格上的差异原因，要到两个民族的历史中去寻找。正是这两个国家在历史中各自不同的居住区域、不同的命运以及斗争的敌人；在命运共同体中形成了各自的文化传统与道德观念。所以不同的民族才会有不同的行为意识以及价值观念即民族性格。

三　鲍威尔民族理论与马克思主义民族理论

马克思根据人的本质特点把社会分为人的依赖、物的依赖以及人的全面发展三个社会形态。根据这一理论鲍威尔把民族文化共同体分为原始文化共同体、阶级社会文化共同体以及社会主义文化共同体三个阶段。马克思通过生产力与生产关系、经济基础和上层建筑之间的辩证关系分析了社会发展历史，揭示了资本主义社会的发展规律，指出了未来社会的发展方向。鲍威尔按照马克思这一社会发展理论分析了文化共同体发展的经济基础与社会阶级结构之间的关系。通过对于资本主义民族文化共同体的批判，指出未来社会主义文化共同体的性质与特点。在对文化共同体发展历史的分析中也体现了马克思唯物辩证法思想。鲍威尔在社会生产历史中来分析文化发展与变化过程，在自然共同体与文化共同体之间的关系中考察它们在民族形成中的作用。

鲍威尔利用马克思的劳动价值理论与剩余价值学说，分析了工人处于被剥削、被压迫地位的根源，认为只有到了社会主义社会实行生产资料公有制，实行全民文化教育制度，在社会主义统一的文化共同体之中实行文化自治。由此可以看出，鲍威尔对民族文化共同体的分析体现了马克思主义的观点，也体现了奥地利马克思主义者利用马克思主义理论来解决现实问题的特点。

从另一方面来看，鲍威尔对于马克思唯物主义的理解受到当时实证思潮以及新康德主义的影响，并没有正确理解马克思的唯物主义概念，而是把这一概念实证化、经验化，从而违背了马克思主义的本质。其一，他反对形而上学的唯物主义把马克思主义唯物概念实体化为生物学上的细胞、基因。其二，把唯物主义哲学范畴中因果关系经验化为事物现象之间的联系，用科学中的效果因素取代哲学中的因果关系；其三，在自然共同体发展中利用达尔文生物进化论来看待民族发展，把自然现象变化的规律运用到社会中，实际上是一种社会达尔文主义，忽视了阶级社会的本质。尤其是对文化共同体发展历史中只是强调了教育文化的作用，忽视了国家、政治因素在民族文化共同体形成中的重要作用。

马克思唯物主义的基本特质是"在历史主义的方法中涵盖着辩证方法的原则，在辩证方法中涵盖着历史主义的内容，二者是统一的"①。因此它反对唯心主义形而上学的思辨，主张历史地、辩证地看待事物发展与变化，反对认识中的对象化、实体化与本质化。第二国际时期出现了对马克思主义实证化、经验化的理解，鲍威尔的民族理论就是这种思潮的表现。由于受当时实证主义以及马赫主义的影响，鲍威尔没有完全理解马克思唯物主义的实质，而是带有机械唯物主义以及实证主义的倾向，把唯物主义理解为科学意义的

---

① 孙伯鍨：《作为方法的历史唯物主义》，《河南大学学报》2001 年第 5 期。

"细胞学",而不是把唯物主义理解为在现实生产关系上能动的实践活动。不过鲍威尔对文化共同体发展的历史分析中,在一定程度上还是体现了马克思主义的观点与方法。如他认为在历史发展中社会生产的变化引起社会结构、文化制度以及人们观念意识上的变化。另外鲍威尔文化共同体发展还注重对关系性、中介性与发展性的分析,否认对民族进行实体性、本质性分析。他认为"民族是一个未完成的历史过程",这些观点当时对实证主义以及马克思主义教条化、庸俗化理解中体现了它的独特性。

第 三 章

民族问题（上）

第一节　民族问题的形成

民族问题是民族在自身生存和发展中所遇到的民族之间、民族和国家之间的关系问题，它主要表现为民族矛盾、少数民族与多数民族关系等。造成民族问题的原因既有政治、经济发展方面，也包括文化、社会制度等方面。鲍威尔通过对民族问题的分析，他认为民族的领土原则、自由主义的集中分散制度以及资本主义的本质是造成民族压迫与剥削、多数民族与少数民族问题的主要原因。

20世纪初，奥地利资本主义已获得较快的发展。一方面各个民族在经济、文化上逐渐趋于统一；另一方面对于被统治的民族来说，随着经济、文化的发展，民族意识不断增强。他们要求摆脱异族的剥削与统治，在政治上要求发展民族的经济与文化权利以及参与国家事务管理的权利。面对奥地利国内复杂的民族矛盾，作为奥地利社会民主党领导人奥托·鲍威尔的民族理论奠定了社会民主党民族领袖和政策基础。

一　领土原则

伦纳的民族理论对于鲍威尔产生了直接的影响，他们认为民族问题的形成原因首先在于人们对民族"地域"原则的错误认识，正是民族的"地域"原则形成了民族的统治与矛盾，因为它是把人对物的控制用于人的统治，从而导致了民族间的剥削与压迫。

（一）鲍威尔对于领土原则的批判

国家是基于领土之上的政治组织，其政策及其制度的实施是以国籍为其边界。在民族概念上，鲍威尔主张民族是一个文化共同体并不是地域性共同体。民族作为文化共同体却不是以领土为其界限，它是一个跨地域的文化组织，不管其民族成员居住在何处，只要是受一种文化影响，就属于同一个民族。一定地域作为民族的前提和基础是民族的自然条件，以地域作为民族的区分界限，它和语言一样在现实中却无法说明民族的复杂性和多样性。因此鲍威尔反对民族的领土原则，对民族领土原则的弊端做了详细的阐述。鲍威尔首先分析了地域中各种共同体之间的差异性，以地域作为民族之间的区分在民族形成初期有它的意义。在生产力落后、交通还不发达阶段，各个民族基本上局限于一定的地域，自然的边界常常把不同的民族分割开来。"只要土地是德国农民的，那么这片区域就是德国的，是捷克农民的它就属于捷克的。"① 这一观点也意味着一旦土地所有权发生变化，那么民族语言也会发生相应的变化。随着社会的进步与生产力的提高，一方面各个民族之间的杂居不断增多，民族之间的自然边界开始发生变化；另一方面经济发展越来越超出民族边界，尤其是资本主义的发展使得经济落后地区的工人不断地迁往经济发达地区，从而形成了新的语言区域，原来的语言界限被打破。鲍威尔认为"这些语言区域的出现与发展对于民族来说要比取消语言界限的意义还要重要"②。因为这些现代的语言区域是新的民族形成的基础，它不同于历史中形成的古老语言区域。古老语言区域会随着社会的发展而消失，或者融入当地主体民族中去，从而失去了独立性。资本主义所形成的新的语言区域则随着资本主义的

---

① Otto Bauer, *The Question of Nationalities and Social Democracy*, Trans. J. O' Donnell, E. Nimni（ed.），Minneapolis, MN：University of Minnesota Press, 2000, p. 260.

② Ibid., p. 261.

发展保持着它的独立性。

　　共同体作为人们社会性的一种表现，它体现了人与人之间的联系性以及共通性。它表现为政治、经济以及文化关系。人们之间最基本的联系是一种经济联系。政治上的联系也是建立在经济联系上，因为"国家行政区域不是随心所欲地划分的，它的法律上与行政区域上的划分是基于经济利益上的联系"①。鲍威尔把民族视为在命运共同体基础上形成的性格共同体，性格共同体本质上是一种文化共同体。文化共同体在不同历史时期有着不同的类型，主要有原始社会的文化共同体、封建社会骑士文化共同体、资本主义文化共同体。各个共同体既是相互区分也是相互重合的，从范围上讲共同体区域范围越大，那么它内部所包含的共同体数量也就越多。历史上的经济结构决定了民族居住的边界，所以资本主义经济发展决定了民族文化共同体的扩大，同时导致了民族边界变化。

　　资本主义商品经济不同于封建自然经济，它是以交换为手段、以利润为目的的商品经济。因此资本主义生产必须不断扩大生产与再生产规模，而且还需要大量的劳动力以及原料、销售市场。生产的扩大导致大量农村劳动力从农村流向工业生产发达、商品经济活跃地区，同时也导致经济落后地区的劳动人口涌向经济发达地区，其中就包括不同语言、不同人口。鲍威尔认为："现代资本主义生产制度对于农村的影响，使得人们之间的联系方式发生了变化。捷克家庭纺织工人涌入德国城市之中，德国家庭纺织工人涌入捷克城市之中，农民也开始生产用于交换的产品。商品生产的流通以及贸易导致语言的变化。限制贸易政策导致自由商业与语言交流的停滞。资本主义所创造出来的交通方式改变了相互作用的中心，导致了传统的经济区域单位的解体。新的交通方式使得不同民族之间的

---

① Otto Bauer, *The Question of Nationalities and Social Democracy*, Trans. J. O' Donnell, E. Nimni (ed.), Minneapolis, MN: University of Minnesota Press, 2000, p. 263.

联系取代了同一民族之间的联系。"① 资本主义的发展是一种超越民族、超越语言分界的过程。一方面它改变了传统意义上人们之间的联系方式，使得人们之间的联系从自然意义上的地域、血缘联系转变为一种经济利益上的联系，从而把不同民族联系起来，使得各个民族在经济发展以及物质生活上的差异性越来越小；另一方面资本主义经济的发展需要大量的劳动力而导致人口的迁徙，因此就会在原来同一民族内部形成新的语言区域，这些新的语言区域尽管在经济发展上与原来的民族相近，但是他们在语言以及文化上保持着自己的生活方式与价值观念，从而形成少数民族，"资本主义总是在统一的语言范围内不断产生新的语言区域。每一个民族的行政管理区域中总是包括重要的少数民族"②。

　　鲍威尔进一步发挥了伦纳对于领土原则批判的思想，他通过领土原则缺陷的分析，认为领土原则的实质是把对物的统治用于对人的统治。领土原则产生少数民族，它形成了民族之间的统治与压迫。领土原则之所以造成这些民族问题，就在于这一民族原则的实质是把人们对物的关系运用到人与人之间，因为"领土原则是在自然与人的关系中形成人对人的统治"③。领土界限既是国家与民族界限的区分，又是人们对这一区域内的所有物品行使权利的界限。在私有制条件下人对物的占有，在社会中主要表现为土地所有权。问题在于"对土地的所有权是否就意味着拥有对于他人的统治权，是否就意味着剥夺他们的文化权利，是否就意味着强迫他们与他人统一在一起？"④ 在资产阶级看来，对于土地的所有权既意味着在这一块土地上进行生产劳动并占有这一土地上的劳动成果，同时还意味着对这一土地上的人拥有统治权，这就是人对人的统治。"由于社

---

① Otto Bauer, *The Question of Nationalities and Social Democracy*, Trans. J. O' Donnell, E. Nimni（ed.）, Minneapolis, MN: University of Minnesota Press, 2000, p. 265.

② Ibid., p. 266.

③ Ibid., p. 274.

④ Ibid..

会划分为阶级，人对物的关系就掩盖了人对人的权力关系。从现象
上看，我只是拥有劳动工具，但实际上，劳动工具的占有在资本条
件下就成为控制他人的权力，并占有他们的劳动产品。土地的占有
也就赋予了收取地租的权力，拥有他人劳动产品的权力。"① 在私有
制条件下对于地租收取以及资本家对于剩余价值的占有就是土地所
有权的结果。在一定区域内的所有权把没有任何联系的人们联系起
来，它在区域范围内就必然转化为控制权。在资本主义社会中表现
为资产阶级对于无产阶级的统治，资产阶级不但占有无产阶级的劳
动果实，而且还控制着无产阶级的人身自由。在民族关系上表现为
多数民族对于少数民族的统治，少数民族以及广大群众所创造的劳
动文化成果被多数民族中的统治阶级所占有。

与资产阶级统治观念不同，工人阶级"反对这种社会观念，主
张对人的统治不再隐藏在对物的统治之中。土地所有权应该排斥外
来移民的文化权利这一原则与工人阶级原则是相矛盾的"②。因为在
私有制中，资产阶级拥有土地、劳动工具等生产资料，这就意味着
在一定的区域内对于"物"的所有权转化为对"人"的控制权。
由于工人阶级一无所有，这就意味着资产阶级不但拥有工人的劳动
产品，而且还拥有统治工人人身自由的权力，对于工人来说这是不
能接受的，是必须加以反对的。鲍威尔指出："德国工人认为工厂
主占有了他们的一部分劳动产品，此外工厂主还要占有他们的灵
魂，这是无法忍受的。劳动契约好似卖身契一样，它不应赋予工厂
主在工人劳动之外的权力，也不应有限制工人人身自由的权力。"
马克思认为，在资本主义生产资料私有制中劳动力成为商品，他们
失去了自己的生产资料，只是作为资本家剩余价值生产过程中生产
资料的一部分，同时也成为生产剩余价值所需要的"物"。他们的

---

① Otto Bauer, *The Question of Nationalities and Social Democracy*, Trans. J. O' Donnell, E. Nimni（ed.）, Minneapolis, MN: University of Minnesota Press, 2000, p. 274.

② Ibid. .

自由只是在资本家剩余价值生产过程中进行商品交换的自由，为此工人阶级要想获得真正的自由就必须推翻资本主义社会制度，改变生产资料私有制，实现全人类的解放才能最终实现自身的自由。马克思从资本主义社会制度上来分析工人阶级失去自由的根源，从而主张通过阶级斗争与革命来实现自身的解放与自由。鲍威尔认为在领土原则下"物"的占有关系掩盖了"人"的权力关系，工人在资本主义制度下"劳动"契约转变为"卖身"契约，因此工人失去了自由。要获得自身的解放，就要实现民族的自由与工人阶级自由的统一。所以"任何阻碍工人的阶级斗争以及破坏工人阶级利益的事情都会降低群众在民族文化活动的参与水平，减少民族文化劳动成果"①。

二　集中分散制度

民族需要在国家权力中来保证其生存和发展，这必然造成彼此的矛盾和斗争。鲍威尔认为"集中分散制度"是形成民族问题的制度原因，他把专制制度作为集中分散制度产生的根源并分析了它在自由民主国家中的作用。

对于"集中分散制度"，鲍威尔在不同条件下有时称为"分散集中制度"，它最初是在资本主义社会制度中形成并发展起来，它是调整社会中个人与国家关系的一种制度。在传统社会中主要是家庭式、手工作坊式的经济结构，它主要依靠人们之间的相互协作进行生产，从而形成了基于这种经济结构的社会组织如行会。资本主义商品生产方式不但打碎了传统的经济结构，而且还摧毁了传统的社会组织，劳动分工使得社会中的人们不再需要彼此之间的协作，这就是集中分散制度产生的经济前提。所以鲍威尔指出"形成国家集中分散观念以及决定其胜利的力量是资本主义商品经济的发展。

---

① Otto Bauer, *The Question of Nationalities and Social Democracy*, Trans. J. O' Donnell, E. Nimni (ed.), Minneapolis, MN: University of Minnesota Press, 2000, p. 276.

资本主义商品生产既不需要合作也不需要领主协作"①。

（一）卢梭与霍布斯的国家学说

在专制社会制度中，一方面是集中的国家权力，另一方面是社会中原子式的个人。社会中人们之间的关系是靠国家的权力结合起来，这种集中分散制度反映了专制制度下人与国家之间的关系，它是"社会契约"论中的主要内容。随着 14 世纪开始的文艺复兴运动、宗教改革以及启蒙运动，国家主权以及社会契约理论开始兴起。在社会契约论中主要代表人物是卢梭、洛克和霍布斯。卢梭与霍布斯在国家形成理论上都把国家理论建立在人性论分析之上，从人性论到人类自然状态的设想，最后形成社会契约论，但是在具体国家制度上他们的观点却是不同的。由于受到法国浪漫主义思潮的影响，启蒙思想家卢梭认为"文明"的社会相对于"自然"的社会实质上是一种"倒退"，因为在"文明"社会中充满了野蛮、暴力与斗争。而在"自然"社会中，人类遵循着幸福和同情他人的原则，人与人之间是一种平等、友好的关系。因此卢梭主张从"文明"社会回到人类的"自然"状态。与卢梭相反，霍布斯认为自私、趋利避害是人的自然本性，人的最大的善是保全生命，最大的恶就是死亡。"人与人就像狼一样"，所以在自然的条件下就会为了各自的利益发生矛盾、引起斗争。

由于霍布斯与卢梭对于人的自然状态描述差异，导致了他们在国家制度上的区别。霍布斯国家理论是对于人类自然状态的一个否定，他认为人是有理性的，为了结束人类在自然状态下的斗争，保存人类自己的生命，保持社会的和平就是人类在理性指导下遵循自然原则，这就要求每个人承认他人的权利，必须让出自己的权利并放弃占有一切的欲望。但是由于人性是恶的，理性自然法并不能保证人人都按照理性行事，故通过契约关系把人们的权利集中在一个

---

① Otto Bauer, *The Question of Nationalities and Social Democracy*, Trans. J. O'Donnell, E. Nimni (ed.), Minneapolis, MN: University of Minnesota Press, 2000, p. 224.

人或一些人手里，这就需要一个强有力的政府把众人意志变成一个人的意志即"利维坦"。霍布斯认为人们把权力交给国家，国家不是契约的签订者而不受契约的约束，因此他主张君主专制，这种国家原则就是"主权在君"。而卢梭的社会契约论则是人类从自然状态到社会状态发展的必然结果。人类理性产生了语言、文明，这是社会的基础。私有制产生推动了人类社会发展，同时人类形成了暴力以及富人与穷人等的社会不平等现象，最后是暴君政治。卢梭认为契约应该代表人民的意志，它是把人们的权利转让给共同体，而不是一个人，在契约中人人都应该是自由的、平等的。国家意志是由人民意志形成的即"公意"，它也是契约签订者，因而必须遵守契约，否则人民有权推翻暴政，国家的主权属于人民，人民享有直接的立法权，因此他的国家理论是"主权在民"。卢梭与霍布斯国家理论对西方政治制度的发展产生了重要影响。霍布斯的国家理论是对人类自然社会状态的超越，是一般的国家形式，他继承了布丹、格劳秀斯的国家主权理论。霍布斯主权主要表现为统治权，人民是君主统治下的臣民，他们本身并没有权利可言，这就为君主专制制度提供了理论基础。而卢梭则认为国家主权是人民普遍意志的体现，是人民（民族）主权理论的开创者。这里的人民不再是霍布斯意义上抽象的、一般的人，而是有着相同生活习惯和地理环境的人们，这种意义上的人们就是民族。所以他的国家是"民族之上的国家形式即民族国家，它是对一般国家形式进一步发展"①。

卢梭与霍布斯分别为君主专制与人民主权的国家形式提供了理论基础，尽管他们在国家制度上不同，但是在个人（民族）与国家的关系上是相同的。无论是卢梭的"主权在民"，还是霍布斯的"主权在君"，"个人"只有服从于"国家"，生活中的个人在社会中是没有地位的，个人只有在国家中才有意义。在霍布斯那里，个

---

① 成小明：《从一般国家到民族国家——兼评霍布斯与卢梭的国家理论》，《西南科技大学学报》（哲社版）2010 年第 4 期。

人是作为国家的臣民，放弃自己的权利和自由，并服从契约，这是社会秩序产生的前提条件，并且在契约建立之后个人服从国家意志而失去了独立性。而卢梭认为国家意志是人民的普遍意志即"公意"，人民服从国家就是服从公意，实质上就是服从自己的统治。但是"公意"并不是人民的民主而是专制，因为人民不是所有的人，而是认同公意和公共利益的人，公意作为人民的意志，它具有普遍性、强制性，因而常常是先于个人。如果说在霍布斯那里个人是国家的臣民，是利维坦的奴隶，所导致的是"君主"暴政；那么在卢梭那里"个人"则是公意的奴隶，所导致的是"多数人"的暴政。这一问题也正是现代自由民主国家所面临的主要问题，这就是自由平等原则的普遍性与少数民族的特殊权利关系问题。因此鲍威尔认为："18 世纪资产阶级自由革命的理论家拥护国家集中分散观念，在这一方面卢梭与霍布斯并无本质差别。"①

（二）自由民主的国家理论

鲍威尔对于集中分散制度进行批判的同时也批判了君主专制以及自由民主的国家制度。他认为无论是在专制国家还是在自由民主国家中，都以"集中分散制"来解决"个人"与"国家"、民族与国家之间的关系。正是这一制度造成了民族在国家中的矛盾。从主权在君的专制国家制度到主权在民的民主国家制度，由专制制度下毫无权利与地位的"臣民"到民主制度下参与政权的"公民"是社会的发展与进步。卢梭的主权在民与国家公意说理论为法国大革命做了思想上准备，同时为现代民族国家制度奠定了理论基础。一方面现代民主国家是对传统专制主义国家的发展，另一方面，现代民主国家又保留了传统专制国家中普遍主义的绝对观念。在专制主义制度中，社会团体组织以及民族是没有权利和地位的，因为"专制主义不把民族作为法人团体——要么作为地区行政机构，要么作

① Otto Bauer, *The Question of Nationalities and Social Democracy*, Trans. J. O'Donnell, E. Nimni (ed.), Minneapolis, MN: University of Minnesota Press, 2000, p. 224.

为人们区域间的联合。专制主义为了用集中的国家权力来对付毫无组织的群众，它主要是消除传统的社会团体不是形成新的法人团体"①。而在民主制度中，自由、民主与法治也是绝对的观念，在普遍的法律制度中，社会团体组织以及民族也没有它的权利和地位，集中的国家制度和分散的个人之间的关系并没有改变，虽然自由主义承诺在国家法律中个人的自由与权利获得了保障，但是它"继承了集中分散制度观念：它同样不把民族作为法人团体。一方面它保证了一定法律范围内的个人的自由，另一方面它要求个人参与国家普遍意志的形成。这就决定了它在民族问题上的立场"②。国家法律规范的主要对象是国家和个人，而社会性组织与民族在法律制度中并不存在，也就是说普遍性的法律消弭了作为特殊区域性的社会团体与组织，其中就包括民族。

三　资本主义

鲍威尔认为尽管资本主义在自由竞争阶段和垄断阶段有着不同的特征，但是"资本主义不断扩张的内在趋势就是努力开辟新的销售和投资场所，从而获得新的力量"③。这一特征从资本主义一开始就形成了，因为"追求新的投资场所和新的销售市场的意图像资本主义本身一样古老；它存在于文艺复兴时期意大利的资本主义城市共和国，完全像今天存在于英国和德国一样"④。这就导致资本主义必须不断地进行扩大再生产，生产的扩大需要更多的商品原材料以及销售市场。它决定了资本主义发展的整个阶段都是对外扩张，以扩大商品原料产地以及销售市场。在自由竞争贸易阶段，当国内的

---

①　Otto Bauer, *The Question of Nationalities and Social Democracy*, Trans. J. O' Donnell, E. Nimni（ed.）, Minneapolis, MN: University of Minnesota Press, 2000, p. 225.

②　Ibid., p. 225.

③　Ibid., p. 376.

④　中共中央马克思恩格斯列宁斯大林著作编译局资料室编：《鲍威尔言论》，生活·读书·新知三联书店 1978 年版，第 12—13 页。

封建制度关税壁垒阻碍了资本主义的发展，资产阶级在政治上就用自由、平等口号反对封建专制制度，主张国家之间进行自由的贸易。自由资本主义利用平等的贸易政策在世界范围内开辟了商品销售市场，大量发达国家的商品涌向殖民地，为资本家创造了剩余价值。殖民地原材料源源不断地流向资本主义国家，为资本家提供了大量廉价原料，整个世界通过资本主义自由经济联结为一个整体。但是德国民族主义者弗里德里希·李斯特看到了在这种自由贸易政策下掩盖了发达国家对于落后国家的剥削，他认为经济落后国家与经济发达国家之间不可能进行平等贸易，因为在各国发展水平不一致情况下实行自由贸易，势必使落后国家屈服于发达国家。因此落后国家要想进行平等贸易，首先要加强它自身的力量。因此他提出了国家关税保护措施，以促进国家经济的发展，李斯特这一观点对德国经济发展起了重要作用，因而被称为德国民族主义的先驱。同时资产阶级反对封建专制制度下的民族压迫，主张民族自决，支持各个民族从封建专制制度下解放出来，实现民族的自由并在民族的基础上成立"民族国家"。因为国家与民族的统一有利于资本主义获得更加充足的商品原料以及销售市场，西欧最初的国家例如英国、法国、西班牙和意大利就是按照民族国家的原则建立起来的。资本主义的发展必然要求更多原料来源和商品销售市场，马克思在《共产党宣言》中就指出资本主义用廉价的商品打开了世界的大门，资本主义使农村服从于城市，使野蛮服从于文明，使东方服从于西方。资本主义的自由与文明只是资本主义发展的一种手段。在资产阶级民族国家建立以后，资产阶级在政治、经济上都得到了迅速的发展，越来越多的资本集中在少数资本家和企业家手中，从而出现了垄断资本主义组织，从而意味着资本主义进入垄断阶段。

在垄断阶段，资本主义国家在经济、政治实力上得到了进一步加强，国内市场越来越无法满足资本主义增长的需要，资本主义就开始把目光转向了世界范围的市场和原料产地。正是在这一时期广大的亚、非、拉等地区成为西方发达资本主义国家争相瓜分与争夺的对象。因此"现代资本主义扩张政策是旧的自由主义的继承者"①。与此同时，各个资本主义国家为了各自的利益在殖民地问题上的竞争越来越激烈，最终导致了 20 世纪初世界大战的爆发。与早期自由资本主义阶段不同，这一时期在资本主义国家及其殖民地范围内开始实行关税保护，这种关税保护已经不同于自由资本主义时期以促进国家经济发展带有防御性质的关税保护，它是为了在广大殖民地范围内把国外的竞争对手排挤出去，以维护本国的或者本民族的资产阶级利益，它不再通过自由竞争把经济区域统一起来，而是通过关税把这些经济区域分割开来，以维护资产阶级民族的利益，控制商品的生产和销售，从而获取最大的利润和剩余价值。关税保护的目的与其说限制了进口，不如说鼓励了出口。资产阶级不再支持各个民族的自由与统一，而是使殖民地民族服从于自己的统治。它利用国家强大的军事力量在全世界范围内进行战争。这一阶段不再是商品输出而是资本输出，资本家把国内过剩的资本输出到殖民地以获取更高的利润和剩余价值，在殖民地进行民族征服与压迫，因而在资本主义发展的整个阶段必然会出现民族问题。

鲍威尔指出民族帝国主义的目标不再是自由平等时期的英国而是大英帝国，帝国主义的扩张导致了资产阶级统治民族对于殖民地民族的压迫和剥削等。帝国主义：

> 不愿由所有国家形成统一的经济区，而用税关圈起自己的经济区；它开发不发达的国家，在那里保证它本国的资本家得到投资场所和销售地区，而把其他国家的资本家从那里排挤出去。它不是梦想和平，而是准备战争。它不相信能使全人类联合起来进行自由和平的交易和竞赛，而是用关税、舰队和军队

---

① Otto Bauer, *The Question of Nationalities and Social Democracy*, Trans. J. O' Donnell, E. Nimni (ed.), Minneapolis, MN: University of Minnesota Press, 2000, p. 378.

使自己武装起来去反对外国，企图靠牺牲其他国家来为本国谋利。而它所维护的那些利益，正像我们所看到的，在它看来必然是整个经济的、整个国家的利益，就是说在西方的民族国家里必然是民族的利益。①

依靠武力征服使殖民地人民服从于帝国主义的利益，列宁对于帝国主义本质理论有更详细的论述，他对于帝国主义发展中的经济上的生产与资本集中，帝国主义在政治、经济上的腐朽性、反动性给予深刻的揭露。正如鲍威尔所说："资本主义社会中国家构造原则的这一彻底的改变，归根到底是由这一事实产生的，即随着资本的积聚，资本主义经济政策的方法改变了。"② 正是资本主义扩张本质导致了包括民族与国家、被压迫民族与资本主义发达国家、多数民族与少数民族之间的矛盾与斗争即民族问题。

第二节　民族、国家与民族主义

一　民族与国家

一方面，民族与国家都有着一定的区域和数量，且分别有着自己的形成和发展历史，这决定了它们之间有着不可分割的联系。另一方面，随着民族意识的形成，民族与国家的关系成为国家的核心问题，它也成为民族在生存和发展过程中所面临的问题。它包括民族在政治、经济以及文化上的发展与传承，这也正是国家的主要任务。也就是说"民族"与"国家"在发展中都需要运用一定的权力以实现自身的发展，因此民族在发展过程中首先面临的是它与国家的关系问题。现代国家正是在"民族"与"国家"的演变与互

---

① 中共中央马克思恩格斯列宁斯大林著作编译局资料室编：《鲍威尔言论》，生活·读书·新知三联书店 1978 年版，第 15 页。

② 同上书，第 16—17 页。

动中逐渐形成和发展起来的。

（一）传统国家与民族国家

"民族—国家"是在"传统国家"基础上形成的新的国家政权组织形式，它是随着资本主义商品经济的发展而形成的。它既是欧洲国家历史发展的必然结果，也是在新的社会历史条件下的必然要求。欧洲历史上各个国家由于历史条件、地理环境以及文化的差异导致多样性和复杂性。国家在历史上主要经过了"部族国家""奴隶主国家""封建君主专制国家"以及"民族国家"。"部族国家"最初是由原始家庭关系演变而来的，它是人类社会在由原始社会向阶级社会过渡过程中形成的制度形式。在部族国家中国家的权力集中在首领一个人手中，传统的宗法制度、社会习俗以及宗教成为统治者进行统治的工具。国家的职能主要是战争、媾和，保护部族成员，部落成员服从国家。人们只有服从国家的义务而自身没有权利。在奴隶制国家中，奴隶主阶级或集团成为国家统治阶级，奴隶主占有生产资料，奴隶一无所有，他们没有自己的人身自由。国家依靠宗教、统治者的法令、传统习俗进行统治。统治者依靠国家的暴力机关军队进行统治和对外战争。到了封建社会，随着社会和生产力的不断发展，农民拥有一定的生活资料和人身自由，摆脱了对封建领主的完全依赖状态。

随着生产力的进步，农业、手工业等得到了快速发展，在此基础上封建国家等级制度逐渐形成。在等级制度中国王是国家的最高统治者，他把土地分封给各个诸侯并向他们收取赋税。皇帝直接统治贵族以及封建领主，而各个封建领主在自己土地范围内拥有相当大的权力，他们拥有一定的政治、经济等权力，包括在自己势力范围内可以组建军队，收取赋税。皇帝与诸侯之间有一定的权利和义务关系，封建农奴对于自己土地上的领主负有义务。这一时期国家的主要任务就是维持国内外的和平，并不具备经济职能。与此同时，宗教在中世纪社会生活中起着重要作用，教会成为统治社会的强大力量。在教会中，教皇成为宗教世界最高统治者，它利用宗教的强大势力加强对国家事务的干预，于是为了争夺国家的权力，以维护自己的利益，在社会中出现了世俗国王和宗教教皇之间的权力斗争。随着社会生产的不断发展，在封建诸侯支持下，国王的权力得到了加强。相反，由于知识与文化的广泛传播，人们的认识水平得到了提高，加上教会对于群众的欺压与剥削，人们反对教会统治的力量日益加强。所以经过长期的斗争，世俗国王战胜了教皇，赢得了斗争的胜利，教会退出了国家政治生活，这就为封建时代专制主义国家的形成奠定了基础。

在欧洲历史上这种专制主义的国家主要特征是君主专制以及中央集权制。国王是国家最高统治者，但是他并没有真正的权力，封建诸侯拥有领地上的政治、经济以及军事权力。各个国家之间为了各自的利益加上宗教的纠纷，导致了欧洲连年的战争，其中英、法"百年战争"、德法战争，尤其是1618年至1648年，以奥地利、德意志、西班牙天主教联盟为一方的哈布斯堡王朝集团和以法国、丹麦、荷兰、瑞典、德意志新教联盟为另一方的反哈布斯堡集团之间，为争夺欧洲霸权所发生的"三十年战争"，最后演变为全欧洲的混战。长期的战争导致国家实力下降和政治上的危机并加深了欧洲国家之间的矛盾。为了协调国家之间的关系和矛盾，于1648年签订了《威斯特伐利亚和约》，该和约规定了各国相互尊重国家的独立、主权以及领土完整的国际关系的原则，划分了宗教与王权之间的关系，同时确定了独立的王权代表国家主权。这一和约标志着欧洲新的格局形成，尤其以法国、瑞典、荷兰、瑞士为主要代表的现代意义上的国家确立，意味着近代以来"民族—国家"的形成。

（二）资本主义与民族国家

欧洲现代国家的产生既是各国战争所导致的结果，又是商品生产的产物。因此14世纪开始发展的商品经济是"现代国家"的基础。在自给自足的封建经济制度中，国家主要依靠诸侯国的税收来维护自己的统治。封建诸侯在自己领地上拥有权力，为了保护自己的利益，诸侯国之间设立关卡。随着商品经济的不断发展，封建国家在政治结构、经济制度以及军事制度上发生了变化。商品经济的发展意味着国家通过税收所积累的货币财富不断增多，这一结果使得国家在政治上实行官员"俸禄制"成为可能。这意味着国家在行政上摆脱了对于封建诸侯的依赖，从而降低了各诸侯国对于国家的威胁。非但如此，在封建制度下国家在军事上的骑士制度也面临瓦解，国家财富的增长意味着可以招募军队进行战争，从而形成了雇佣军制度，这就为后来的"募兵制"打下了基础。

1. 商品经济：现代国家产生的经济基础

鲍威尔认为现代国家是在资本主义商品经济发展中产生和发展起来的，不过对于现代国家与资本主义商品经济之间的关系，他分析了具体两种情况：一种是在资本主义商品经济直接的推动下传统国家的解体，新型国家孕育而出，意大利城市共和国是属于这种情况。现代国家最初是伴随着商品经济的发展而出现的，在意大利北部较为富裕的城市比如都灵、热那亚、米兰、威尼斯形成了以商品经济为基础的现代国家，不过这种国家并不是统一的，而是彼此独立的。这些城市国家靠着富裕阶层的税收，凭借招募来的雇佣军就可以在城市中建立自己的统治，也就意味着这种统治不需要更多的力量支持就可以摆脱外在权力的约束而建立自己的统治。不过这种统治反过来需要通过商品经济的发展来维护它的发展，这样国家和商品生产就形成了一种相互依赖和相互促进的关系，所以新兴阶层就把现代国家作为发展商品经济的工具。与传统国家不同，现代国家除了维护和平之外还具有发展商品经济的作用。经济功能与国家政治制度之间的相互依存性是现代国家最基本的特征。另外一种情况是在资本主义商品经济发展中，传统的中央集权国家通过转变国家职能而成为现代国家。由于维护和平已经不能满足社会发展的需求，那么国家改变了在税收、公共服务、军队等制度上的职能，在此基础上完成了由传统国家到现代国家的转变。鲍威尔进一步通过德国与法国的区别来说明商品经济不但促进了国家的统一，它还能导致国家的分裂。同样是商品经济的发展，在法国促进了国家的统一，但是在德国却引起了分裂。在鲍威尔看来，这是由于法德两国在政治权力上的区别所造成的。法国是中央集权国家，各诸侯国权力在拿破仑时代开始衰落，国家权力不断增强。但是德国经济落后，各地关税林立。商品经济的发展并没有加强国家的权力，相反，却加强了各个诸侯的实力，使得他们获得了更大的权力，因而导致了德国的分裂。鲍威尔通过商品经济与现代国家之间的关系说明了经济发展对于国家统一的作用，除此之外，还有国家权力对于国家的作用。商品经济的发展，越来越要求统一的国内市场，1834年德国关税同盟形成，推动了德国工业革命。1847年德国形成了统一的法律，最终俾斯麦依靠铁血政策完成了德意志的统一。

在商品经济和新兴资产阶级冲击下封建帝国走向瓦解，新兴的国家不同于传统的封建国家。封建时代的欧洲帝国如罗马帝国、法兰克王国、查理曼帝国以及马其顿王国，基本上是通过战争、殖民征服以及联姻等形式而形成的。它们有着广阔的疆土，包括多种语言和文化的民族。随着资本主义商品经济不断发展，资产阶级在建立国家过程中所面临的问题是如何划定国家边界。在资产阶级通过革命推翻了封建专制统治，消除了封建国家制度，他们在国家政治、经济结构的变化中发现了人们没有变化的观念、意识，它们是在"民族共同体"中形成的传统文化与生活习俗。于是资产阶级就把国家边界建立在民族共同体之上。"国家"支持"民族"的存在和发展，同时"民族"为"国家"提供文化和意识上的内容，所以说现代民族国家是在资本主义发展过程中产生的，它是适应资本主义市场经济以及政治统治的需要而产生的。

现代国家既是新兴阶级在经济上的必然结果，也是他们在政治上的必然要求。对于商品经济来说，统一的大国意味着广阔的原料产地以及商品销售市场，"首先意味着生产率的提高；其次，通过统一范围内的商品自由交换要比在各生产部门内的商品更容易满足需求"①。大国不但在商品生产流通和市场上具有优越性，还在于它的地理、外交和军事上的优势。其一，大的区域在铁路交通具有一种天然的优势，它有利于交通运输的发展，而小的国家无法形成自己的交通网络，这阻碍了商品的流通从而不利于经济的发展。其二，大的国家由于广阔的地理优势使自己在经济政策制定上处于优势地位，小的国家在与大的国家交往中总是受限于大国的经济政策而导致不得不改变自己的贸易政策，所以小的国家在贸易协定、制定商业政策以及政治上经常遭到大国的反对而失败。其三，"资本主义需要国家强大的军事力量来实现它们扩张的目的"②。显然在这一方面只有大国才能做到。这些因素无疑说明一个统一的大国对于资本主义经济发展所具有的重要作用，但是封建制度下的诸侯国林立，贸易关税壁垒森严，这使得狭小的商品市场以及行会制度严重地阻碍了经济发展。在这种情况下，资产阶级迫切要求实现国家的统一，扩大商品市场范围；废除关税壁垒，提倡自由平等贸易。

商品经济的发展使得统一的大国成为资产阶级的需求，但是这并不能说明这个统一的国家要成为"民族国家"，而且也不能说明"为什么民族的边界正好成为国家的边界"③。鲍威尔认为这就需要把经济的影响和政治上的作用结合起来进行考察。封建社会中中央集权国家权力掌握在统治者手中，资产阶级在政治上还没有自己的权力和地位。因此资产阶级提出了自由、平等、博爱口号开始反对封建制度，要求建立资产阶级国家政权。启蒙运动以及科学知识的

---

① Otto Bauer, *The Question of Nationalities and Social Democracy*, Trans. J. O' Donnell, E. Nimni（ed.）, Minneapolis, MN: University of Minnesota Press, 2000, p. 150.

② Ibid., p. 151.

③ Ibid., p. 152.

广泛传播形成了资产阶级的理论，他们在古代自然主义理论基础上提出了"自然"国家学说来反对封建国家制度。

2. 自然法理论：现代国家的理论基础

文艺复兴、宗教改革、启蒙运动是在 14 世纪至 18 世纪欧洲资本主义发展到一定阶段出现的思想与改革运动，它表达了资产阶级反对封建制度、推翻封建统治、建立新型国家制度的要求。为了促进资本主义经济发展，资产阶级主张建立理性的法治国家和政府，为反对封建专制主义制度近代资产阶级思想家在古代"自然法"基础上提出了关于理性国家制度和人的权利平等理论。古希腊哲学家自然法概念是基于人们对自然秩序观察和思考而用于人类社会的理论。他们认为自然存在的秩序即是自然法，"自然法"特性也是"社会"的特性，所以人类社会的法律和正义也应服从自然的秩序。亚里士多德明确把人类社会法律分为"自然法"和"人定法"，认为自然的永恒性、不变性是自然法的特性。除此之外，希腊后期斯多葛学派提出了自然法即人的理性观点。中世纪宗教神学家托马斯·阿奎那区分了由上帝理性所创造的"永恒法"和由人的理性所创造的"自然法"，在坚持对上帝信仰的同时肯定了人的理性作用和价值。

资产阶级启蒙思想家包括卢梭、霍布斯、洛克、斯宾诺莎等进一步发挥了古代的自然法思想。他们把社会中人的自然状态作为理论的出发点，由此展开对人的特性以及人与人的关系再到国家与社会，从而完成了关于人的基本权利和国家性质的理论。近代形成的自然法理论基础就是关于人的最初社会状态以及人与人之间的关系。他们主要有两种观点：一种是自然状态下人们之间的和平共处关系，另一种是自然状态下人们之间的斗争关系。霍布斯和斯宾诺莎认为在自然状态下人与人之间是一种彼此斗争的关系；洛克、孟德斯鸠以及卢梭则认为是一种和谐的、平等的关系。他们虽然对人类在自然状态观点上存在着差异，但是对人的特性认识则是一致的，他们认为人的理性就是自然法，同时它还是人类法律以及社会契约产生的基础。格劳秀斯和洛克认为理性就是自然法，它是人们行为的准则。在霍布斯看来这种自然理性是对于人的本性的认识，它使人们认识到自我保存以及不伤害他人的重要性。因此对于人的权利以及国家本质的认识就是自然法理论的内容。他们都认为自由是人的基本权利，孟德斯鸠认为一个人能做他应该做的事情，而不应强迫他去做他不应该做的事情。另外，个人的自由又是社会中的自由，人们之间不可避免发生矛盾与冲突，这就需要法律的规范和调整。在理性基础上对于人的基本自由和权利的规定，那么国家就不能干涉个人法律上的自由。资产阶级向来认为封建专制国家对于个人自由的限制与干涉显然是违背了自然法，因而违反了个人与国家之间的契约关系。要保证个人的基本权利和自由，就要改变现存的国家制度与组织机构，建立在一个自然法之上的、受法律约束的、符合理性的国家和政府。

资产阶级思想家的自然法理论是资产阶级反对封建专制制度的思想武器，它有力地推动了社会的进步和发展。他们关于人的自由与平等理论，使广大群众从封建制度束缚下解放出来；社会契约论与国家分权理论成为资产阶级国家制度的基本原则。资产阶级理论家的自然法理论为资产阶级进行革命，推翻封建专制统治奠定了理论基础。但资产阶级自然法理论是建立在一般人性论基础上，它反映了资产阶级发展商品经济的利益和要求，这种自由平等的民主国家实质上还是资产阶级的自由和民主。对此马克思指出："这个理性的王国不过是资产阶级的理想化的王国；永恒的正义在资产阶级的司法中得到实现；平等归结为法律面前的资产阶级的平等；被宣布为最主要的人权之一的是资产阶级的所有权；而理性的国家、卢梭的社会契约在实践中表现为，而且也只能表现为资产阶级的民主共和国。18 世纪伟大的思想家们，也同他们的一切先驱者一样，没有能够超出他们自己的时代使他们受到的限制。"①

资产阶级的自然法理论反映了他们推翻封建专制，建立资产阶级国家的要求，但是国家建立在什么基础上？如何确定国家的边界？这是资产阶级面临的主要问题。在这个问题上他们发现了民族共同体，以此来建立资产阶级的新型国家即民族国家。民族国家是现代世界上最普遍的国家政权组织形式，它是在资产阶级反对封建国家的斗争过程中形成和发展起来的，这种国家是建立在民族认同与国家认同的一致性之上，这种一致性促使国家与民族之间的结合，从而导致民族国家的产生。国家作为政治共同体，它是一种政权组织形式，它的主要特征就是阶级性，马克思认为国家是一个阶级对另一个阶级进行统治的工具，它反映统治阶级的利益并为统治阶级服务。历史上的奴隶制国家、封建君主专制国家以及资产阶级民族国家在本质上都是私有制基础上的国家。国家另外一个特征就是主权属性，也就是统治阶级在政治、经济与文化范围内进行统治的权威，它不受外在力量的威胁和干涉，它还是国际关系的行为主体，包括国家之间的交往、贸易和外交等。这一主权原则在《威斯特伐利亚和约》中得到了明确和巩固，因此国家主权原则就成为各国在国际关系交往中所遵循的基本原则。

3. 民族：现代国家形成原则

与传统国家不同，"整个 19 世纪传统国家在制度上发生了一个主要变化，那就是民族原则的变化：每个民族形成一个国家，每个国家应只包括一个民族"。② 把民族作为政治共同体的基础是现代国家的一个原则，它成为许多民族反对外来统治成立独立国家的一个基本原则，它推动了被压迫民族的解放运动。意大利民族主义者马志尼提出的青年意大利运动促进了意大利统一。马志尼还把这一运

---

① 《马克思恩格斯选集》第 3 卷，人民出版社 1995 年版，第 720 页。

② Otto Bauer, *The Question of Nationalities and Social Democracy*, Trans. J. O'Donnell, E. Nimni (ed.), Minneapolis, MN: University of Minnesota Press, 2000, p. 144.

动推广到整个欧洲，并在欧洲推动了青年欧洲运动，比如德国、
波、兰、瑞士、希腊都在这一运动中把民族作为国家独立的基础。
"当谈到民族与国家的关系时，理论家总是一致地认为每一个民族
都想成为国家是很自然的事情。"① 对此鲍威尔认为国家与民族并不
一致，每个民族都成为一个国家也并不是一种自然性与合理性。他
对于这一民族原则提出了自己的疑问：为什么每个民族或只有一个
民族形成一个政治共同体是合理的和自然的？人们之所以把统一的
民族作为政治共同体，是因为错误的民族理论。鲍威尔指出："对
勒南与基尔霍夫来说，民族是共同存在于独立的共同体人们的总体
性，他们捍卫并时刻为这一共同体做出牺牲。这是一种心理学民族
理论。然而尽管我们已经阐述过这一理论从民族意识、归属意识来
规定民族是一种知性论者，从政治统一和自由意志中来阐述民族本
质的理论是唯意志论者。"② 鲍威尔反对民族的"心理—意志"论
倾向，因为它无法说明人们为什么会与这些人而不是其他人统一在
一个共同体之中。在鲍威尔看来，一个在德国的英国人，尽管他也
说德语，但是他依然是英国人，而不是德国人。原因在于他受到英
国文化的影响，他对事物的认识和价值判断与英国人一样，而与德
国人是不同的。心理学民族理论的错误还在于它认为"由于人们有
着在一个共同体之中的要求从而形成一个民族。也错误地认为所有
属于一个民族的人们要求民族政治上的统一"③。这一理论实际上是
把政治共同体与民族共同体当作同一种共同体，把民族中的一部分
人或者少数人当作普遍的认识和意志。鲍威尔认为，实际上居住在
瑞士的德国人以及居住在奥地利的德国人尽管有着日耳曼文化，但
是他们却能与其他民族共同生活在一起，因此他们并没有成立政治

① Otto Bauer, *The Question of Nationalities and Social Democracy*, Trans. J. O' Donnell, E. Nimni (ed.), Minneapolis, MN: University of Minnesota Press, 2000, p. 145.
② Ibid., p. 144.
③ Ibid..

共同体即国家的要求。

鲍威尔反对国家的民族原则,一方面,把民族作为国家的基础容易导致国家的解体。这一理论反映了他拥护多民族奥匈帝国,反对以民族为基础分裂国家。鲍威尔认识到了民族原则在国家发展中有可能造成的危害,即使那些以民族原则成立的国家同样面临这一问题,因为世界上纯粹的民族国家是非常罕见的,绝大多数国家都包括多个民族,一旦民族原则得到普遍运用,国家势必面临着解体的危险,而这一点往往是国家所不能接受的。当今世界上有3000多个民族,而国家只有200个左右。如果以民族成立国家会导致无穷无尽的战争和灾难。因此并不是每一个民族都有成立国家的愿望和要求,普遍的情况是多个民族共同生活在一个国家之中。从本质上讲,民族国家原则是资产阶级反对封建专制制度,完成国家统一的理论武器,不是通行的国家原则,所以说国家民族原则是在特定历史条件下产生和发展起来的,必然会带有时代性。

另一方面,把国家领土原则作为民族原则是产生民族问题的主要原因。鲍威尔认为:"人们通常把民族理解为只不过是市民的总体性或一定经济区域中人们的总体性。"① 把民族理解为一定地域之上的共同体,尤其是把民族性理解为国民性时,也就是把民族理解为和国家一样的政治共同体,比如说当人们谈到德国的民族经济时会是什么呢,它不是所有国家中居住的德国人的"民族经济",而是在德国领土范围内的"国民经济",在这一区域内除了德意志人以外还包括其他所有民族。在鲍威尔看来,民族是一个非地域概念,德国的民族不只是德国范围内的所有德国人,还包括生活在其他国家中的德国人,它是在共同文化影响下成长和生活的人们的总体性,而并非国家领土范围内人们的总体性。把民族性等同于国民性,实际上是混淆了民族与国家人口、经济区域上的区别。不过鲍

---

① Otto Bauer, *The Question of Nationalities and Social Democracy*, Trans. J. O'Donnell, E. Nimni (ed.), Minneapolis, MN: University of Minnesota Press, 2000, p. 144.

威尔对于国家的民族原则批判，看到了民族原则对于资产阶级国家形成的重要作用。这体现在资产阶级对于民族的"自然"特性与国家的"人为"特性之间的关系认识上。

　　作为文化共同体的民族与作为政治共同体的国家虽然在具体要素上有着相同之处，但是在性质上它们有着本质区别。民族是人们在行为意识与价值观上具有相似性与共通性的总体，因此它的本质是文化共同体。另外文化共同体在社会中表现为本民族事物的情感与意识，从而形成人们的社会活动和价值判断，这就是一种性格共同体。民族作为文化共同体是建立在人们的社会生活与风俗习惯之上，它是在长期历史中逐渐发展而成的，它和人们生活的地理环境、生产条件、生活方式密切相关。鲍威尔认为生活在草原上的游牧民族与生活在农业耕作环境中的民族在自然遗传因素影响下具有不同的民族性格。它存在于每一个民族成员的日用伦常而不觉的自然状态，因此它体现的是一种生活性、大众性。赫尔德把民族视为"和家庭一样具有自然性，只不过有许多分支"[1]。它是一个有机的、自然的共同体，它像生物一样产生、成长并最终消亡。所以说民族的自然性体现在历史性、社会性、民间性、无意识性。对此德拉诺瓦则认为民族的"自然性"是一种"虚假性"，不过却有它的"合理性""民族原则标榜传达了一种自然之理，虽然是一种神话，但也是一种十分感人的和有效的神话。因为由于并非自然，民族才宣称是源于自然"[2]。作为政治共同体，国家是统治阶级利用暴力工具对另一个阶级进行统治的工具，国家制度与管理体现为等级制。国家制度的实施通过一系列机构和组织来完成，所以说国家在其产生和发展中体现的是统治阶级为维护自己的利益而进行的有组织、

---

　　[1]　Otto Bauer, *The Question of Nationalities and Social Democracy*, Trans. J. O' Donnell, E. Nimni（ed.）, Minneapolis, MN: University of Minnesota Press, 2000, p. 153.

　　[2]　[法] 吉尔·德拉诺瓦：《民族与民族主义：理论基础与历史经验》，郑文彬等译，生活·读书·新知三联书店 2005 年版，第 15 页。

有目的的活动。

鲍威尔并不同意普遍意义上的民族"自然性"以及国家的"人为性"理论,他认为这一理论本质上是资产阶级目的的反映。他们提出国家的人为性,这种人为性就决定了国家是满足资产阶级利益和要求的工具,因为他们要反对封建的国家制度,成立新的国家。资产阶级认为民族是自然的,自然的也就意味着给定的、永恒的、不变的,这种不变性恰恰是他们形成新的国家的基础。因为"不管国家是否解体,民族都会存在,因为它存在于每一个个体之中。正是这一点唤起了资产阶级的革命理性主义"[①]。当资产阶级推翻了封建统治阶级,破坏了封建国家,但是由于民族是自然的、不变的,它存在于个体之中没有被破坏,所以它能够成为新的国家基础,这就是资产阶级国家的民族原则。鲍威尔反对资产阶级所提出的民族自然性和国家人为性理论,他说:

> 如果从科学上来说,国家和其他任何现象一样是自然的产物并受规律的支配;……另一方面,从政治上来说,如果我们的目的是改变国家,那么对我们来说它当然就是人类意志的产物,是我们行动的对象。对科学研究来说,民族和国家一样是自然的产物;我们就可以理解在自然遗传和文化传承上所形成的命运共同体是怎样产生了民族。对于政治家来说,民族同样是人类意志的产物,是人为的结果:这一人类行为的对象可以保留或改变民族性格,可以扩大或缩小民族成员的范围。[②]

作为科学研究的对象,民族和国家都有其自然产生和发展的规律,所以我们的任务就是研究它的产生、发展历史的规律。而作为

---

① Otto Bauer, *The Question of Nationalities and Social Democracy*, Trans. J. O' Donnell, E. Nimni (ed.), Minneapolis, MN: University of Minnesota Press, 2000, p.154.

② Ibid., p.153.

政治目的和作用，它们又都是人为的产物，都是人类意志的对象。所以鲍威尔认为应当结合具体的历史条件来理解民族与国家的自然性与人为性。资产阶级革命时代出于维护自己的利益，反对封建专制和行会制度，主张国家统一，发展商品经济，因此他们要摧毁现存的法律制度，把国家作为资产阶级的工具。鲍威尔对于资产阶级民族与国家特性的批判，一方面揭示了这一理论的阶级本质，另一方面揭示了民族从自在到自觉的历史过程，说明了现代国家的形成过程还是一个民族建构的过程。

民族是从一个"自在"到"自觉"的过程，在古代社会以及封建社会初期，民族的形成和发展体现的是类似自然事物的发展。随着世俗国家在政治上对于教会权力的胜利，国家统一的市场开始形成，这种政治与经济上的统一性加强了民族文化的统一与整合，民族开始由自在的发展转变为国家有意识地构建民族，它体现了民族的人为性。国家通过政治制度制定、经济与文化的发展，不仅在文化、意识上，而且在价值观念上形成了统一的民族。这一时期国家认同与民族认同还不一致，因为王朝国家的法律和制度都是代表统治阶级的意志和利益，民族文化只是少数贵族和宫廷的文化，广大群众被排除在外，他们处于被统治地位，在国家中没有自己的法律地位和人身的自由。因此鲍威尔把这一文化共同体称之为少数人的文化共同体。如果说封建国家中的民族初步建构只是国家统一的产物，那么在资本主义商品经济条件下，民族意识和认同则进一步得到了加强，它主要表现为民族主义兴起，这直接推动了资本主义民族国家的建立。

4. 资本主义自由民主制度批判

鲍威尔认为在资本主义自由民主制度中主要是"国家"与"个人"之间的关系，它们排除了个人与国家之外的社会组织。它把自由、平等作为普遍要求，因而忽略了作为特殊的社团认同。其中民族作为一种特殊的社会组织被排除在外，自由主义理论家认为

普遍原则下对于少数民族权利的忽视是一种"善意的忽略"（be-
nign neglect），这种忽视是由于社会进步的平等性与普遍性所必然
付出的代价。这一"善意忽略"在多元文化主义者那里遭到了激烈
的批判，威尔·金里卡称之为对于民族与国家关系的肤浅理解。另
外，在普遍的政治原则下，国家排斥了民族的特殊权利和要求，但
是它并没有消除民族对个人而言的生活基础与文化内容的影响，这
样就形成了普遍的公民政治权利与特殊性的民族文化内容之间的矛
盾。这一矛盾在资本主义自由民主制度中无法得到解决，因为这一
制度下个人与国家的关系是基于"集中分散制度"，从而导致民族
在国家中的斗争。所以鲍威尔进一步分析了集中分散制度所造成的
民族与国家问题。这些问题主要有以下几个方面：

其一，集中分散制度下忽视民族的地位。在国家集中分散制度
下人是"原子化"（atomist）的"个人"，单个的人在社会中作为
"公民"在国家中一方面享有法律规定的义务和权利，享有法律
规定的平等和自由；另一方面，公民参与国家的行政和立法从而
形成集中的（centralist）国家意志，这样"国家"和"个人"就
成为法律所规范的对象。但是作为社会群体认同的民族在国家法
律中却没有它的地位和权利。在鲍威尔看来，民族是处于"国
家"和"个人"之间的社会群体，它对人们的观念意识以及社会
活动有着重要的作用。由于民族文化不同，人们对于外界事物的
认识与价值判断也是不同的。鲍威尔把民族称为在"命运共同
体"中形成的"性格共同体"，它表现为民族情感和民族评价。
与伦纳主张政治与文化的分离不同，鲍威尔认为民族问题其实就
是社会问题，民族作为文化共同体不可能与国家政治分离，而是
要在国家制度中发展民族文化，这就要实行民族在政治上的自我
管理。鲍威尔以"民族自治"的形式来解决"集中分散制度"下
的民族问题。

其二，集中分散制度与少数民族问题。在国家领土范围内，现

代国家在政治上遵循自由平等的政治原则，这种看似在"平等"基础上的"民主集中"制度并没有社会团体的权利。民族就是在"普遍"权利下的"特殊"群体组织，民族权利作为特殊社会群体常常被排除在外。国家的权力常常是统治阶级的民族权力，"在各个民族管理区域中运用集中分散制度。少数民族通过在领土中的政治与立法所获得的权力来满足民族的需求"①。但是由于民主的少数服从多数原则，作为"少数"民族权利在"多数"制度中被排除在外，所以少数民族常常处于多数民族的统治和压迫之中。面临着生存与发展，少数民族通常有两种选择：要么放弃自己的语言和文化，主动地融入多数民族的文化以享有共同的政治权利，要么坚持自己的语言和文化，放弃普遍平等的政治权利。在集中分散制度下民族无法做到既要坚持自己的语言文化又要享有国家普遍的公民权利。民族通常为了发展自己的文化而要求获得国家权力，从而常常导致各民族之间的权力矛盾，引起民族之间的斗争。因为在国家中拥有自己的地位与权力是保证民族发展的前提条件。

其三，集中分散制度与民族矛盾。民族国家原则是"一个民族成立一个国家，一个国家只包括一个民族"。这一原则是民族在国家中既要满足语言文化发展的权利还要满足普遍公民要求的体现。但是民族—国家一致原则最初是与资本主义经济发展要求相一致的，但是随着资本主义要求更多原料和商品销售市场，它在本能上要求跨越单一民族的、狭小的地域限制，因此更大的、"超民族"的多民族国家越来越成为资本主义自身发展的必然要求。多民族国家意味着不同民族共同存在于一个具有普遍主权国家，而每个民族的发展需要在国家中获得权力和地位来加以保证，所以"他们的任务就是确保国家行政和立法满足民族的需要；它迫使每个民族为立

---

① Otto Bauer, *The Question of Nationalities and Social Democracy*, Trans. J. O' Donnell, E. Nimni（ed.）, Minneapolis, MN: University of Minnesota Press, 2000, p. 266.

法权而斗争，为了在国家行政机构中保持影响而斗争"①。集中分散制度使得每个民族都把其他民族作为自己斗争的对象，因为"如果一个民族权力的增长就意味着剥夺了另外一个民族的权力。因此每个民族会反对其他民族的要求。正是这种集中分散制度把每个民族的本来需求——是自己的要求与其他民族无关——转变为反对满足其他民族文化需求"②。民族之间的斗争常常会导致国家机构无法发挥作用而陷于停滞。

　　传统马克思主义者认为民族矛盾往往掩盖阶级矛盾，而这一点常常被资产阶级用来为自己的利益服务，资本主义社会的基本矛盾决定了民族矛盾。鲍威尔指出："集中分散制度必然引起民族权力斗争，民族权力斗争会导致所有民族、阶级以及国家失去权力，任何民族阶级都想方设法使国家权力为自己的目标服务，这些事实以这种形式成为有影响的历史力量。"③ 对于工人阶级来说，从事民族斗争意味着和本民族的资产阶级结合而反对另一个民族的工人阶级，这种斗争就会使他们失去政治立场。在资本主义制度下，工人阶级遭受经济剥削和政治压迫，为了实现自己的解放就要反对资产阶级统治，所以民族斗争要服从阶级斗争。鲍威尔认为工人阶级也有着自己的民族属性，他们的意识和观念源于他们的民族文化与生活方式。工人阶级需要阶级意识与国际意识，但是他们无法脱离民族意识，而且他们的民族意识与阶级意识、国际意识并不矛盾。因为阶级意识总是在具体民族文化中形成的，有民族文化发展才有助于阶级意识的形成，因此鲍威尔主张各个民族实行自治以促进本民族文化的发展，进而促进阶级意识的形成和发展。在集中分散制度下，民族在国家中失去了发展民族文化发展的权利，少数民族总是

---

①　Otto Bauer, *The Question of Nationalities and Social Democracy*, Trans. J. O' Donnell, E. Nimni（ed.）, Minneapolis, MN: University of Minnesota Press, 2000, p. 266.

②　Ibid. , p. 230.

③　Ibid. , p. 319.

处于多数民族统治之下，他们要发展本民族的文化就需要获得国家的权力，从而面临同其他民族的矛盾。工人阶级反对集中分散制度，因为民族斗争成了他们阶级斗争的手段。而资产阶级利用民族权力斗争掩盖了阶级对抗，并把群众作为他们斗争的手段。

无论是国家集权制，还是王室领地联邦制，对于所有民族工人来说都是无法忍受的。为解决这一问题，在伦纳理论基础上，鲍威尔进一步阐述了民族文化自治理论。他认为民族问题在更深层意义上是社会问题，它是由资本主义经济与政治结构所决定的，不改变资本主义制度便不能解决民族问题。

二　民族与民族主义

（一）民族主义

民族主义是在资本主义商品经济发展和资产阶级反对封建专制过程中出现的一种思潮与运动。它和文艺复兴、宗教改革以及启蒙运动一样都是资产阶级革命的意识形态；它是 18 世纪以来社会经济发展、政治变化以及文化进步共同作用的产物。具体来说，它既是王朝帝国在政治上"自上而下"民族统一性建构的要求，还是文化上"自下而上"民族意识广泛传播的结果；既是资产阶级民族国家的基础，还是人们在宗教神圣性衰落后情感认同的归宿。民族主义从内容上可以划分为政治民族主义、经济民族主义以及文化民族主义。民族主义是以民族意识与情感为基础，以经济、文化的发展为手段，最终目的是以民族原则建立统治阶级的国家，因此民族主义的本质也必须在资本主义的历史中才可以得到理解。资本主义发展经过了自由资本主义阶段和垄断资本主义阶段，因而民族主义的发展也经历了从追求国家独立、民族"自由"到民族征服和扩张的变化。

18 世纪资本主义开始进入机器大生产阶段，生产力得到了迅速提高，发达的交通以及工业生产扩大使得越来越多的人进入现代生产之中。同时由于资本主义生产的需要，科学知识以及文化得到了广泛的传播，尤其是印刷技术的提高，使得教育普及成为可能，群众的民族意识逐渐形成。民族主义作为资产阶级政治思潮和观念也得到普遍认同。尤其是在拿破仑对于欧洲各国的民族征服与统治过程中，这一观念得到了进一步广泛传播。作为一种政治运动，民族主义在资产阶级反对封建制度斗争中发挥了重要作用。18—19世纪欧洲大陆相继成立了英国、法国、意大利、西班牙等一些民族国家。这种新兴的国家组织形式打破了传统"王朝国家"形式，成为现代国家的基本形式。民族国家是民族与政治的有机结合，有力地促进了民族与国家的共同发展。它是资产阶级反对封建统治的产物，维护了资产阶级的利益。因此资本主义的本质就决定了"新旧资本主义在对于投资场所和市场的需求上是一样的"[1]。随着资产阶级统治地位的确立，尤其是国内市场无法满足资本主义经济发展的需要，资本主义扩张的本性促使它走向了世界性的扩张。资本主义民族国家也就由独立自由转变为帝国主义的民族征服。而多民族国家就是帝国在国家政权组织形式上的表现。从民族国家到多民族国家实际上是资本主义经过自由发展到垄断发展的必然要求，也就是说民族国家的形成过程既是一个争取独立自主的过程，同时还是一个"同质化"过程。这种同质化最初表现为资产阶级国家与民族一致性原则，它是对于外族统治的反抗与排斥，追求在民族的基础上建立自己的国家，实现本民族内部的自由与统一。这种统一性是资本扩张的必然趋势，也是商品经济发展的内在要求。所以"现代资本主义国家的对外政策总是为其经济政策服务"[2]，它还是资产阶级自身利益的一种防御性保护，通过民族独立与自由避免外来的竞争

---

① Otto Bauer, *The Question of Nationalities and Social Democracy*, Trans. J. O' Donnell, E. Nimni (ed.), Minneapolis, MN: University of Minnesota Press, 2000, p. 378.

② Otto Bauer, *The Question of Nationalities and Social Democracy*, Trans. J. O' Donnell, E. Nimni (ed.), Minneapolis, MN: University of Minnesota Press, 2000, p. 370.

以及异族的统治，以获得本民族和国家的发展。资本同质性在思想上表现为自由主义的普遍性，自由主义反对封建制度的束缚，对于推动社会进步、解放人们的思想起了积极的作用。但是当自由主义以自由的名义成为一种排他性而忽视了思想差异性和多样性，那么它也就会走向"自由主义"的专制，正是在民族问题上，鲍威尔看到了自由主义中"专制主义"的实质。

民族主义就是资本同质性作为一种普遍性在民族上的运用，它体现了资产阶级国家与民族原则的一致性，在国家范围内就是统治阶级对于异己民族的排斥与同化。马克思指出："创造世界市场的趋势已经直接包含在资本的概念本身中。任何界限都表现为必须克服的限制。"① 和资本一样，民族主义和自由主义都是世俗社会中取代宗教的一种普遍意识形态。因为"在年轻的资产阶级看来，市场是基本问题。它的目的是销售自己的商品，战胜和自己竞争的异族资产阶级。因此，他力求保证自己有'自己的''本族的'市场。市场是资产阶级学习民族主义的第一个学校"②。资本扩张本性及其同质化要求在资产阶级国家成立以后进一步得到了加强。这一时期资本同质性表现为工业生产的科学性与同一性。社会发展的同质性取消了发展的多样性，它使人们的生活趋于一致性，这种一致性导致了人们思维的单向性。自由主义理论成为资本主义统一的意识形态，民族主义不再是对民族自由与独立的追求，而是对异族的同化和消除，是对本民族以外的民族进行征服和统治。虽然资本同质性为资产阶级以自由、民主和平等的形式企图掩盖阶级性，但是资本同质化必然要求把其他民族或国家作为资本扩张和商品销售市场。因此鲍威尔认为资本主义在帝国主义阶段的扩张"并不想建立包括所有国家在内经济区域的统一，而只不过是利用关税壁垒把个别国家经济区域封闭起来。它们为本国的资本家在落后国家开辟了投资

---

① 《马克思恩格斯全集》第 46 卷（上），人民出版社 1979 年版，第 391 页。
② 《斯大林选集》（上），人民出版社 1979 年版，第 70—71 页。

场所和销售市场并把其他国家的资本家排挤出去。它不是梦想和平，而是准备战争"①。所以资产阶级依靠军队、大炮对世界其他民族进行战争与征服，利用宗教作为其意识形态，将资产阶级民族作为先进的、文明的民族，把其他民族看作野蛮的、落后的民族，并对其他民族进行军事占领、文化殖民、经济掠夺。同时对于少数民族进行语言与文化上的同化，甚至为了维护本民族纯粹性对其他民族进行野蛮的屠杀，因此民族主义由防御性的自我发展转变为对外进行掠夺与扩张。

　　资本主义与民族主义是资本发展的两个方面。正是在这一点上，马克思主义在这一意义上反对民族主义，因为民族国家形成的过程实际上也就是资本主义和民族发展的过程，也是从民族国家到多民族国家的转变过程。鲍威尔指出："现代资本主义的理想因而不再是民族国家，而是多民族国家，在这样的多民族国家中，只有统治地位的民族发号施令和剥削，而其他民族则处于其奴役之下。这一模式不再是英国的民族国家，而是不列颠世界帝国。"② 由自由到征服，由民族国家到多民族国家，由和平到战争，这种转变是资本表现的变化形式。马克思说："只要我们注意考察英国的自由贸易的性质，我们几乎可以处处看到，它的'自由'的基础就是垄断。"③ 民族征服、民族统治以及民族斗争，这一问题贯穿于整个资本主义产生和发展历史之中，"资本主义以从内部到外部方式的发展，使得民族统治阶级对于其他阶级的统治成为了后来统治民族在世界上征服其他民族，这一情况破坏了民族的存在"④。这是由资本

① Otto Bauer, *The Question of Nationalities and Social Democracy*, Trans. J. O' Donnell, E. Nimni (ed.), Minneapolis, MN: University of Minnesota Press, 2000, p. 379.

② Otto Bauer, *The Question of Nationalities and Social Democracy*, Trans. J. O' Donnell, E. Nimni (ed.), Minneapolis, MN: University of Minnesota Press, 2000, p. 380.

③ 《马克思恩格斯全集》第 12 卷，人民出版社 1962 年版，第 591 页。

④ Karl Renner, *The Development National Idea*, in *Austro-Marxism*, Texts translated and edited by Tom Bottomore and Patrick Goode, Oxford: Clarendon Press, 1978, p. 125.

和资产阶级的本质决定的。

民族主义是资产阶级反对封建制度斗争、争取民族自由与国家统一的意识形态，也是资本主义进行民族征服与市场扩张的理论工具。它和资本、暴力紧密结合在一起，因而受到马克思主义的批判。马克思主义主张通过无产阶级的革命斗争推翻资产阶级统治以实现无产阶级以及全人类的解放，主张全世界无产阶级在同资产阶级斗争中不分民族、不分地域地联合起来。鲍威尔的民族理论遭到了马克思主义的批判，因为他的民族概念与观点破坏了工人阶级的团结以及无产阶级革命运动。鲍威尔在其著作《民族问题与社会民主党》第二版前言中说："我所使用的民族概念由于马克思主义者对于民族性格概念的误解而遭到了他们的强烈反对，由于民族主义在战争中对于这一概念的错误使用而臭名昭著，这一误解就不难理解了。"①

将民族主义作为资本主义社会的产物以及资产阶级的意识形态，产生了这样的问题：其一，资产阶级的民族主义运动为什么同时又是多数人参与的群众性运动？其二，工人阶级能否产生民族主义，他们与民族运动有何关系？正如鲍威尔问道："民族解放战争的背后不只是由于法国的统治而失去权力的法官和官僚的运动，而是包括社会各阶层的运动。我们该如何解释这一现象？即使他们在外来统治下并未失去什么，在推翻了压迫者，甚至在外族统治下平民阶层地位实际上得到了提高的情况下，我们怎么解释广大群众反抗外来统治这一奇特现象？"② 这正是说明了民族与群众的关系。

（二）民族与群众

在民族与群众的关系上主要有两种观点：一种是认为民族是统治阶级形成的，它可以根据统治阶级的目的进行改变。因此民族是

---

① Otto Bauer, *The Question of Nationalities and Social Democracy*, Trans. J. O'Donnell, E. Nimni（ed.）, Minneapolis, MN: University of Minnesota Press, 2000, p. 7.

② Ibid., p. 146.

统治阶级的意识形态,它与群众没有关系。"即使无产阶级也只是知道民族观念,只不过是民族中不断增长的商业和工业权力的表达,是统治阶级为了他们的世界市场、世界利润的表达。"[1] 另外一种观点认为民族是建立在群众生活基础之上,它是在群众自发的生活中形成和发展起来的。伦纳认为:"是农村的土地和农民的村庄而不是工厂和城市才被认为是民族生活的基础。民族的本质在于农民的生活之中。"[2] 鲍威尔认为民族的本质在于文化共同体,在生产资料私有制社会,统治阶级占有了劳动群众的文化成果,广大群众被排除在文化共同体之外。而在社会主义社会,劳动共同体和文化共同体在生产资料公有制的基础上实现了统一,从而形成了统一的民族。所以鲍威尔认为民族只是人们在价值观念、生活习俗和行为意识上的表现,因而它和群众紧密结合在一起。另外,在劳动基础上还有一种专门文化,它表现为知识、制度、意识文化共同体。它产生于社会休闲阶层,而不是群众。作为统治阶层的意识形态,这种文化共同体维护统治者的利益。统治阶级的文化基础是人们的社会劳动,鲍威尔认为在私有制社会劳动共同体和文化共同体是分离的。

　　民族意识是对于民族归属以及异族差异性所形成的意识,并不是所有的民族成员都具有民族意识,因为对于异族的认识是民族意识产生的前提条件。文化教育也是民族意识产生的因素,通过文化和知识的学习,认识其他民族而产生对于自己民族的认识,因此知识分子容易产生民族意识。此外资本主义的发展也是民族意识形成的重要因素,交通工具、印刷技术以及知识文化的广泛传播,促进了民族意识的形成。它使得越来越多的人接受教育,使得更多的人受到文化共同体影响。资本主义的发展既是生产力的巨大提高又是

---

[1]　Max Adler, *The Ideology of the World War*, In *Austro-Marxism*, Texts translated and edited by Tom Bottomore and Patrick Goode, Oxford: Clarendon Press, 1978, p. 127.

[2]　Ibid., p. 121.

生产关系的变革。在资本主义生产制度下，工人阶级遭受资本家的剥削，使他们形成了反对剥削的阶级意识。但是生活在社会中的工人并非只有阶级认同，因为他们总是受到传统、宗教和民族文化的影响。"人的本质不是单个人所固有的抽象物，在其现实性上，它是一切社会关系的总和。"① 所以工人阶级的意识、价值观念来自于他们所生活的社会生活与传统习俗，因此资本主义社会文化，对于工人也会产生影响。"18 世纪经济的发展形成了文化，而一旦它出现，这一文化就以相同的方式影响每个人，它作为现实的因素把民族统一为文化共同体。"② 资本主义社会的工人必然会受到这种文化的影响。正是如此，不同民族的工人对于资产阶级的反抗所采取的方式是不一样的，"在所有工业民族中出现的工人运动，但是意大利工人对于资本家剥削的反抗与斯堪的纳维亚的工人是不一样的"③。鲍威尔认为这就是民族性格，它决定了不同民族工人的认识和行为方式。

　　而对于生活在同一片土地上的农民来说，他们是不会产生民族意识的，因为他们长期生活在同一个固定的人群与社会中，对于外族没有认识，因而形不成民族意识。对农民影响较大的不是民族意识而是教权意识，宗教在他们的生活中起着重要的作用，而教权意识是不关心民族的。但是资本主义的发展在农村不但引起了生产方式的变化，也引起了农民意识上的变化，使他们成为现代意义上的农民。"一方面农民的后代成为工人，另一方面，农业经济的性质发生了变化，因而使得农民心理也发生了变化。正是由于这一原因使广大群众首次看到了民族压迫影响。"④ 农民和工人民族意识不断增强。他们也开始关心起民族文化教育制度，反对民族剥削和压

---

　　① 《马克思恩格斯选集》第 1 卷，人民出版社 1995 年版，第 56 页。

　　② Otto Bauer, *The Question of Nationalities and Social Democracy*, Trans. J. O' Donnell, E. Nimni（ed.），Minneapolis, MN：University of Minnesota Press, 2000, p. 78.

　　③ Ibid., p. 9.

　　④ Ibid., p. 366.

迫。同时民族战争与征服也会激发广大群众的民族意识。当工人、农民、小生产者处在资本家、土地贵族统治下的时候，这种统治由于受到整个民族意识的影响，"每一个国家包括民族国家中的小资产阶级，农民和工人都处于外在统治之下，都受到地主贵族、资本家和官僚的剥削和压迫。然而，这一统治是隐蔽的，是看不见的，但必须首先得到理解的"①。但是当统治者是外族人时，情况就不一样了。由于外族统治者所使用的语言、所颁布的法令并不是民族语言，因而人们就明显感到外族人的压迫和剥削。尤其是当人们看到外来的统治者以及他们的士兵杀害了自己的亲人，破坏了自己的家园时；当看到异族人在他们的土地上横行霸道，无恶不作时，"毫无疑问当外族统治进行压迫和剥削时，会激起民族斗争和反抗"②。于是被压迫人们为了保护自己的家园，为了恢复原来的生活就开始反抗外族人的统治。外族统治者常常被认为是造成战争和灾难的原因，因而引起人们的仇恨。这时的革命斗争就是以民族斗争的形式表现出来的。由战争所激起的民族仇恨使资产阶级所领导的民族斗争以及民族主义运动成了群众性的运动。统治阶级利用民族口号以达到获取国家权力目的，而群众则关心他们的家庭和生活秩序。在异族统治的波兰，群众并没有激起民族仇恨，因为在外族统治下他们的生活比在本国贵族统治下要好，他们担心一旦民族国家成立会导致土地贵族肆无忌惮的苛捐杂税。在这种国家中的革命不是民族形式而是阶级斗争的形式。因此群众能否参加民族运动取决于民族统治对于群众生活所造成的影响。对于资本主义文化共同体与工人、农民以及广大群众之间的关系，鲍威尔指出，尽管资产阶级文化共同体是扩大的文化共同体，它使更多的人接受了教育和文化，但本质上它仍然是统治阶级的文化共同体，因为资本家剥夺了工人

---

① Otto Bauer, *The Question of Nationalities and Social Democracy*, Trans. J. O' Donnell, E. Nimni (ed.), Minneapolis, MN: University of Minnesota Press, 2000, p. 146.

② Ibid., p. 145.

所创造的剩余价值，占有了工人的劳动文化成果，工人被排除在文化共同体之外。所以工人日夜的繁重劳动以及辛苦工作，使他们没有时间进行学习，也没有自己的人身自由，"他们一生都在辛苦地劳动；在他们杂乱的生活中，即使深夜也不能找到他们必要的片刻安宁。生活所迫使得他们没有丝毫自由"。"我们的工人知道康德吗？我们的农民知道歌德吗？我们的手工业者知道马克思吗？"[1] 尽管资本主义社会生产引起了工人认识上的变化，但他们还不属于文化共同体。资产阶级民族意识反映了他们发展经济和成立国家的要求，所以马克思主义把民族主义作为资产阶级意识形态加以批判，而在鲍威尔看来，民族主义并不只是资产阶级意识，工人在斗争中也会形成自己的民族意识、民族主义以及国际主义。

（三）工人阶级与民族主义

如果说民族主义是伴随着商品经济和资产阶级的发展而兴起的意识形态，那么在资本主义剥削制度下的工人阶级会产生民族主义的意识吗？在这一问题上，鲍威尔并不同意把民族主义仅仅看作资产阶级意识，他认为工人阶级在反对民族压迫的斗争中形成了民族主义。工人阶级的革命在现实中往往是以民族斗争形式进行的，因此工人阶级离不开民族斗争。当波兰社会主义者反对普鲁士压迫时，当匈牙利工人为了德国人、斯洛伐克人、罗马尼亚人以及塞尔维亚人的利益而斗争的时候，在此意义上进行民族斗争的"社会主义者"同时也是"民族主义者"。在工人阶级与民族主义之间的关系上，鲍威尔区分了历史民族与非历史民族[2]之间的不同。对于非历史民族的工人阶级来说，他们的革命本能激发了对处于统治地位历史民族的仇恨，使得他们为了本民族的权力和利益而反对民族压

[1] Otto Bauer, *The Question of Nationalities and Social Democracy*, Trans. J. O' Donnell, E. Nimni (ed.), Minneapolis, MN: University of Minnesota Press, 2000, p. 86.

[2] 关于历史民族与非历史民族的区分，详细内容参见本书第一章第三节"马克思恩格斯民族理论"部分。

迫与剥削。在他们对于统治民族的仇恨中产生了"朴素民族主义"（naïve nationalism）。但是统治民族的工人不会形成民族主义意识，因为他们的主要任务是反对本民族统治阶级的剥削和压迫，反对资产阶级和官僚的政治，所以说他们不再是民族主义者。"民族政治"其实就是统治阶级以民族矛盾掩盖阶级矛盾的伎俩，是他们维护自己统治的借口。面对阶级敌人的压迫和剥削，工人阶级最初采取了资产阶级反对封建统治的观念意识，那就是抽象的"人人平等"概念。在他们眼里只有人与人之间的平等，没有民族之间的差异。他们要实现人类的平等和自由，消除所有的压迫和剥削，实现全人类的解放。"如果说被压迫民族的工人革命的本能产生了朴素的民族主义，那么统治民族的工人阶级则产生了朴素的世界主义。"①

　　传统马克思主义者反对代表资产阶级利益的"民族主义"，认为无产阶级代表的是超越民族利益的"国际主义"。由于受到列宁斯大林对于鲍威尔民族文化自治理论批判的影响，一般认为鲍威尔支持民族主义反对国际主义。实际上鲍威尔正是在民族斗争中看到了国际主义对于工人阶级的重要性。他认为工人阶级在实际生活中逐渐认识到，本民族工人阶级的利益包括减少工时、增加工资的要求，虽然离不开工人阶级同资产阶级的斗争，但是同样也离不开其他民族工人生活的发展。通常情况下，其他民族工人由于自己的利益会与其他民族的工人进行斗争，结果导致资本家降低工人工资以追求更多的剩余价值。所以说不同民族工人阶级之间的斗争对于工人的利益都是一种破坏。工人阶级要想赢得和资产阶级斗争的胜利必须要团结起来，这就形成了各民族工人的"世界主义"。鲍威尔以德国工人和捷克工人之间的关系来说明工人的朴素世界主义的产生。当德国工人利用工会进行斗争的时候，对于斗争的威胁不是来自资产阶级而是"降低工资的捷克工人以及罢工破坏者"，"捷克

---

① Otto Bauer, *The Question of Nationalities and Social Democracy*, Trans. J. O' Donnell, E. Nimni（ed.）, Minneapolis, MN: University of Minnesota Press, 2000, p. 245.

工人只有经过工会教育后才会改变失业工人的作用，那么德国工人才能够进行工会斗争"①。工人阶级朴素的世界主义就会转变为成熟的国际主义，这个时候工人们不再否认民族的多样性，不再把民族性视为"资产阶级的偏见"，他们深深知道本民族工人的利益与其他民族工人的利益密切相关，"他们的政治不再来自于人性观念，而是来自于国际的阶级团结"②。相同的地位、相同的经历使得他们在反对直接的阶级敌人中，在反对雇主与国家的斗争中把各民族工人紧密地团结起来。因为"所有无产阶级斗争的最终目标就是彻底消除资本家的剥削"③。鲍威尔这一观点也正体现了马克思、恩格斯所提出的"全世界无产者联合起来"思想。

在工人阶级国际主义观点上，鲍威尔和马克思主义产生了分歧。马克思主义认为工人阶级国际主义是不分民族的世界性团结，是基于工人阶级共同利益基础上，是建立在全人类的解放使命上。鲍威尔认为工人阶级的国际团结"并非是因为对于整个人类解放的强烈情感，而是建立在这样的事实上：在一个国家中所有民族的工人利益以及反对所有民族的有产阶级利益是一致的"④。在马克思主义看来，民族是地方的、狭隘的，无产阶级国际性是全人类的，只有全人类的解放才使无产阶级最终得到解放，所以工人的"民族性"应服从于无产阶级"国际性"。鲍威尔则认为工人阶级首先是民族的，正是民族性形成了他们的认识、价值观念以及行为方式。非历史民族和历史民族的工人分别产生了"民族主义"与"世界主义"，但是不同民族的工人不是分离的，而是随着工人阶级斗争走向统一。而工人阶级的国际性是在民族性基础上形成的，是在所有民族工人阶级的共同利益之上的团结，民族矛盾和阶级矛盾不是

① Otto Bauer, *The Question of Nationalities and Social Democracy*, Trans. J. O' Donnell, E. Nimni (ed.), Minneapolis, MN: University of Minnesota Press, 2000, p. 249.

② Ibid..

③ Ibid., p. 250.

④ Ibid., pp. 250 - 251.

对立的，而是在一定条件下是一致的。不是民族斗争服从阶级斗争
而是把民族斗争和阶级斗争结合起来。鲍威尔这一观点遭到了列宁
和斯大林的严厉批判，认为他的这一观点是"精致的、资产阶级的
民族主义"。鲍威尔在当时条件下分析了民族主义与工人阶级之间
的复杂性关系，对于广大殖民地工人来说，利用民族主义争取民族
独立与解放是进行阶级斗争的一种有效手段。所以"许多国家的社
会主义政党，反而变成是推动人民起而加入民族运动的重要机
制"，① 第二次世界大战以后，广大殖民地被压迫民族的解放斗争与
共产主义运动就是在民族主义旗帜下进行的。

---

① ［英］埃里克·霍布斯鲍姆：《民族与民族主义》，李金梅译，上海人民出版社 2006 年
版，第 119 页。

第 四 章

民族问题(下)

第一节　民族与社会

民族是在命运共同体中所形成的性格共同体，是社会发展过程中人类的总体性，民族本质是社会中的文化共同体。"民族是社会化的人类现象。"① 鲍威尔说："社会历史不仅决定了民族成员的具体性格，而且在对性格共同体起作用的形式也是历史决定的。"② 不同的生产方式决定了不同的民族文化共同体，民族发展历史上经过了原始社会文化共同体、封建社会骑士文化共同体以及资本主义社会文化共同体，因此应当"把民族理解为社会历史的产物"③。

一　资本主义社会结构与民族问题

资本主义的发展对民族也产生了巨大影响，一方面它唤醒了人们的民族意识，促进了现代民族的形成；另一方面资本主义本质导致民族征服，加剧了民族斗争与矛盾。垄断资本主义在全世界范围内的殖民扩张与掠夺运动引起了民族矛盾。奥地利马克思主义者麦

---

① Otto Bauer, *The Question of Nationalities and Social Democracy*, Trans. J. O' Donnell, E. Nimni (ed.), Minneapolis, MN: University of Minnesota Press, 2000, p. 110.

② Ibid., p. 119.

③ Ibid., p. 33.

克斯·阿德勒在分析资本主义与民族问题时把资本主义民族发展分
为民族和平和民族征服两个时期。他认为在自由竞争资本主义时
期，"资本主义倾向于和平，因为只有和平才能确保正常的贸易。
它同样致力于其他民族的发展与自治，因为只有文明的迅速发展才
能形成和扩大他们的市场"[①]。而在资本主义发展后期，资本主义由
商品贸易的追求转向了对于剩余价值和殖民地扩张的追求，于是资
本主义和平政策就变为了民族征服政策，"因而不再是传统占优势
的资本主义贸易需求，而是对于投资场所，对于剩余价值生产资料
的强烈需求，这在根本上导致了早期和平性质的变化。为了确保并
获得这一目的就需要国家在军事上的权力，它支持殖民地的斗争并
保证其在遥远的殖民地中的利益"[②]。M. 阿德勒看到了资本主义从
自由资本主义阶段到垄断阶段经济政策发生的变化所导致的民族问
题。但是马克思在更深层次上把资本主义发展看作世界历史的形
成，伴随着资本主义剥削的本质以及对于剩余价值的追求决定了资
本主义开拓世界市场，导致殖民地掠夺与征服。鲍威尔在马克思资
本主义批判理论基础上进一步分析了资本主义与民族问题之间的
关系。

　　资产阶级革命推翻了封建专制制度，成立了资产阶级国家，传
统帝国成为现代民族国家。各民族在分布上错综复杂，民族问题和
政治、经济、阶级问题以及宗教问题纠缠在一起。资本主义社会发
展所形成的现代民族特点就是以商品生产为基础，以群众为主体，
以教育为手段的扩大的文化共同体。资本主义不仅摧毁了封建时代
的经济基础，而且还破坏了传统国家政治结构。

　　在传统社会共同体中，生活结构主要是依靠权力、血统、门第
以及遗留下的财产，但是在商品经济条件下不再是传统的血统和爵

---

① Tom Bottomore and Patrick Goode (trans. and ed.), *Austro-Marxism*, Clarendon Press Oxford, 1978, p. 128.

② Ibid., pp. 129 - 130.

位，而是人们在生产中的劳动技术以及为此所需要的知识与技术能力，它主要包括阅读计算和书写的能力。"对于大多数人来说，个人的可雇用性、尊严、安全感和自尊取决于他们所受的教育；他们在其中受教育的文化范围，也就是他们在道德和职业方面赖以生存的范围。"① 因此传统文化共同体开始解体，资本主义新的民族文化共同体逐步形成。

资本主义的文化共同体不再仅仅是贵族和宫廷文化，而是包括广大群众在内扩大的文化共同体。鲍威尔认为它主要是通过三种方式得到发展和扩大的：学校教育、义务兵役制以及民主选举。学校教育采用统一的语言和教学内容，通过教育人们不但掌握了一定的知识和技术，更重要的是开拓了人们的视界，形成了民族意识以及对于祖国的认识与情感。人们接受相同的文化教育，从而产生了相同的民族性格。如果说商品经济是在生活中把人们联系在一起的物质纽带，那么教育就形成了把人们紧密联系在一起的精神纽带。商品经济的发展使国家军队在性质和士兵人员的构成上也发生了变化。募兵制使广大的农民子女参军，这使得他们走出农村，到遥远的地方守卫国家的边疆，或和各种士兵一起参加战争，在这个过程中他们的认识发生了变化，军队中的生活与制度对他们产生了重要影响。儿童时期所接受的教育以及青年时代的军旅生活就影响了他们成年时期的民主生活。大众选举成为国家政治中党派竞争的主要方式，各派为了赢得选民的支持，他们纷纷以民族名义提出自己的口号。他们通过书籍、报纸、杂志使用民族语言和文化进行宣传，党派在政治上的竞争加强了文化共同体内所有成员的共同意识，民主选举使得每一个民族成员参与到国家和社会公共生活中来，从而形成了共同的民族意识和民族性格。商品经济的发展还改变了国家统治的基础，广大农民成为国家发展的基础，而不再只是官僚和贵

① ［英］厄内斯特·盖尔纳：《民族与民族主义》，韩红译，中央编译出版社 2002 年版，第 48 页。

族。商品经济发展与国家货币税收政策使得国家财富大量增加，从而使国家在行政管理上摆脱了对于诸侯和土地贵族的依赖，从而为现代国家官僚行政和军队制度奠定了基础。"商品生产不但使商品生产者而且使土地拥有者拥有了大量的货币。领土统治者通过税收把这财富集中起来成为自己的财政收入。税收为国家有效地利用权力工具提供了基础。"① 反过来，为了维持国家的发展，统治者就必须发展商品经济，发展民族文化共同体。这样就形成了资本主义社会中**商品经济、民族文化和国家行政制度**三者之间相互作用、相互依存的基本社会结构。

在鲍威尔看来，资本主义文化共同体扩大并不是全民的文化共同体，而只是扩大的文化共同体。因为在生产资料私有制基础上的资本家占有工人所创造的文化劳动成果，而工人、手工业者以及农民被排除在文化共同体之外。

其一，商品经济发展一方面形成了统一的语言和教育，从而为统一的文化共同体奠定了基础；另一方面商品经济还引起了社会阶层的分化。商品经济的发展不但改变了城乡之间的关系，而且还改变了农村和城市的社会结构。由于商品经济打破了农村与城市之间的二元对立关系，使得农村在社会中的作用越来越重要，所以土地贵族为了赚取更多的利益，就开始扩大土地耕种规模，提高农产品数量。于是他们凭借手中的权力夺取农民手中的小块土地，导致了大量农民失去了自己赖以生存的土地，而不得不沦为雇农，有的则流入城市或成为工厂里的工人，或成为城市里的无业游民。在城市中，商品经济的发展使人们分化为各个阶层。首先是资产阶级知识精英和行政官员，他们是城市生产资料和政治权力的拥有者。资本主义行政制度中最重要的一个特征就是出现了专门的行政职业人员以及知识分子，他们作为独立的社会阶层在社会中尤其是在文化共

---

① Otto Bauer, *The Question of Nationalities and Social Democracy*, Trans. J. O'Donnell, E. Nimni（ed.）, Minneapolis, MN: University of Minnesota Press, 2000, p. 60.

同体的发展以及资产阶级意识形态中发挥着重要的作用。① 其次是
行会人员和工人师傅，他们有着一定的社会地位和行会权力。紧接
着是熟练工人，他们有着自己的技术和社会影响，其后是工人、手
工业者以及广大群众，他们没有自己的生产资料，依靠出卖劳动力
为生。最后是无业游民，他们既没有生活资料，也没有收入来源，
他们常常作为社会中的不安定因素生活在社会的底层。

　　其二，虽然资本主义采用普及教育、征兵制以及民主选举等手
段扩大了文化共同体，但是这只是教育者的共同体而不是真正的、
全民的文化共同体。资本主义的教育并不是人民教育，它是作为资
本主义发展的一种手段，而不是目的。也就是说资本主义的教育是
生产所需要的技能教育，所以初级教育和中等教育内容只是用来满
足资本主义生产所需要的内容，比如简单的计算、语言和阅读能
力，即使这种能力在简单的手工业劳动中是根本不需要的，因此教
育在资本主义中的地位非常低。资产阶级和农场主甚至根本就不希
望工人和农民接受教育，因为他们知道，一旦农民具有文化就会离
开他们的土地进入城市，这样就会影响农业的生产。而工人有了文
化，就会认识到资产阶级的压迫和剥削，认识到资本主义的不合理
性，所以他们就会利用民主与自由反对资产阶级的统治。鲍威尔认
为，对于被排除在民族文化共同体之外的农民、工人以及手工业者
来说，康德哲学、歌德文学以及马克思资本主义批判是没有意义
的。在资产阶级知识分子眼里，没有知识的广大群众往往是被嘲笑
和愚弄的对象。由此可见，资产阶级文化共同体和群众之间存在着
巨大的隔阂。"尽管资产阶级文化包括了更多的人们，但是它把人
们分为享有民族文化的人员以及文化共同体之外的人员。工人阶级

_____

① 对于资产阶级在统治过程中文化的作用，被称为早期西方马克思主义代表之一的意大利
共产党人葛兰西在具体分析资产阶级的变化特征时就看到了这一点。他认为资产阶级特征的稳定
性在于他们拥有文化的领导权。所以工人阶级反对资产阶级统治的关键并不在于革命中的游击
战，而是在反对资产阶级过程中夺取文化的领导权。

依然限于各自的方言，他们彼此无法交流。他们不会读书，不能接受教育，因而无法形成民族，只不过是民族附庸。只有他们创造了民族文化，但是却是统治阶级所占有的文化。"① 国家在军队中实行征兵制，尽管使得广大的农民子女可以加入军队，但是并没有成为人民的军队，而是成为资产阶级进行统治的工具。资产阶级把这些军人分割开来，使他们互不发生影响。不但如此，他们还想方设法使军人和群众割裂开来，使群众和军人互不影响。资产阶级民主制实行集会、结社、出版自由，但是后期资产阶级却背叛了自己的初衷，他们害怕实行民主，害怕群众集会、结社和出版自由，因为这些曾经作为资产阶级反对封建专制统治的思想，现在却成为工人阶级反对资产阶级统治的武器。因此资产阶级文化共同体只是受教育者的文化共同体，是把广大群众排除在外的文化共同体。资产阶级文艺复兴、宗教改革都是在资产阶级范围内有影响，对于广大群众几乎没有什么影响。马丁·路德虽然积极倡导新教改革，但是他是资产阶级上层人员，所以最激烈地反对农民起义，"马丁·路德是一个贵族，他利用宗教改革达到自己的目的"②。

其三，资本主义社会的剥削本质阻碍了文化共同体的发展。资本主义社会是以生产资料私有制为基础的社会制度，资本家无偿占有工人所创造的价值。私有制意味着劳动成果归个人所有，卢梭认为正是私有制使人类社会从平等的自然状态进入人类不平等状态。马克思深刻地批判了资本主义私有制，认为它是资产阶级对无产阶级进行剥削的根源，同时还是工人阶级异化劳动的原因。在资本主义私有制中，工人和劳动产品、工人之间的关系以及劳动本身发生了异化。所以马克思认为要实现工人阶级的解放就要推翻资本主义社会制度。鲍威尔同样认为资本主义私有制是民族问题的根源，资

① Otto Bauer, *The Question of Nationalities and Social Democracy*, Trans. J. O' Donnell, E. Nimni (ed.), Minneapolis, MN: University of Minnesota Press, 2000, p. 69.

② Ibid., pp. 68 – 69.

本主义"生产工具私人占有只不过意味着民族受命运以及个人意志的摆布"①。

资本主义发展所引起的人口的流动使工人阶级在一定的区域成为少数民族，同样使少数民族以及非历史民族意识觉醒，因此资产阶级与工人阶级的矛盾就表现为民族矛盾。资本主义对剩余价值追求需要商品市场和原料产地的不断扩大，而资本主义自由、平等、民主以及教育的普及只不过是实现资本扩张的手段。

资本主义制度下文化共同体和劳动共同体是分离的，只有到了社会主义社会，文化共同体和劳动共同体才能够实现统一，全体人民形成统一的民族。"民族与社会的发展并非是各自的、不同的人类发展领域：正是各地经济上的阶级斗争，生产方式和生产关系的变化才决定了民族权力以及民族的生死存亡。"② 因此社会生产方式的变化决定了民族的发展与变化，也正是资本主义社会的形成和发展产生了民族矛盾。但是"把民族和社会问题严格区分开来在逻辑上是可能的，但是为了民族利益反对本民族资产阶级以及为了社会利益而反对其他民族工人，这种斗争对于工人来说在心理上是不可能的"③。因此无产阶级在反对资产阶级的斗争中必然要面临民族问题和阶级问题，而这正是资本主义的社会问题。

二 民族与阶级

（一）马克思主义理论视野中的民族和阶级

"民族和阶级单独似乎都不是政治催化剂：只有民族—阶级或阶级—民族，才是政治催化剂。"④ 这说明尽管它们属于不同的

---

① Otto Bauer, *The Question of Nationalities and Social Democracy*, Trans. J. O' Donnell, E. Nimni (ed.), Minneapolis, MN: University of Minnesota Press, 2000, p. 95.

② Ibid., p. 176.

③ Ibid., p. 251.

④ ［英］厄内斯特·盖尔纳：《民族与民族主义》，韩红译，中央编译出版社 2002 年版，第 159 页。

范畴，但阶级与民族在社会的发展中都起着重要的作用。民族属于文化范畴，它的内涵复杂多样，既有主观性因素如心理、情感与认同，也有客观性因素如语言、地域。而阶级则是一个经济范畴，所谓阶级就是这样一些集团，由于他们在一定社会经济结构中所处的地位不同，其中一个集团能够占有另外一个集团的劳动。它反映的是经济基础上人们在社会中的地位。每个民族都有不同的阶级，奴隶社会的阶级是奴隶主和奴隶，中世纪社会的阶级是封建领主和农奴，资本主义社会的阶级是资产阶级和无产阶级。在资本主义社会中，民族的性质与结构日趋复杂化、异质化。无论是民族问题还是阶级问题，它们都是社会问题。马克思主义认为在阶级社会中，民族问题实质就是阶级问题，民族压迫的实质就是阶级压迫，"人对人的剥削一消灭，民族对民族的剥削就会随之消灭"①。因此民族问题的最终解决就是消除阶级压迫。马克思认为人类的发展史就是阶级斗争的历史，其推动了社会的发展。

鲍威尔虽然承认资本主义社会中的阶级斗争，但是他并不同意马克思有关民族问题与阶级问题关系的理论。他指出了阶级斗争和民族斗争的复杂性，认为资本主义社会中的民族矛盾就是阶级矛盾的表现，这是由资本主义社会扩张本质所决定的。资本家总是为了剩余价值进行生产，他们遵循利润最大化原则来安排工业生产结构和布局，因此它总是不断地开拓新的市场，新的市场就会引起人口的迁移，从而形成新的民族。工人为增加工资、减少工时同资产阶级进行斗争，由于工人阶级同时也是民族工人，所以他们的阶级斗争也是民族斗争。非历史民族在资本主义发展影响下具有了民族意识，他们利用资产阶级文化进行争取民族权力的斗争，这种民族斗争本身也是阶级斗争。资本主义有机构成的提高，使得工人失业，

---

① 《马克思恩格斯选集》第 1 卷，人民出版社 1995 年版，第 291 页。

而对于非历史民族的工人来说,反对资本家的阶级斗争就是以民族斗争的形式表现出来。所以说,在一定的条件下,尤其是随着资本主义在全世界范围内的扩张,民族斗争和阶级斗争之间的关系更具有复杂性与多样性。

19世纪末20世纪初,在列宁为首的共产国际支持下,世界性的反对民族压迫、争取民族独立的解放运动得到了广泛发展。[①]马克思主义认为无产阶级反对资产阶级的斗争目的是实现无产阶级以及全人类的解放,它是以各个民族之间的无产阶级国际团结为基础,是超越具体民族利益的。所以民族斗争要服从阶级斗争,因为民族利益只是人类整体利益的一部分,它带有民族利己主义性质。在资产阶级社会中民族斗争往往是一种政治权力斗争,而与工人阶级利益相矛盾,所以要坚持无产阶级国际主义斗争,反对民族利益。"全世界无产者联合起来"从而作为共产主义者同盟成立时的战斗口号。而民族利益往往瓦解无产阶级斗争的队伍,分散无产阶级斗争的力量。鲍威尔认为,我们可以在逻辑上把它分开,因为"民族权力政治和无产阶级政治在逻辑上很难一致;在心理上一方排斥另一方:民族矛盾在任何情况下都会瓦解无产阶级力量;民族斗争导致不可能进行阶级斗争"[②]。但是对于工人来说,国家政治生活、阶级利益对于工人的重要性其实并不如在生活中所体现的包含语言、情感和生活的民族,在知识分子看来,阶级认同和民族认同之间矛盾的时候,在工人看来这并不如此,原因在于他们"不仅仅是因为利益而且是因为他们的感情而活着,他们要靠气愤、悲痛、焦虑、嫉妒、友爱、恐惧和

---

① 对此西方民族理论家安东尼·史密斯认为,马克思在民族与阶级问题上的观点是一种实用主义的态度,因为这完全取决于民族运动是否有利于无产阶级革命运动。参见 Anthony D. Smith, *Nationalism and Modernism: A Critical Survey of Recent Theories of Nations and Nationalism*, London and New York, 1998, p. 11。

② Otto Bauer, *The Question of Nationalities and Social Democracy*, Trans. J. O' Donnell, E. Nimni (ed.), Minneapolis, MN: University of Minnesota Press, 2000, p. 252.

热爱生活而活着"①。

（二）民族文化与阶级意识

马克思主义在无产阶级利益一致的基础上坚持阶级斗争和社会革命，而鲍威尔更看重的是阶级斗争的前提条件即阶级斗争意识的形成。虽然鲍威尔被认为是中间路线的提出者和倡导者，但是他并不否认阶级斗争在社会中的作用，因此他常被认为中间"偏左"立场。马克思主义认为资产阶级压迫必然导致工人阶级的反抗，但是鲍威尔认为工人阶级要进行反对资产阶级的斗争，首先是要意识到工人受到资产阶级的压迫，因为只有工人认识到资本家的剥削，他们才有可能反对资产阶级，才可能和其他的工人一起作为一个被压迫的阶级共同反对资产阶级，反对资本主义制度。当缺少文化和教育的工人沉浸在现实生活中只为他们的生计而奔波时，当他们还是在传统意识中对于"吃谁的面包就为谁唱赞歌"的观念深信不疑时，当手工业者和工人群众根本不知道康德、歌德以及马克思的时候，工人作为一个斗争的阶级是不存在的，指望工人团结起来反对资产阶级就是一种幻想。② 因此无产阶级革命的斗争就是要通过发展民族文化，通过教育形成各个民族的工人阶级斗争的意识，而要发展民族文化和教育就需要各个民族成立自己的民族机构，成立民族委员会。通过民族机构进行民主管理、发展民族文化，各民族有权决定本民族的事务，这就是鲍威尔所说的"民族文化自治"。"工人阶级反对资本主义的斗争意味着为自决、自治的斗争。"③ 因

---

① ［英］罗宾·科恩：《族性的形成：为原生论适度辩护》，载［英］爱德华·莫迪默、罗伯特·法恩主编《人民·民族·国家——族性与民族主义的含义》，刘泓、黄海慧译，中央民族大学出版社 2009 年版，第 21 页。

② 鲍威尔把无产阶级反对资产阶级斗争前提建立在对于无产阶级意识的分析上，使我们看到了卢卡奇的影子，也难怪包括鲍威尔在内的奥地利马克思主义者被认为是后来"西方马克思主义"以及"马克思学"的奠基者。参见姚顺良主编《马克思主义哲学史：从创立到第二国际》，北京师范大学出版社 2010 年版，第 315 页。

③ Otto Bauer, *The Question of Nationalities and Social Democracy*, Trans. J. O'Donnell, E. Nimni (ed.), Minneapolis, MN: University of Minnesota Press, 2000, p. 256.

此可以看出，鲍威尔关于工人阶级斗争的基本思路就是在民族自治基础上发展民族文化，民族文化的发展形成工人阶级团结和斗争的意识，因此他认为："民族问题首要的就是学校教育问题。"① 这种通过文化逐步发展进行无产阶级革命的方式，鲍威尔称之为"无产阶级民族演进政治"，"民族自治是无产阶级斗争的目标，因为它是阶级政治的必要手段，同时也是民族政治的特殊形式——民族演进政治，它的最终目标使全体人民成为一个民族"②。它实质上是通过文化发展与民主管理制度进行不流血的社会革命即"天鹅绒革命"。这一点主要体现在他把民主和教育作为实现民族文化自治解决民族问题和保持国家统一的手段。

民族与阶级矛盾之间的复杂性以及奥地利社会民主党遇到的问题，使得鲍威尔更加深入地探讨民族与阶级之间的关系。同一个民族的工人阶级和资产阶级由于有着相同的观念和意识，资产阶级集中分散制度下的各个民族为了满足本民族文化和发展的需要，使得他们为了获得国家的权力而斗争。这样工人阶级就会和本民族资产阶级联合起来反对另外一个民族的工人阶级和资产阶级，"为了民族利益反对本民族资产阶级以及为了社会利益而反对其他民族工人，这种斗争对于工人来说在心理上是不可能的"③。也就是说在逻辑上，工人要么是在民族立场上同本民族资产阶级一起为了国家民族权力而同另外一个民族的工人和资产阶级进行斗争；要么是在国际立场上同别的民族工人联合起来共同反对资产阶级。这两种情况因为他们的矛盾而在工人中不能同时存在。所以鲍威尔区分了历史民族的工人和非历史民族工人所产生意识的差异性。在历史民族工人中，由于他们意识到非历史民族工人的利益直接影响自己利益，

① Otto Bauer, *The Question of Nationalities and Social Democracy*, Trans. J. O' Donnell, E. Nimni（ed.）, Minneapolis, MN: University of Minnesota Press, 2000, p. 287.

② Ibid., p. 258.

③ Ibid., p. 251.

所以他们往往会产生支持其他民族工人的文化发展和阶级斗争，这就形成了历史民族工人朴素的国际主义意识。而对于非历史民族工人来说，由于他们受到历史民族统治阶级的压迫，资本主义的发展使得他们的民族意识增强，他们要求在国家中的地位和发展，所以他们利用资产阶级民族与民主斗争的思想来反对统治阶级的压迫，这样就形成了非历史民族工人的朴素的民族主义。"工人阶级就其本性来说是国际主义的。"① 鲍威尔看到了资产阶级反动性以及资产阶级剥削的本质，所以他坚定地站在无产阶级国际主义立场上坚持无产阶级斗争，反对民族主义对于工人的影响。

(三)　资产阶级民族权力政治

随着资本主义的进一步扩张，资产阶级要求更多的市场以及原料产地，于是他们开始在全世界范围内进行扩张和征服以满足资本主义发展的需要，因此鲍威尔认为资产阶级多民族国家政治是一种权力政治，它把国家的领土原则作为民族原则，在国家领土范围内忽视少数民族的发展和权利；它以法律普遍性赋予个人权利而取消民族权利，在集中分散制度中各个民族为国家的权力而斗争。所以在资本主义社会中无法实行真正的民族自治，无产阶级反对资产阶级的斗争就是用民族文化自治来反对资产阶级的民族权力政治。

资产阶级从两个方面利用民族：一方面它需要民族斗争以掩盖阶级斗争来维护自己的阶级利益；另一方面它又需要民族和平以发展资本主义经济以实现自己的利益。当工人阶级为了增加工资、提高工作待遇以及改善生活条件进行反对资产阶级的斗争时，资产阶级就把阶级矛盾转变为民族矛盾，转变为反对其他民族的斗争，这样就使得工人阶级和本民族的资产阶级联合在一起反对其他民族的工人阶级和资产阶级。这样就把阶级矛盾转化为民族之间的矛盾，从而既瓦解了无产阶级的斗争队伍，又维护了资产阶级对于工人阶

---

① 《马克思恩格斯全集》第22卷，人民出版社1965年版，第472页。

级的剥削。但是民族斗争导致国家机关和立法机关失去作用，资本主义社会生产无法进行，从而导致资产阶级的利益得不到保证。所以鲍威尔认为民族斗争只是作为维护阶级利益的一种手段，而民族和平才是资产阶级维护自己利益的基本原则。所以资产阶级希望保持国家统一和民族之间的和平，并利用民族自治以发展资本主义，维护他们的利益。

"资产阶级现在赋予历史和民族以价值，因为他们想维持自己的统治地位和财产。他们宣传民族特性，维护传统社会秩序，因此民族精神得到了复兴，历史学派在大学教育中普遍流行。"① 资产阶级民族评价以民族文化和情感使工人阶级认同资产阶级的剥削，从而放弃对于资产阶级的反抗。资产阶级政治是民族权力政治，对国内各族人民的统治和对于殖民地人民的征服，目的是维护自己的统治地位。"资本家让工人保持卑恭屈从的性格，就在于它能够保证资本家的剥削，从而维持雇主与雇员之间的关系。这就是民族保守政治的内在谎言：它以保持民族特性为理由来维持社会制度；实际上保留民族特性就是为了确保自己对于他人的剥削和权力。"②

工人阶级政治区别于资产阶级的"民族权力政治"，它意味着"工人阶级不仅追求民族利益，而且还追求自己的阶级利益。因为无产阶级必然要为拥有文化财富而斗争，它就是要求全体人民参与民族文化共同体并成为一个民族"③。之所以是民族演进政治，原因在于"它打破了原封不动地维持民族特性的观念，它用民族性格的发展变化反对错误的观念。在更深的意义上，它不仅不阻碍民族性格的发展，而是促进人们在整体上成为一个民族。它不仅关心民族的发展，而且还关心全体人民成为一个民族"④。工人阶级的民族演

---

① Otto Bauer, *The Question of Nationalities and Social Democracy*, Trans. J. O' Donnell, E. Nimni（ed.）, Minneapolis, MN: University of Minnesota Press, 2000, p.131.

② Ibid. , p.132.

③ Ibid. , p.135.

④ Ibid. , p.135.

进政治，从性质上不同于资产阶级权力政治，它必然是民主政治。集会、结社、出版的自由成为社会主义民主充分实现的手段。"法律保护工人权利，展开工会斗争，增加工资，降低工时，这些是广大群众成为民族文化共同体成员的条件。"①

民族与国家关系的有机调整，就是在民族性格原则基础上实现民族自我管理，它本身就是国家的民主制度。资产阶级自由民主曾经是他们反对封建专制的理论武器，但是后来却被工人阶级作为反对资产阶级统治的武器。"因为民主已经成为工人阶级权力要求的斗争工具。他们也害怕工人阶级的出版自由、集会与结社，由于民族文化中的每一个内容都可能成为工人阶级推翻资本主义的斗争的工具，因此资本主义不允许民族文化自治真正实现。"② 工人阶级反对资产阶级的压迫与剥削意味着争取自身的解放，这种斗争在鲍威尔看来就是一种自决与自治的斗争。"这一斗争中首要的任务就是获取政治权力。这一目的是由民主、人民的统治来完成。那么为民主的斗争就意味着反对他人的统治的斗争。——反对专制君主、官僚以及资产阶级少数人的统治。"③ 而资本主义生产方式使工人阶级成为社会中的多数人口，因此民主自我管理是工人阶级最重要的要求，"工人阶级政治必然是民主的"④。这样民主就成为民族自治与工人自我管理的要求，所以工人阶级反对资产阶级的斗争就是使自己的利益要求成为民族的要求。工人阶级民主要求在资本主义民族权力政治中是无法得到满足的，因为资产阶级民族权力政治是国家形成的原则，所以民族为争夺国家的权力而进行斗争，民族斗争的结果就是国家的行政机关陷于瘫痪，从而使得工人阶级的民主管理无法得到实现。而

---

① Otto Bauer, *The Question of Nationalities and Social Democracy*, Trans. J. O' Donnell, E. Nimni（ed.），Minneapolis, MN: University of Minnesota Press, 2000, p. 137.

② Ibid., p. 87.

③ Ibid., p. 256.

④ Ibid., p. 252.

多民族国家制度原则"是最完整的民族自治形式，只有它能满足工人阶级文化需求，这一制度把民族自我管理建立在国家民主行政管理之上并通过性格原则保证少数民族权利"①。在这一制度中，正是民主形成了所有民族权利基础。民族权利是基于国家行政的民主管理形式，在一定的行政区域中进行自我管理。因此在鲍威尔看来，所有民主的意义就是自治。马克思主义认为民主的本质是实现人民群众行使当家作主的权利，这种权利通过暴力革命和阶级斗争的手段推翻资产阶级统治才能够实现。而鲍威尔认为"民主的本质是自治"，是实现文化发展的权利而不是行使国家的权利，"自治是所有无产阶级斗争的本质，是社会主义生产的本质，是民主的本质"②。所以通过发展民族文化教育，实现民族文化上的自我管理，"民主要求每一个人接受教育，因为他可以决定自己的要求。社会主义文化工作的首要任务就是建立民族教育制度"③。这种教育最重要的内容就是工人群众的教育，因为他们是文化劳动成果的创造者，通过以文化和教育作为实现民族发展与国家统一的手段，劳动者成为文化成果的享有者，实现劳动共同体与文化共同体的统一，对于工人来说他既是劳动者还是享受者，"工人和幸福首次成为统一"。因此他认为"未来的学校首先是一所劳动人民的学校；因此劳动的教育将是教学的重点"④。不过他同时意识到没有国家权力作为基础，民族文化的发展只是一句空话。因此从主张在必要的条件下使用"防御性暴力"来捍卫无产阶级革命，但是在资产阶级武装到牙齿情况下，对于无产阶级斗争来说，除了革命之外的任何手段都只能是葬送无产阶级革命成果。在"民族文化自治"中每个民族发展自己的

---

① Otto Bauer, *The Question of Nationalities and Social Democracy*, Trans. J. O' Donnell, E. Nimni（ed.）, Minneapolis, MN: University of Minnesota Press, 2000, p. 288.

② Ibid. , p. 257.

③ Ibid. , p. 93.

④ Ibid. .

文化并不是固守民族独特性而走向封闭性。"由于区域上的故步自封同资本主义以及雇佣劳动者争取自由、民主和现代教育的运动之间有效地斗争所形成的区域特性是民族文化共同体的障碍，因而也是民族统一的障碍。民族保守政治致力于保持民族的特性，这实际上是反民族的。"① 民族保守政治对于民族独特性的固守其实是一种反民族的，而民族文化自治是一种民主的、开放的和统一的民族自治，就要充分实行民主制度与文化教育，最终目的就是使全体人民成为统一的民族。所以说人们把鲍威尔民族文化自治看作保守的、倒退的以及反社会主义的民族理论，其实是对它缺乏全面的了解。

在马克思主义理论基础上，鲍威尔阐述了未来民族的发展道路与方向：它把资本主义生产资料私有制变为社会公有制，生产工具归劳动者所有，劳动者拥有自己的劳动成果。在社会主义的制度下，社会生产将是有计划的、合理的、有目的的生产，它将摆脱资本主义生产的盲目性和无序性。在社会主义中不再是民族的领土原则，而是在性格原则上形成民族。社会主义制度下民族的发展将从民族"自在"的状态变为"自觉"状态，它将充分实行民族自治和民族自决，民族和国家的关系通过有机调整，使每一个民族不再为国家权力而斗争。国家将把民族变为具有法律意义上的实体，每个民族有权成立本民族教育制度，这样国家的统一和民族的自由都能够得到充分的发展。马克思主义认为民族是一定历史阶段的产物，那么在将来的社会中随着生产力的进步，狭隘的社会组织将会被自由人的联合体所取代，民族和国家阶级都将走向消亡。鲍威尔认为社会主义制度下发展生产以使民族物质性差异逐渐缩小，但是"消除不同物质文化内容差异并不意味着消除民族特性。尽管现在每一个民族比以往更多地受到外来文化的影响，但是也没有任何一

① Otto Bauer, *The Question of Nationalities and Social Democracy*, Trans. J. O' Donnell, E. Nimni（ed.）, Minneapolis, MN: University of Minnesota Press, 2000, p. 138.

个时代比现在有着更强烈的民族意识"①。因此他并不认为民族在社会主义制度下走向没有个性的融合，相反，他认为将来社会主义文化统一性是以民族特殊性为基础，社会主义社会是民族的多样性和文化整体性的辩证统一。"我们的民族政治并不是毫无批判地维持民族传统，而是努力使每一个人拥有文化，因而成为民族的成员。"②

第二节　民族关系

一　历史民族与非历史民族

（一）资本主义与非历史民族

一方面，从自由贸易到关税保护，从民族国家到多民族国家，实际上就是资本主义进行扩张和征服的手段，在这个征服过程中形成了民族压迫和剥削。另一方面，资本主义发展还是一个经济提高和文化传播的过程，它摧毁了落后的封建制度，把先进的生产技术与文化带给了落后的地区，促进了殖民地的快速发展以及人们意识的变化。"大工业建立了由美洲的发现所准备好的世界市场。世界市场使商业、航海业和陆路交通得到了巨大的发展。这种发展又反过来促进了工业的扩展，同时，随着工业、商业、航海业和铁路的扩展，资产阶级也在同一程度上得到发展，增加自己的资本，把中世纪遗留下来的一切阶级排挤到后面去。"③ 对于那些长期处于被统治地位没有政治权利的民族来说，资本主义不但改变了他们的生活

---

① Otto Bauer, *The Question of Nationalities and Social Democracy*, Trans. J. O' Donnell, E. Nimni (ed.), Minneapolis, MN: University of Minnesota Press, 2000, p. 133. 同时有必要指出，鲍威尔关于经济的发展与民族独特性的加强理论，可以为当今全球化条件下经济的趋同性与民族意识以及民族运动浪潮作最好的注脚。

② Otto Bauer, *The Question of Nationalities and Social Democracy*, Trans. J. O' Donnell, E. Nimni (ed.), Minneapolis, MN: University of Minnesota Press, 2000, p. 138.

③ 《马克思恩格斯选集》第 1 卷，人民出版社 1995 年版，第 273—274 页。

方式，更主要的是使他们的观念意识发生了变化，并且形成了自己
的民族意识，从而引起了民族矛盾和斗争。这些被统治与被压迫的
民族不同于历史上占统治地位的民族，他们生活在传统习俗和经验
认识中，他们在社会中没有权力和地位，并处在统治阶级奴役之
下，没有自己的国家。恩格斯把处于异族统治之下，失去了本民族
的文化且没有自己国家的民族称为"非历史民族"（nonhistorical
nation）。鲍威尔在恩格斯理论基础上也区分了历史民族与非历史民
族。他对于那些"不是靠文化而是靠历史上祖先遗传下来的传统把
他们结合在一起"的民族，认为他们"根本形不成民族文化共同
体，只能是形成狭隘的地方共同体"①。但是与恩格斯不同，鲍威尔
并不认为这些"非历史民族""从没有历史——对于文德人来说，
它的历史是到 820 年——也不是像恩格斯在 1884 年所认为的那样
这些民族没有自己的历史生活"，"我们把这些民族称为非历史民族
只是因为他们的民族文化（这一时期只有统治阶级才是文化的创造
者）不知道自己的历史，不知道自己的发展"②。鲍威尔认为每一
个民族都有着自己的文化和历史，包括统治民族和被统治民族。
"非历史"民族并不是"没有"自己的历史，而是在共同体中"没
有意识到"它的文化，也没有权利发展自己的文化。鲍威尔认为民
族是文化共同体，而在阶级社会中，文化又是由统治阶级所形成和
发展起来的，所以民族的历史就是占统治地位的民族文化形成与发
展的历史。但是那些处于被统治地位并且由地位低下的农民、臣
仆、手工业者所组成的民族既没有能力形成自己的文化，也没有权
力发展自己的文化。一个民族文化的形成和发展是靠社会中占统治
地位的阶级来完成的，所以鲍威尔的"非历史民族"概念总是和一
个民族在文化发展中的作用以及在国家中的权力和地位联系在一

---

① Otto Bauer, *The Question of Nationalities and Social Democracy*, Trans. J. O' Donnell,
E. Nimni（ed.），Minneapolis, MN: University of Minnesota Press, 2000, p. 159.

② Ibid..

起。也就是说，一个民族是否为历史民族就要看它在国家和社会中是否有占统治地位的阶级。比如捷克民族没有它的统治阶级，那么它的文化就不会产生，因而捷克民族就是非历史民族。"正是被残酷剥削的农民和在贫苦的地方生活的手工业者、城镇乡村的劳动者和雇工形成了捷克民族大众，这一阶层不能发展他们的民族文化。要是没有贵族和资产阶级，捷克民族将失去自己的文化并从历史舞台上消失。"① 显然在鲍威尔那里，历史民族和统治阶级如贵族、地主阶级以及资产阶级，非历史民族和被统治阶级如农民、手工业者等是紧密连在一起的。针对具体的民族，鲍威尔分析了不同历史条件对于历史民族与非历史民族产生的影响。比如波兰具有统治与被统治的两重性，导致了它的历史民族和非历史民族两重性。一方面波兰人在国家中作为压迫者与剥削者统治着其他民族因而是历史民族；另一方面在不同历史时期受到俄罗斯、普鲁士和奥地利等外国的统治而沦为非历史民族。这就导致了波兰工人阶级具有民族主义和世界主义两重性。

鲍威尔并不同意恩格斯关于非历史民族的观点，他认为"恩格斯解释有不少错误，其中最主要的一个错误是认为非历史民族未来没有希望"②。鲍威尔认为历史民族和非历史民族是与民族在国家中的作用与地位有关，但是这种作用与地位并不是不变的，随着社会历史的发展，它在国家中的作用会发生变化。当一个民族有自己的统治阶级时就是历史民族，而一旦这个民族的阶级统治沦为被统治阶级，那么也就意味着它从历史民族转变为非历史民族。它以捷克人为例，指出"1620年的捷克人相当于820年的文德人：在斯洛文尼亚人成为非历史民族八个世纪后，捷克人也沦为了非历史民

① Otto Bauer, *The Question of Nationalities and Social Democracy*, Trans. J. O' Donnell, E. Nimni (ed.), Minneapolis, MN: University of Minnesota Press, 2000, p.171.
② Ibid., p.220.

族"①。如果说权力的丧失意味着从历史民族到非历史民族，那么对于由被压迫人们所形成的民族来说，作为非历史民族，他们反对1848年的欧洲革命，反对民族的独立与解放运动，因此他们是为革命的民族所痛恨的反革命民族。与恩格斯支持革命民族的解放坚决反对非历史民族的态度不同，鲍威尔分析了非历史民族反对民族解放和独立的原因。

结合奥地利和匈牙利各民族在国家中的地位和状况，鲍威尔区分了历史民族和非历史民族。19世纪初，奥地利有三个历史民族：以资产阶级和贵族为主的德意志人、意大利人和具有贵族血统的波兰人；而捷克人、卢德西亚人、斯洛文尼亚人、塞尔维亚人是处于被统治地位的非历史民族。在匈牙利，因为有贵族的马扎尔人与克罗地亚人，有资产阶级的德意志人是历史民族；卢德西亚人、斯洛伐克人、罗马尼亚人、塞尔维亚人在统治阶级政治中没有权力和地位，所以是非历史民族。②到了1848年前后，这些历史民族开始要求成立自己的民族国家，实现民族的独立和解放，但是他们的这一要求却遭到了国内非历史民族的反对。其原因在于"他们并不想为自己获得自由和独立的民族国家。他们担心会处于大的历史民族统治之下"。所以"在世袭的土地中，最初的问题并不是德国人、捷克人和斯洛文尼亚人在国家中怎样调整彼此间的关系；争论的问题却是捷克人和斯洛文尼亚人能否会落入德国人大的民族—国家的统治之下"③。因此在奥地利对于非历史民族来说，他们反对民族国家运动是因为他们想保留在统一的奥地利之中，一旦历史民族成立新的民族国家，也意味着他们就会重新面临历史民族的统治因而失去在统一的国家中的权利。所以"当德意志人想把奥地利统一到德意

---

① Otto Bauer, *The Question of Nationalities and Social Democracy*, Trans. J. O' Donnell, E. Nimni (ed.), Minneapolis, MN: University of Minnesota Press, 2000, p. 171.

② Ibid., p. 176.

③ Ibid., p. 219.

志帝国中去，其他历史民族想瓦解奥地利成立自己的民族国家。而已觉醒的非历史民族不想分解奥地利而只是想在奥地利争取自己的民族权利，不希望在奥地利解体以后被其他大的民族统治，所以他们希望保留奥地利"①。故此非历史民族为了争取自己在国家中的权利反对历史民族的民族独立运动，从而受到历史民族以及革命分子的仇恨。不过在鲍威尔看来，此时的非历史民族已经不再是处于被奴役、被剥削、被统治地位，他们有了民族意识，有自己的民族文化，因而他们在国家中要争取自己的权力和地位，反对历史民族的国家对于自己的统治。非历史民族的觉醒使他们从被奴役、被统治的地位到反抗民族压迫，争取自己的民族地位与权利，反对国家的分裂，维护国家的统一。这样恩格斯眼中的"非历史"民族的"反革命"特点在鲍威尔看来成了"革命"的特征。恩格斯认为毫无希望和前途的非历史民族在鲍威尔那里则成了维护团结和统一、具有历史进步的民族。

当非历史民族觉醒以后，它们在历史上的作用就发生了变化。鲍威尔从历史上分析了非历史民族发展与变化的原因，他认为是资本主义的发展促使非历史民族走向历史民族。他首先说明了恩格斯所提出的"非历史民族"概念。他说："正是在那个时期（1848年欧洲革命期间——引者注）弗里德里希·恩格斯在《新莱茵报》写了关于奥地利民族问题的一系列文章。这些文章不能被视为是毫无价值的纯粹新闻性质的稿件。因为它们表达了作者富有创见性的历史观点。恩格斯比其同时代的人更清楚地看到奥地利历史的形成，民族之间权力关系的历史基础，尽管他在一些具体内容上是错误的；正是他创造了'非历史民族'概念，我们所用的这一概念正是来自于这些文章。"② 接着鲍威尔指出了这一概念所产生的背景，

① Otto Bauer, *The Question of Nationalities and Social Democracy*, Trans. J. O' Donnell, E. Nimni（ed.），Minneapolis, MN：University of Minnesota Press, 2000, p. 219.

② Ibid.．

"这些文章写于革命风暴之中,写于把非历史民族作为反动阵营的关键时期,写于俄德战争几周后即将爆发之际,这使得民主战胜了专制主义,而且使非历史民族处于传统历史民族的民族国家统治之下"①。正是在这种背景下,恩格斯创造了"非历史民族"概念并把"非历史民族"作为反革命而加以批判。但是鲍威尔利用马克思、恩格斯历史研究方法却得出了与恩格斯相反的结论,"正是在通过学习卡尔·马克思和弗里德里希·恩格斯历史研究方法基础上,我们可以理解资本主义,革命和民主的影响是使非历史民族开始他们历史生活的原因"②。所以他认为恩格斯的解释有不少错误。在他看来通过历史就可以看出资本主义的发展改变了非历史民族人们的认识,形成了他们的民族意识,从而开始了他们的新历史生活,从"非历史"民族转变为"历史"民族,从而登上了历史的舞台。

非历史民族的觉醒在鲍威尔看来就是资本主义发展所产生的必然结果。资本主义的发展导致国家制度、社会结构以及人们的思想观念发生了深刻的变化。封建传统国家中央集权制度下,国家的权力集中于最高统治者,国家通过等级分封制来实现国家的管理。西欧封建等级制度是以土地关系为纽带,通过层层分封而形成的。而资本主义的发展不但促进了国家经济实力的增长,而且国家开始实行军队雇佣制和官员俸禄制,摆脱了对于贵族的依赖。同时国家开始改革国家制度,制定政策、修改法律以支持商品经济的发展。因此商品原料产地以及商品销售市场的扩大成为国家在政治生活中的主要内容。国家管理不只包括上层官僚贵族和资产阶级,还包括普通群众,首次使群众进入国家管理中来。国家开始改变传统的农业结构:庄园制阻碍了工业的发展;群众无力购买商品致使工业产品

---

① Otto Bauer, *The Question of Nationalities and Social Democracy*, Trans. J. O'Donnell, E. Nimni (ed.), Minneapolis, MN: University of Minnesota Press, 2000, p. 220.

② Ibid..

缺乏市场；国家要求改变庄园制以促进工业的发展。商品经济的发展导致市场不断扩大，但仅仅是上层贵族和资产阶级无法满足经济的发展，所以作为市场主体的广大群众自然就被纳入国家政治管理之中。提高他们的意识观念，改变他们的生活方式，也就意味着提高他们的消费能力和水平，从而扩大商品经济发展所需要的市场。于是为了促进商品经济的发展，也是为了国家自身的发展和统治，一直被奴役、被剥削，而且生活在社会底层的群众也成为国家和统治者关注的对象。资本主义的发展对于历史民族和非历史民族都产生了影响。对于历史民族来说，随着市场的扩大和国家的统一，民族文化得到广泛传播从而使文化共同体扩大。而对于非历史民族来说，民族意识开始觉醒。资本主义生产方式和商品经济的发展，虽然给农民的生活带来了一些变化，但并没有使他们地位有任何提高。机器的轰鸣声唤醒了人们沉睡的意识，使他们开始认识到社会地位以及人的价值和尊严，使他们认识到是统治阶级给自己带来了伤害和悲惨的生活，因此资本主义的发展也引起了农民手工业者以及工人的怨恨与不满。

伴随着交通手段以及印刷技术的发展，资本主义从城市到乡村，从国内到国外得到了普遍的发展。18 世纪的传统国家在政治制度上出现了变化，尽管统治阶级依然是国王贵族和官僚，但是为了促进商品经济否认发展，新兴的资产阶级开始出现在统治阶层。这一时期的国家政治特点是，一方面地主和贵族占统治地位，另一方面又要支持资本主义的发展，具有资本主义的因素，这是历史过渡时期的产物。农民不再属于土地贵族而是直接隶属国家管理，这样全国范围内"统一的国家行政"开始形成，这种情况的变化对于非历史民族来说具有重要的意义。

奥地利资本主义的发展既意味着国家职能发生了变化，又意味着非历史民族在生活和生产上开始发生了变化，所以这一变化具有直接的民族意义。"对于在实际上与国家具有联系的群众来说，有些是属于非德意志民族；波西米亚的手工业者、工人、农民以及园艺劳动者组成了捷克人。"①国家把非历史民族群众统一到管理之中，所面临的首要问题是语言问题。因为这些民族有着自己的语言，国家要想实施有效的统一管理，使他们遵守国家的法令，那么就必须使用这些民族的语言来颁布实施国家的统一法令，否则国家便无法进行统一的管理。这就导致了国家把非历史民族的语言作为国家管理的工具，所以国家需要为这些民族培养精通他们语言的行政官员。作为国家管理工具的语言要通过教育才能达到这一目的，于是在 18 世纪后期，国家规定捷克语作为中小学教育中的一门基本课程，甚至"在 1778 年捷克语教学被引进维也纳和布隆一些贵族私立学校中"②。在把民族语言作为管理工具进行培养的过程中，广大群众开始普遍接受教育，结果扩大了文化影响范围，为将来文化共同体形成奠定了基础。同时在这一过程中既培养了国家行政官员，又培养了民族知识分子，导致民族意识的觉醒。民族意识的觉醒使知识分子形成了革命理性主义。面对异族的剥削和压迫，他们用资产阶级曾经反对封建制度所使用的抽象的"人性论"，以"自然法"反对民族压迫以争取本民族的独立和自由。此时非历史民族虽然还未觉醒，但是他们已经发觉自己处于被统治之中，他们的文化引起了国家的关注以及知识分子的同情。作为被压迫的反动的非历史民族，面对传统历史民族的统治开始转变为革命民族，而传统的历史民族以民族原则所成立的民族国家反而成为保守的力量。于是"民族的角色很快就发生了颠倒。非历史民族现在成为革命的，历史民族成为保守的"③。

国家经济发展导致国家管理基础的变化，与此同时，资产阶级

---

① Otto Bauer, *The Question of Nationalities and Social Democracy*, Trans. J. O'Donnell, E. Nimni（ed.），Minneapolis，MN：University of Minnesota Press，2000，p. 177.

② Ibid.，p. 179.

③ Ibid.，p. 220.

启蒙思想的传播在非历史民族中也起了非常重要的作用。在传统等
级社会中，不仅非历史民族的文化常常受到统治阶级排斥而得不到
承认，而且对于非历史民族来说，他们受到统治阶级观念的影响，
把统治阶级民族语言作为身份和荣誉的象征，反而以说自己民族的
语言为耻辱，因此他们为了自己的社会地位和身份甚至放弃了本民
族的语言和文化。"毫无疑问，那些想走向上层社会地位的人，那
些获取财富，享受更高的教育的人，或者在国家职务或军队中升迁
的人，都羞于说农民和臣仆的语言。"[1] 所以，"那些已成为资产阶
级的非历史民族后代来说，一旦获得新的社会地位并成为德国人，
那么他们就会放弃自己的母语，放弃被鄙视的臣仆和农民的语言。
正如奥地利资产阶级从血统上来讲各不相同，从文化上他们都具有
德国人的特征是无可争议的事实"[2]。所以说，在等级社会中国家权
力和社会地位决定了人们对于民族语言和教育的选择。这种情况随
着资本主义发展以及民族意识的觉醒而发生了改变。17 世纪至 18
世纪封建等级特权制度阻碍了资本主义经济的发展，因此资产阶级
反对封建等级特权制度，建立资产阶级政权。启蒙思想家从人类理
性出发提倡科学知识，从抽象的人性论出发提出了人人平等的思
想。这种人类平等思想在民族上的意义在于它平等地看待人类的各
个民族，反对民族之间的压迫与剥削。人人平等思想还改变了人们
对于非历史民族文化的观念，它认为各个民族是平等的，每个民族
都有自己的文化与价值，因此这种人类平等观使人们摆脱了对于落
后民族文化上的偏见，相反，他们把每个民族的文化作为人类文化
的一部分。因此"在德国，人类平等的观念为人们关心落后民族的
命运的发展提供了基础。人们开始热衷于研究非历史民族文化，收
集他们的文化遗产、诗歌和长篇英雄故事。原始的文化不再作为好

① Otto Bauer, *The Question of Nationalities and Social Democracy*, Trans. J. O' Donnell, E. Nimni（ed.），Minneapolis, MN: University of Minnesota Press, 2000, p. 172.

② Ibid., p. 196.

奇的对象，而是基于这样一种信念——卢梭时代出现的——不管它源于何处，不管它达到何种文明阶段，自然国家是完美和幸福的，所有人类都是有其价值的，所有人类都是平等和一致的"①。资产阶级平等观念促进了非历史民族文化的发展，同时唤醒了他们的民族意识，也改变了非历史民族对于自己语言和文化的观念。他们不再以自己民族语言为羞耻，而以民族语言和文化为荣。他们反对异族的统治，在国家中争取民族权力，发展本民族文化和教育。"底层人们意识的觉醒，使得他们不再效仿统治阶级生活，不再鄙视自己的民族，而以自己的民族为荣，以使用自己的语言为自豪。他们开始仇恨统治阶级，底层人们开始结成一个统一的共同体。"②

　　语言和文化不断发展使　直遭受奴役和剥削的非历史民族开始形成自己的民族文化共同体。如果说国家政治和经济发展唤醒了非历史民族的意识，那么非历史民族意识的觉醒则改变了国家政治以及社会结构包括民族关系的变化。非历史民族觉醒意味着他们不再忍受统治阶级以及异族的压迫和剥削，他们要发展自己的教育和文化，他们要在国家中享有法律规定的民族权利和地位，同时还意味着他们和传统的历史民族在国家中的权力和地位是同样平等的。面对这一变化，国家如果不对政治法律制度加以改变的话，仍然像以前对待非历史民族那样进行统治，那么"在 19 世纪，这一做法就是一个时代的错误"③。因为国家不在政治上做出调整与改革，各个民族就会为民族的权力和自由成立自己的国家，这样势必导致国家的解体。比如当捷克人具有了民族意识，那么奥地利对他们的统治就是一种异族统治，异族统治必然导致压迫和剥削，从而引起他们的不满，为争取民族在国家中的权力和自由就会导致民族革命。非

①　Otto Bauer, *The Question of Nationalities and Social Democracy*, Trans. J. O'Donnell, E. Nimni (ed.), Minneapolis, MN: University of Minnesota Press, 2000, pp. 180-181.

②　Ibid., p. 187.

③　Ibid., p. 191.

但如此，各个民族在国家中的关系不再是传统历史民族对于非历史民族的统治关系。因为民族意识的觉醒，使他们意识到每个民族都有着自己的文化权利和自由，各民族之间的关系是平等的。民族意识的觉醒使得在传统国家集中分散制度中，每个民族都在为争取在国家中的权力以维护自己的利益而进行斗争。所以与马克思主义反对压迫革命不同，鲍威尔主张国家进行制度上的改革以适应时代的变化，承认各个民族在国家中的文化权利和地位，促进各个民族的发展以维护国家统一。

（二）犹太人与非历史民族

资本主义的发展使得非历史民族走向觉醒并开始新的历史生活，鲍威尔认为这是国家结构变化以及民族问题形成的主要因素。在其著作《民族问题与社会民主党》第二版前言中说："这本书第一版距今已有 17 年的历史，这些年的历史证明了我首次提出的'非历史民族'是现代社会经济的与社会的发展所产生的重要特征之一的观点，它实际上对当今社会根本变化依然是起作用的重要力量之一。"[1] 所以在民族问题上鲍威尔注重非历史民族的发展，那么对出身于犹太家庭的鲍威尔来说，犹太民族在社会发展中的权利和地位问题也就是他所关注的问题。因为在欧洲几乎所有国家的民族问题都关系到犹太人问题。

在鲍威尔看来，"把地理上规定的区域认为是保持民族的前提条件，这一观点通常是不正确的"[2]。但是地域对于作为非历史民族的犹太人来说却有着非常重要的影响。颠沛流离的犹太人在欧洲各国作为被迫害对象，他们主要是由广大的商品生产者、手工业者组成，所以鲍威尔把他们视为"非历史民族"，资本主义的发展对他们也产生了重要的作用。资本主义的发展使非历史民族走向了觉醒

---

[1]　Otto Bauer, *The Question of Nationalities and Social Democracy*, Trans. J. O' Donnell, E. Nimni（ed.），Minneapolis, MN：University of Minnesota Press, 2000, p. 6.

[2]　Ibid., p. 299.

和民族独立，但在鲍威尔看来，这一情况并未使犹太人走向独立而是融入其他民族，所以资本主义发展下的非历史民族自治并不适用于犹太人。鲍威尔主要从犹太民族在历史形成和发展的特殊性上分析了这一原因。

和其他民族不同的是，犹太民族并不是通过肤色、语言和地域的认同形成的民族，而是以他们共同的性格及其意志行为趋向来认同的民族，他们的联系纽带主要是靠商业、家族及宗教等。作为流散于世界各地的犹太人起初在自然经济时期与其他民族并没有什么不同，不过随着商品经济的发展，犹太人在社会中的作用就越来越突出。商品交换、货币借贷，逐渐成为他们赖以生存的职业。在鲍威尔看来这正是犹太民族在自然经济时期的独特性，他们有自己的语言，有自己的命运以及文化共同体。随着商品经济的不断发展与扩大，越来越多的人开始从事商业和贸易活动。资本主义的普遍发展使得"基督徒也成为了犹太人"，为了生存，犹太人必须避免和基督徒展开竞争，从而适应他们居住地的生活语言和文化。于是新一代犹太人不再像父辈们那样有着自己独特的文化，他们开始融入了周围的民族文化。商品经济时代使得市民社会得到了发展，犹太人的真正本质得到了普遍的实现，这一变化导致犹太人在法律上的解放，使他们获得了与基督徒同等的地位。这样在基督徒犹太化的同时，犹太人也实现了基督化，虽然他们在宗教上保留了过去的痕迹，但是他们同周围民族的联系日益加强，并最终融入了其他民族。"资本主义的发展使犹太人在实际中无法成为一个民族"①，经济发展的程度加快了犹太人与其他民族融合的进程，由于西欧和中欧在经济上比东欧发达，所以犹太人在西欧和中欧的融合速度要比东欧犹太人融入快。但是问题在于欧洲众多民族中除了犹太民族以外还有其他不少非历史民族，比如德国的捷克人、塞尔维

---

① Otto Bauer, *The Question of Nationalities and Social Democracy*, Trans. J. O' Donnell, E. Nimni (ed.), Minneapolis, MN: University of Minnesota Press, 2000, p. 300.

亚人、克罗地亚人等。为何资本主义发展使得捷克人独立的力量壮大而却使犹太人走向融合，鲍威尔通过比较德国地区的捷克人与犹太人说明了这一问题。他认为这两个民族虽然同为非历史民族，都受到资本主义发展的影响，都有着自己的民族文化。但是捷克民族特性不断得到发展与壮大，其原因在于居住在国外的捷克人有着自己的祖国，他们国家的发展为他们保持自己的民族特性提供了强大的动力。正是来自祖国的捷克人形成的文化，在国外的捷克人得以维持本民族的特性。另外，国外的捷克人回到国家后受到民族文化的影响也加强了他们的民族特性。这样在国内外共同因素的相互作用下，捷克人民族性才得到不断发展，从而加强了他们的独立性。

和捷克人不同，犹太人由于没有自己的祖国，他们就缺少国家的支持和影响，传统语言文化逐渐被所在地民族语言和文化所代替。虽然经济落后地区的犹太人依然保持着传统犹太人的生活习惯，但是这不过是减缓了犹太人融入当地民族的进程却并未阻挡这一结果。捷克人的觉醒与犹太人的融合都来自资本主义的发展，所不同的是，资本主义没有改变捷克人的民族特性。但是对于犹太人来说，资本主义的发展使得犹太人改变了自己的民族性质，他们由于学习其他民族的语言从而失去了自己的语言。所以鲍威尔认为，对于已经融入其他民族的犹太工人阶级来说，犹太人的自治无异于是保持犹太人的民族特性而与其他民族的工人阶级分离开来，这种情况显然瓦解了工人阶级的团结，"民族自治不能成为犹太工人的要求"①。所以它坚决否认犹太人在国家中的自治，更否定实行党内自治。尽管列宁、斯大林与鲍威尔在民族理论与政策上存在着差异，但是在对待俄国犹太工人组织"崩得"分子上，他们都反对"崩得"分子的党内自治要求。不同的

---

① Otto Bauer, *The Question of Nationalities and Social Democracy*, Trans. J. O' Donnell, E. Nimni (ed.), Minneapolis, MN: University of Minnesota Press, 2000, p. 306.

是，鲍威尔反对失去文化的犹太人的自治权力，但是支持其他非历史民族的文化自治；而列宁和斯大林则反对任何形式的民族文化自治，主张在无产阶级国际团结基础上争取国家独立的"民族自决"，他们认为鲍威尔和"崩得"分子的自治理论都危害了工人阶级斗争。不过鲍威尔历史民族与非历史民族理论看到了现代社会中民族经济文化差异对于国家的影响，尤其是非历史民族在国家中的权力和地位以及民族平等问题，它常常表现为多民族国家中的少数民族问题。

二　少数民族问题

民族国家是当今世界上最普遍的国家形式，但是纯粹民族原则意义上的国家为数极少，在全世界范围内 200 个国家和地区中一般认为只有冰岛和韩国符合这一原则，[①] 绝大多数国家是多民族或种族国家。所以在民族国家中民族与民族之间的关系就成为国家政治的一个重要问题，尤其是一个人数、文化、政治上占统治地位的民族必然要面对其他民族在数量、权利和地位上的问题，这就是少数族群权利问题。这一问题在第一次世界大战前后，资本主义的发展促使落后民族意识的觉醒，民族与国家的关系问题成为突出问题。资本主义的本质决定了它们的民族同化与殖民征服政策。这样在国家内部以及国家之间就必然发生发达民族与落后民族、强大民族与弱小民族、多数民族与少数民族之间的关系问题。

(一)　少数民族与非历史民族

如何既要促进各个民族的发展还要保持国家的统一，这是鲍威尔所思考并致力于解决的问题，这就必须要解决国内复杂的民族问题，而少数民族问题又是其中最为重要的部分，"少数民族问题对

---

① 参见［加拿大］威尔·金里卡《多元文化公民权——一种关于少数族群权利的自由主义理论》，杨立峰译，上海译文出版社 2009 年版，第 1 页。

所有民族来说是一个非常重要的问题"，因为它构成了奥地利民族问题的主要内容，所以鲍威尔认为"正是少数民族构成了民族斗争主要内容"①。

鲍威尔的少数民族概念和非历史民族、落后民族经常在一起并用，他们具有的特点是在一个国家中处于被压迫、被剥削地位。由于数量较少，所以在国家中往往处于被统治的地位，因而成为"非历史民族"。在鲍威尔看来"非历史民族"除了在经济、文化上落后以外，还与在国家中的地位相关。"历史民族"不一定是"少数民族"，占统治地位的民族有可能是多数民族，也有可能是少数民族。历史上处于统治地位的捷克民族在1620年失去了自己的统治地位，从而沦为"非历史民族"。非历史民族与其在国家和社会中的地位和作用有关，但是与人口数量没有关系。这里我们可以看到，鲍威尔对在奥地利处于统治地位但是在人数上并不占多数的德意志人的辩解，也为奥地利政治上的统治寻找合法性依据。对于奥地利来说，国家中的民族问题既是少数民族权利与平等问题，还是非历史民族意识觉醒的结果。因此除了非历史民族问题以外，少数民族问题也是鲍威尔民族理论所关注的重要内容。

（二）少数民族的形成

1. 领土原则与少数民族

领土、主权与人口是国家必备的要素，而对民族来说，固然需要一定的地域作为其存在和发展的基础，但是它并非一个必要因素。鲍威尔认为只有在民族成员之间相互影响和作用时地域才是民族的前提。因此把领土作为民族的一个因素是把国家领土原则错误地运用于民族，而这一结果不但导致民族问题的产生，而且形成对领土内"少数"民族的统治与压迫。所以在鲍威尔看来，少数民族

---

① Otto Bauer, *The Question of Nationalities and Social Democracy*, Trans. J. O' Donnell, E. Nimni（ed.）, Minneapolis, MN: University of Minnesota Press, 2000, p. 423.

产生的原因最重要的一点就在于民族的领土原则。①

在一定的领土范围内总会包括一些在语言以及文化上不相同的民族，有的民族凭借人数上的优势对于其他数量少的民族进行统治。而数量上占少数的民族往往成为"被统治"民族，从而导致他们被排除在民族共同体之外。鲍威尔认为"少数"民族它不仅是"量"的关系，而且还是一种文化上的作用与地位，但是在"领土"原则中，人们仅仅只是把少数民族看作"数量"上的关系。因此为了获得民族多数就不惜一切代价和手段来提高本民族人口"数量"，以此来保证在国家中的权力，民族同化、民族征服以及消灭异族在历史上都曾作为提高民族的人口数量的手段。在资本主义社会中，这一做法与工人阶级斗争目的是相矛盾的。

工人阶级斗争的目标就是使广大群众拥有他们所创造的劳动文化成果，实现文化共同体与劳动共同体的统一，而提高民族人口的数量只是民族发展的手段。但是在"领土"原则中，人口数量决定了民族的发展，"为增加人口的数量而阻碍阶级斗争，这是把手段置于目的之上"②。因此民族人口的数量就成为民族发展的目的。在鲍威尔看来这一民族的手段成为目的的原因是与资本主义社会商品生产方式有着密切的关系。因为资本主义商品生产把所有事物的关系都变成了数量关系，它改变了人们的思维方式，使得人们只是从量上观察事物，而不是从事物的质上观察事物。这一思维方式在资本主义社会已经成为所有资本主义民族的思维特征，鲍威尔说："资本主义生产方式把人们对事物的理解都变成了量的分析，这种被认为是美国人特点实际上是所有资本民族的特点，因此人们本身数量上的'大'与程度上的'伟大'混在一起。因此，社会中对

---

① 伦纳和鲍威尔都对于民族的领土原则进行了批判，具体内容见第一章第三节"奥地利马克思主义"部分以及第三章第一节"领土原则"部分。

② Otto Bauer, *The Question of Nationalities and Social Democracy*, Trans. J. O'Donnell, E. Nimni (ed.), Minneapolis, MN: University of Minnesota Press, 2000, p.276.

于民族数量的大小的认识并不是作为一种手段而是作为目的本身。"① 商品生产与交换是资本主义经济中最基本的活动，交换价值是商品之间进行交换的比例关系，它往往通过一定的数量关系表现出来。在资本主义社会中，数量上的交换价值往往掩盖了事物本身的价值，这种数量的价值表现影响了人们的思维方式，使得人们在生活中产生了对事物数量上的追求而忽视事物本身的价值。在工人那里表现为对于金钱的追求，在资本家那里表现为对于剩余价值以及利润的追求。所以鲍威尔认为，资本主义生产方式把所有产品变为商品，纯粹以量的方式体现事物的价值，并取消其质的规定性。马克思把资本主义社会中对于商品与资本的追求在本质上是一种商品拜物教、货币拜物教以及资本拜物教。人的本质是作为劳动产品的主人，享有劳动的自由。但是在资本主义社会中，人们在数量上对于利润和剩余价值的追求，使得劳动产品成为控制人的生产活动。因此商品、货币作为人们的劳动产品，在资本主义社会中成为一种价值与权力的象征，人们受物的控制从而失去了自由。在商品交换价值思维方式影响下，人们只是追求量上的增长。鲍威尔认为这种思维方式使人们改变了对民族的看法，人们普遍认为："越是大的民族就越容易全面地发展教育制度，人数越多，提高这种文化的可能性就越大。"② 所以各个民族在一定区域内努力增加本民族人口的数量，以便促进本民族的文化与经济的发展。而在地域原则下不可避免地存在着数量上少的族，他们为了本民族的发展，也想努力增加本民族的人口数量，以提高本民族的地位与作用。依靠增加民族人口数量来提高民族权利与地位的方法，在鲍威尔看来这是一种需要付出很大的代价但是收效甚微的方法。其一，任何一个民族

---

① Otto Bauer, *The Question of Nationalities and Social Democracy*, Trans. J. O' Donnell, E. Nimni（ed.）, Minneapolis, MN: University of Minnesota Press, 2000, p. 277.（着重号为笔者所加）

② Ibid., p. 276.

的人口都不是无限地增长，在一定历史时期无论采取何种方法民族数量总会保持在一定的数量。其二，民族人口数量的增加势必与其他民族利益相矛盾。提高民族人口数量的目的是保持本民族在国家中的地位。为达到提高本民族人口数量的目的，通常一方面是提高经济发展水平，改善人们的生活条件，制定人口政策，以增加人口的数量；另一方面采取民族扩张与民族同化政策，通过民族文化的影响、殖民扩张，把本民族范围以外的其他民族人口变为本民族的人口，从而扩大本民族人口数量。这种以同化或消灭其他民族尤其是少数民族为代价来提高本民族人口的方法，通常导致民族征服与民族压迫，从而引起民族之间的斗争。

领土原则下意味着在一个国家中多数民族对于少数民族的统治，少数民族被排除在统一的文化共同体之外，也就意味着在这些少数民族中的工人阶级被剥夺了接受文化教育的权利。工人阶级创造了文化但却不能享有文化成果，他们为资产阶级创造了剩余价值，自己却一无所有。正如马克思所说，工人阶级所创造的劳动产品越多他们就越贫穷，同时也就意味着失去更多的自由。传统马克思主义认为民族立场容易瓦解工人队伍而使工人阶级利益受到损害，所以他们主张民族利益服从阶级利益。但鲍威尔认为，尽管各民族文化具有差异性，但是工人的阶级意识并不是在相同的文化上形成的，而是在不同民族文化上形成的。每个民族在自己的文化基础上都可以形成阶级意识，从而为共同的阶级利益进行斗争，也就是说民族的文化与阶级的利益并不是矛盾的而是一致的。而马克思主义认为，民族文化形成各自的民族意识，从而服务于不同的民族利益，这必然与工人阶级国际利益相矛盾。在这一问题上，鲍威尔一反传统马克思主义在民族理论上的观点，他认为任何一种文化必须与本民族特点相结合才具有生命力，才能对人们的观念产生影响。

在国家领土原则下，一方面，除了主体民族以外还会有一些少

数民族的，另一方面国家也会失去国外的本民族同胞。因为国家在
领土范围内包括不同民族成员，使一些民族成为少数民族。这既增
加了民族的多样性；同时又排除了原本属于本民族但是在"区域"
上却属于另外一个国家范围内的本民族同胞。因此"领土原则一方
面夸大了民族多样性的意义，因为它按照语言边界把国家和管理范
围内的不同民族完全区分开来；而另一方面，它希望放弃其他国家
中本民族的人口"①。民族的领土原则是以民族的自然边界来区分民
族，这一原则在一定范围内有利于民族的发展，同时为民族的统一
奠定基础。但是领土原则随着经济发展以及民族构成的变化，反而
成为民族矛盾的原因，尤其是成为少数民族问题的主要原因。

　　国家"地域"原则越来越无法满足他们的权利与文化发展的需
求，因为"地域原则在其形式上使少数民族在任何地方都处于主体
民族统治之下"②。领土原则意味着在一个占有优势民族的统治范围
之内，其他少数民族就必须服从它的统治，从而使少数民族丧失了
自己的权利。同时由于少数民族被排除在民族文化共同体之外，无
法享受劳动文化成果，从而被剥夺了管理本民族文化与发展的权
利，因此领土原则造成民族斗争、威胁民族和平。鲍威尔指出：
"每个民族认为他们自身的少数民族在国家中处于劣势，因而会在
其范围内与其他民族为了权利而进行斗争，因而领土原则基础上的
民族自决很容易引起新的民族斗争。"③ 为了促进本民族的发展以获
得国家中的地位和权利，必然和其他民族在法律地位和权利上发生
矛盾，一个民族权利的获得就意味着另外一个民族权利与地位的丧
失。所以鲍威尔认为，对于少数民族权利的保护并不是解决民族问
题的途径，反而会引起民族之间的权利斗争，而正是资本主义社会

① Otto Bauer, *The Question of Nationalities and Social Democracy*, Trans. J. O' Donnell,
E. Nimni（ed.）, Minneapolis, MN: University of Minnesota Press, 2000, p. 266.

② Ibid., p. 270.

③ Ibid., p. 271.

造成了国家中的少数民族问题。

2. 资本主义与少数民族

在自然经济的社会中，血统决定了人们之间的交往，自然的界限往往是民族的边界，每个民族在各自范围内保持着自己的文化。但是商品经济的发展不但改变了人们的生活方式，也改变了人们之间的交往方式。在商品经济影响下，民族从传统社会中的同质性转变为异质性。资本主义生产方式造成了包括农村、城市等广大地区人们的流动与变化，进而改变了民族内部以及民族之间关系。首先资本主义生产制度改变了人们的交往方式，以血缘、地缘为基础的联系转变为经济联系。商品不但满足城市的需要，而且源源不断地进入农村。反过来，农民开始进入城市成为工人。这种变化对于同一民族内部只是影响了人们的生活方式，并不具有民族的意义。"捷克家庭纺织工到德国城市中，德国纺织工到捷克城市中销售他们的布匹。"① 随着交往的不断发展，在城市中逐渐形成了人数较少的民族。其次资本主义的交通手段也改变了人们之间的相互作用的方式。资本主义的发展所引起的生产、运输、商品流通的巨大变化。随着资本主义由工场手工业转变为机器大工业，"传统的经济区域就被新的经济区域所破坏和取代，而无须考虑农民所在的传统边界。"② 民族内部变得越来越复杂，使得"捷克人相互作用的中心城镇居民与某个德国城镇紧密地联系在一起"③。由于每个民族保持了自己的语言与文化，所以形成了多种语言区域。

鲍威尔认为在资本主义发展过程中形成的民族杂居主要有三种途径：其一，农民对于新土地的开垦，农业的发展使得农民原来土地不能满足生产的需要，这就需要越来越多的土地，这样导致大量

---

① Otto Bauer, *The Question of Nationalities and Social Democracy*, Trans. J. O' Donnell, E. Nimni (ed.), Minneapolis, MN: University of Minnesota Press, 2000, p. 265.

② Ibid., p. 265.

③ Ibid..

的农业经济发达地区农民离开故土，在新的区域形成不同于周围居民的文化与生活，成为"少数民族"。其二，经济发展导致人口的迁徙，从农村到城市，从经济落后地区到经济发达地区，从落后民族到发达民族。经济的发展打破了民族之间的单一的联系，使得同一民族之间的联系转变为不同民族之间的联系，这种不同民族在一定的范围内就包括多数民族与少数民族。所以"资本主义在统一的语言区域内不断产生和扩大新的分散的语言区域，每一个民族管理区域内就包括重要的少数民族"[1]。其三，资本主义经济的发展越来越要求更多的原料产地和商品销售市场，资本主义殖民扩张活动导致大规模移民与民族征服，殖民统治导致民族压迫与剥削，所以"少数民族反映了许多世纪以来的社会历史"[2]。由此可见，资本主义的发展过程既是一个生产力迅速提高的过程，同时还是一个资本和国家不断扩张的过程。

3. 少数民族的特征：相对性、不平等性与利益相互性

当今世界上几乎所有的国家都是多民族国家。首先，按照在国家人口中的比例可以分为少数民族和多数民族，而按照民族在国家中的地位可以划分为统治民族和被统治民族。其次，人数虽然众多但没有自己的国家，因而被分割到邻近的几个国家而成为少数民族，如西亚的库尔德人（Kurds）。[3] 最后，有些民族在自己国家中是多数民族，政治上处于统治地位，但是在国外却是处于被统治地位的少数民族。如德意志人、捷克人、意大利人等在德国、捷克、意大利是占统治地位的民族，但是在奥地利却是少数民族。资本主

---

① Otto Bauer, *The Question of Nationalities and Social Democracy*, Trans. J. O' Donnell, E. Nimni（ed.），Minneapolis, MN：University of Minnesota Press, 2000, p. 266.

② Ibid.，p. 270.

③ 库尔德人是中东地区游牧民族，在这一地区是仅次于阿拉伯、突厥、波斯民族，也是世界上古老民族之一。其总人口为三千万左右，但是他们没有自己的国家，而是分属于伊拉克、伊朗、土耳其、叙利亚等西亚各国，少数分布在高加索地带。近年来，库尔德人为建立自己的国家以及争取民族的权利不断地进行斗争。

义的发展使少数民族与多数民族之间的关系变得更为复杂。主要表现为：

第一，相对性。在国家领土原则下多数民族与少数民族之间是一种相对性关系，这种相对性主要是历史上的相对性与地域上的相对性。从各个民族的历史发展中来看，少数民族与多数民族是不断变化的。在一定范围内为多数民族，但是在另一个国家范围之内有可能成为少数民族，这就是"你中有我，我中有你"的民族分布状况。在德国德意志民族是多数民族，但是在马扎尔人统治的匈牙利就成为少数民族。因此鲍威尔认为少数民族的权利问题不仅关系到本民族范围内的民族权利问题，而且还关系到国外的本民族同胞的权利问题。所以"各民族之间互为少数民族，德国人要想保护外国的少数民族同胞，那么它就必须承认本国的少数民族的权利"①。

第二，不平等性。少数民族与多数民族之间的划分必然意味着双方的不平等关系，随着被统治民族意识的觉醒更加剧了民族之间的矛盾。资本主义发展对于非历史民族影响主要是对于少数民族的影响。资本主义发展改变了人们的生活，同时提高了人们的文化与意识。不同文化的人对于民族认识是不一样的，比如"没有文化的捷克农民很容易被德意志化，而现代捷克工人在自己的国家接受过良好的教育，读捷克报纸，参与本民族的政治生活，他们在国外保持着自己的民族性而无法忍受异族的统治"②。所以随着底层人们文化水平的提高，少数民族的反抗不断增长。少数民族开始意识到异族的统治，他们要求发展本民族文化并争取在国家中的权力和地位。但由于是少数民族而常常被排除在国家权力之外。资本主义发展带来民族异质性，从而激化了民族之间的仇恨和斗争。国家集中分散制度使得每个民族为争夺国家权力而斗争，以满足本民族文化

---

① Otto Bauer, *The Question of Nationalities and Social Democracy*, Trans. J. O'Donnell, E. Nimni (ed.), Minneapolis, MN: University of Minnesota Press, 2000, p. 273.

② Ibid., p. 270.

发展的需求。在多民族国家中，每一个少数民族都试图通过法律来
保证本民族权利，而在采取何种法律形式进行调整民族关系上也会
引起民族斗争，因为"每一个民族都会认为自己处于劣势，从而通
过对其他民族的报复来反抗对于本民族的压制"①。

　　第三，利益相互性。少数民族的利益既关系到其他民族的利
益，而且还关系到大多数人的利益。国家与民族的特性使得国家不
可能完全包括一个民族的所有成员。它一方面包括了一些少数民族
的，另一方面也总会失去国外的本民族同胞。在国家范围内，国家
把不同民族吸收为本国成员，使有些民族成为少数民族。这既增加
了民族的多样性，又排除了国外作为少数民族的本民族同胞。因此
鲍威尔认为："领土原则一方面夸大了民族多样性的意义，因为它
按照语言边界把国家和管理范围内的不同民族完全区分开来，而另
一方面，它希望放弃其他国家中的本民族同胞。"② 以民族的自然边
界作为国家边界，这一原则反映了资本主义经济的发展要求，但是
这一观念却是造成民族斗争的原因，尤其是少数民族问题的主要
原因。

　　4. 少数民族问题中的"得"与"失"

　　国家领土原则一方面增加了民族多样性而成为多民族国家，另
一方面由于国家主权界限意味着它只对于本国公民行使权力。这就
是国家地域性与民族的非地域性之间的矛盾，对于这种情况通常采
取两种方法：其一，按照国家主权的领土范围，只在本国内对于民
族的发展行使管理权，而对于境外作为少数民族的本民族同胞则没
有这种权力。在这种情况下，鲍威尔认为领土原则在民族问题上既
有"得"也有"失"。"在纯粹领土原则意义上，不仅使每个国家
接受了其他分散的少数民族，但同时也放弃了自身的少数民族。因

---

① Otto Bauer, *The Question of Nationalities and Social Democracy*, Trans. J. O' Donnell,
E. Nimni (ed.), Minneapolis, MN: University of Minnesota Press, 2000, p. 271.

② Ibid., p. 266.

此一方面是'得'，另一方面是'失'。"① "得"是因为获得了本民族以外的其他民族人口，把他们和本民族成员共同作为统治与管辖的对象；"失"是因为对于居住在国外的本民族成员来说，他们失去了自己文化与发展的权利。这种"得"与"失"是由民族"非领土"特性在国家"领土原则"中所决定的。其二，统治者在国家范围内行使民族权力以外，还积极关心国外的本民族同胞。但是问题对于国外的民族干预就会违背国家领土原则。因此对于国外少数民族来说，他们的母国往往成为他们发展和凝聚力的坚强后盾。在鲍威尔看来这也是少数民族实施自治的基础，这也是他为什么给予捷克少数民族自治而不同意犹太人自治的原因。但是对于"国外少数民族的保护"这一做法还会影响国家的主权问题，甚至成为国家矛盾乃至战争的根源。如二战期间希特勒就借口保护捷克苏台德地区的德意志人而侵占了捷克。因此少数民族权利问题不仅是国家范围内的问题，而且它还是国家相互之间的民族问题。

5. 工人阶级与少数民族

伴随着资本主义生产的发展，工人阶级反抗资产阶级斗争运动也日益加强。在资本主义发展所产生的民族异质性导致民族与阶级之间有着复杂的关系。马克思主义主张工人加强国际团结一致来反对共同的资产阶级。鲍威尔同样也意识到了工人阶级团结的重要性，但是与马克思主义者观点不同，他认为民族斗争尤其是少数民族的斗争与阶级斗争并不矛盾，相反，他把少数民族的权利斗争看作工人阶级斗争的一种手段。资本主义的发展导致人口的变迁，从而形成复杂多样的民族构成与分布，这样"所有工人对于资本主义的仇恨必然采取民族的形式"②。资本主义制度下工人阶级和少数民族权利斗争就结合在一起。因此少数民族的权利问题直接关系到工

---

① Otto Bauer, *The Question of Nationalities and Social Democracy*, Trans. J. O' Donnell, E. Nimni (ed.), Minneapolis, MN: University of Minnesota Press, 2000, p. 270.

② Ibid. , p. 214.

人阶级自身的利益问题，少数民族问题和工人阶级利益有着直接的关系。德国工人保护在国外作为少数民族的本民族同胞，他们就必须承认本国的少数民族权利。相反，如果德国拒绝捷克少数民族文化，就意味着形成降低工资、破坏罢工的捷克工人，那么德国工人自身的利益也就受到损害。所以由现代资本主义生产所带来的社会变化导致阶级矛盾与民族矛盾结合在一起，在一定的条件下"民族仇恨转变为阶级仇恨"①，阶级矛盾又往往以民族矛盾形式表现出来。

对少数民族工人的压迫破坏了工人运动的统一性，同时又损害了工人阶级自身的利益。国家的领土原则意味着多数民族对于少数民族的统治，少数民族被排除在统一的文化之外，那么少数民族工人阶级被剥夺了接受文化教育的权利。鲍威尔认为对外来少数民族的压迫与工人阶级利益相矛盾，因为一旦少数民族被剥夺了受教育的权利，也就意味着他们无法形成工人阶级意识，从而无法支持其他民族的工人运动。从另一方面来讲，如果多数民族的工人拒绝少数民族工人的自由和权利，实际上就是对于自身自由与权利的否定，"如果德意志工人否认在德国经济生活条件下出卖给资本家捷克阶级同志的民族自由，那么就是对于自我权利的否定"②。这是因为各个民族工人在他们本身的自由与权利上是休戚相关的。所以工人运动的普遍性体现为不同民族利益上的一致性，从国家层面上来说就是一种国际性，在民族关系上来说它就是多数民族与少数民族之间的关系。

工人阶级运动的目标就是使全体人民在劳动共同体基础上成为统一的民族，但是少数民族人被剥夺了文化教育的权利，使得工人运动无法完成统一。因为工人运动的统一性不仅建立在统一的利益

---

① Otto Bauer, *The Question of Nationalities and Social Democracy*, Trans. J. O' Donnell, E. Nimni (ed.), Minneapolis, MN: University of Minnesota Press, 2000, p. 213.

② Ibid., p. 274.

基础上，而且还要在统一的意识基础上，而统一的意识是通过文化
教育来完成。在以德意志人为多数民族的德国，捷克人被剥夺了民
族权利，这使得德意志民族工人虽然在文化上享有一定的权利，但
是工人阶级统一的利益却受到了损失，因为"德国工人在捷克少数
民族文化发展水平上有其自身的利益，拒绝捷克工人的教育意味着
形成降低工资以及破坏运动的工人"①。在工人运动统一性与民族多
样性之间，鲍威尔认为不同民族有不同文化，但是各个民族工人阶
级在自身的利益上却是一致的，因为工人阶级都受到了资产阶级剥
削与压迫，资产阶级不但占有无产阶级的劳动文化成果，而且还占
有工人阶级的人身自由。工人阶级创造了文化但却不能享有文化成
果，他们为资产阶级创造剩余价值，自己却一无所有。正如马克思
所说，工人阶级所创造的劳动产品越多他们就越贫穷，同时也就意
味着失去更多的人身自由。工人阶级要想争取自由就必须在阶级基
础上团结起来，反对资产阶级。在增加工资、缩短工时，享受劳动
文化成果等方面各民族工人阶级是一致的。所以，"捷克少数民族
斗争是阶级斗争的一部分，它还是阶级斗争的重要手段"②。在这一
点上鲍威尔并未否认马克思主义阶级斗争观点，而是把它与民族斗
争结合在一起。

第三节　民族同化与民族融合

民族矛盾是指民族或民族与国家之间在政治权力、经济利益、
文化观念以及宗教信仰上所发生的冲突。解决民族与国家以及民族
之间的矛盾与冲突，通常有两种途径：一是按照民族原则即"一个
国家只包括一个民族，每个民族成立自己的国家"分裂为不同的国

---

① Otto Bauer, *The Question of Nationalities and Social Democracy*, Trans. J. O'Donnell,
E. Nimni（ed.）, Minneapolis, MN: University of Minnesota Press, 2000, p.273.

② Ibid., p.272.

家。它在资产阶级反对封建专制制度以及殖民地被压迫民族斗争中都发挥了重要的作用。但这一原则虽然满足了民族在政治上的要求，由于民族多样性与复杂性，每一个"民族国家"往往面临着国内其他民族成立独立国家的"滑坡"式解体效应，从而导致灾难性后果。另外一种途径是在国家范围内把各个民族统一为一个民族。而历史上"这两种途径在西方同样都导致了严重的灾难"①。如果说前者是在"分"的基础上解决民族矛盾，那么后者是在"合"的基础上实现各个民族在国家中的统一，从而取消民族的多样性。"民族同化"和"民族融合"就是取消民族多样性以及实现民族统一的主要方法。

一　资本主义与民族同化

（一）民族融合与民族同化

"民族同化"是一个民族放弃本民族文化而接受其他民族文化，从而达到民族的统一。它分为民族自然同化和强制同化。自然同化是自愿放弃并接受其他民族文化及其制度；而强制同化则是通过军事、政治与文化等强制性措施使其他民族屈服于自己的统治，以达到民族"统一性"目的。与放弃本民族语言和文化的"民族同化"不同，"民族融合"是在保留本民族特征基础上通过吸收其他民族文化来获得本民族的发展。民族融合是各个民族在相互作用与影响的交往过程中发生的。这种影响是相互的不但是经济与文化发达的民族影响落后民族，而且落后民族对于发达民族同样存在着影响。民族同化则不同，它往往是占统治地位的民族为了维护自己的统治地位对于其他民族进行强制性同化。

鲍威尔认为民族是一个不断形成的历史，从历史上来看，民族从古代民族到近代民族一直到现代民族，每个民族在历史不断发展

---

① Otto Bauer, *The Question of Nationalities and Social Democracy*, Trans. J. O' Donnell, E. Nimni (ed.), Minneapolis, MN: University of Minnesota Press, 2000, p. xxx.

中都会面临着不同民族之间的变迁和同化。鲍威尔认为民族主要是通过两种方式形成和发展起来的，一个是自然遗传，另一个是文化传承。自然遗传最大的特征就是它随着社会的发展而不断分裂，因为它是在一定地域、血缘基础上通过人们之间的交往而形成的。随着社会生产力不断提高，人们生产活动范围的不断扩大，人们之间的联系越来越少，于是在新的地域中就会形成新的自然共同体，从而产生新的民族，比如荷兰人原是德意志人，由于他们长期生活在尼德兰地区，失去了与原来德意志人的联系，于是形成了不同于德意志的荷兰人。而文化传承特点是把不同的人们统一起来，形成统一的民族文化，这就是民族的融合。人们在社会生产力水平较低的古代社会，民族融合是一个长期的过程。历史上的民族融合（assimilation）既是一个民族之间相互吸收彼此文化的过程，同时还是一个共同发展的过程，它反映了历史发展的必然趋势。民族间的相互影响有两种情况：一种是保持自己民族语言和文化并吸收其他民族文化从而促进自己民族的发展；另外一种情况是放弃自己的民族语言和文化，与其他民族融为一体，从而失去了民族独立性，也就是我们所说的民族同化。"正如人的机体组织并不是简单地吸收物质营养，而是吸收、消化它，因此人们并不是简单不变地接受外来的新观念，而是吸收、同化、消化、感知。"① 鲍威尔把民族融合比作人体对于物质营养的吸收过程，他认为民族间的影响并不是失去自己的文化和民族性格，而是在民族文化基础上消化吸收外来文化。没有任何一个民族会原封不动地接受外来的文化，而是在自己民族基础上发展本民族文化，这就是民族特性，正是这种特性形成了民族的多样性。

作为犹太人出身的鲍威尔，他一方面承认犹太人没有统一的语言和地域，但仍把他们作为一个散居民族。这种散居特性使他们失

---

① Otto Bauer, *The Question of Nationalities and Social Democracy*, Trans. J. O'Donnell, E. Nimni (ed.), Minneapolis, MN: University of Minnesota Press, 2000, p. 52.

去了自己的民族文化，因而无法像其他民族一样享有自治权。经济的发展是民族融合的根本原因，"同化的快慢取决于经济发展"①。经济结构的变化引起民族之间关系的变化，在自然经济基础上主要以地域和血缘形成民族，各个民族保持着各自的独立性，民族之间很少联系和交往，人们还没有普遍的民族意识。到了以劳动产品交换为主要形式的商品经济社会，民族内部以及民族之间的联系得到加强。随着科学知识传播以及交通发展，人们之间的联系日益密切，各民族之间的影响开始加深，广泛的民族意识开始产生，民族融合进程开始加快。"文化的影响越大，个人所接受的文化就越丰富，那么他就越容易成为民族成员。"② 越是经济和文化发达地区的人们就越具有民族意识，相反，经济与文化落后地区的人们缺乏民族之间的交往而固守传统，因而民族之间的融合也很难进行。城市中的人们和具有文化的知识分子与从事生产的工人容易接受新事物以及外来民族文化，而农村的人们则因循守旧，反对外来的新事物。所以"在任何情况下，是资产阶级和知识分子首要最容易受到同化的影响"③。不同阶层同化速度也不一样，工人和知识分子同化快，农民较慢。在无产阶级革命历史发展中，恩格斯把那些由于经济落后而被发达民族拖进历史的民族称之为"非历史民族"，认为它们是封建社会的堡垒，阻碍了革命历史的发展过程。因此他认为非历史民族融入经济文化发达的民族，不但是历史进步的要求，而且也符合民族国家在政治上统一的要求。对此鲍威尔并不是认为非历史民族融入历史民族中去，他分析了在资本主义发展影响下非历史民族意识的觉醒。在这种情况下，应该承认非历史民族的民族权力，发展他们的文化并提高他们在国家中的民主权利。而对于非历

---

① Otto Bauer, *The Question of Nationalities and Social Democracy*, Trans. J. O'Donnell, E. Nimni（ed.）, Minneapolis, MN: University of Minnesota Press, 2000, p. 296.

② Ibid., p. 104.

③ Ibid., p. 297.

史民族的同化，非但不能解决民族问题，反而会产生更为复杂的民族矛盾与斗争。但是对于作为没有固定领土的非历史民族的犹太人，鲍威尔主张他们同化到各个民族中去，因为他们失去了自己的语言和文化。"18 世纪犹太资产阶级开始脱离他们传统的犹太文化共同体并融入到欧洲各民族文化共同体中去。这些犹太资产阶级开始改变为所在地的民族，开始了同化。"① 鲍威尔指出在经济落后的地区，犹太人尚能够保持自己的民族文化，但是随着经济的发展，他们接受了当地的民族文化和教育，从而融入各个民族中去。把落后民族同化并入发达的民族中去，其实不仅是马克思、恩格斯的观点，而是在整个 19 世纪包括自由主义资本主义在内的人们的普遍的思想观念。在这一点上，鲍威尔区分了不同的非历史民族情况，既为在国家统一范围内解决民族问题奠定基础，也开辟了民族文化多元化理论。

（二）资本主义与民族同化

资本主义虽然摧毁了封建的专制却建立了资产阶级专制，虽然破坏了信仰上帝的天城，却又建立起了崇尚理性的牢笼，所以马克思说，资本主义打碎了宗教的锁链却给人们套上了世俗的锁链，的确，**路德**战胜了**虔信**造成的奴役制，是因为他用**信念**造成的奴役制代替了它。他破除了对权威的信仰，是因为他恢复了信仰的权威。他把僧侣变成了世俗人，是因为他把世俗人变成了僧侣。他把人从外在的宗教笃诚解放出来，是因为他把宗教笃诚变成了人的内在世界。他把肉体从锁链中解放出来，是因为他给人的心灵套上了锁链。以理性和科学的名义完成了封建时代所无法完成的任务，那就是实现对从国家到个人、从城市到农村的规制和管理。极权主义、理性主义、货币经济以及民族同化政策无不是资本主义同质性在社会中的表现。

---

① Otto Bauer, *The Question of Nationalities and Social Democracy*, Trans. J. O' Donnell, E. Nimni（ed.）, Minneapolis, MN: University of Minnesota Press, 2000, p. 294.

　　民族同化是资本主义本质在民族问题上的反映，它是以取消民族的多样性以保证国家在政治上的统一性，而且也是国家的民族原则在政治上的运用。资本主义民族同化在民族之间的关系上已经不同于历史上的民族同化，首先它是资本主义扩张的完全体现，还是资产阶级政治统治的必然结果，同时它还是资本主义市场发展的内在要求。资本主义在全球范围内的扩张必然伴随着民族战争与征服。因为统一的民族就意味着统一的商品市场，也就能保证它的经济利益。因此消除多样性就能获得最大限度的同质性。为了获得这种同质性所采用的方法或者是把少数民族或外来移民排挤出去，或者是把其他民族成员通过政治、军事等手段强制同化为本民族成员，从而达到统一的目的。人类历史上种族之间的屠杀与消灭不计其数，在进入现代文明社会之后，种族歧视和种族屠杀非但没有减少，反而达到了更加疯狂、更令人难以置信的程度。北美印第安人在哥伦布发现新大陆之后的遭遇、奥斯曼帝国中的亚美尼亚人、德国法西斯对于犹太人的大屠杀，这一系列的罪恶，恰恰是在人类文明和理性充分发展过程中形成的，它充分暴露了现代文明的本质缺陷。20世纪60年代开始的多元文化主义与自由民族主义就是对于现代文明弊端进行反思。以民族同化和种族屠杀为手段企图达到消灭民族多样性以保持民族同质性目的，非但无法解决民族间的矛盾，反而会给人类和民族带来深重的灾难和不幸。资产阶级所提出的"自由、平等、博爱"口号，它在反对封建统治的过程中激发了人们革命和斗争的热情，但是对于民族问题，自由主义仍然是一道无解的难题。

二　自由主义与民族权利

　　自由主义作为资产阶级在反对封建专制过程中出现的理论思潮，它主张个人的平等与自由，反对封建的等级制度；它主张个人在国家中的公民权利，用法律的普遍有效性来规范和调节人们之间的关系；解除了封建制度下的人身依附关系，满足了资本主义商品经济发展对于劳动力的需求。但是无论是经济领域的自由贸易，还是政治上的自由权利，它只不过是资产阶级的政治要求，实质上是资产阶级的平等和自由。自由主义追求人与人之间平等的法律关系，它是资本主义普遍本质主义的体现，所调整的是个人与国家之间的关系，而忽视了团体组织权益。因为自由主义是资本扩张的自由，它取消了中世纪以来社会中的团体和中介组织。在中世纪社会中，除了国家制度以外，社会组织规范对于个人同样有着一定的约束力。换言之，个人的生活在很大程度上是依靠团体组织来规范，而不是国家制度。但是在资本主义社会中，它要求的是国家法律范围内的权利，因而否定特殊群体的权力和要求。所以在自由主义国家制度中，民族没有权利和地位。国家制度规范的对象只有两个：国家和个人。国家制度通过法律规定的机构在全国范围内得到普遍实施，同时个人作为公民享有法律规定的权利和义务。但是法律并未规定民族权利。国家与个人之间的关系是一种分散和集中的关系，鲍威尔认为这一制度导致了民族之间的矛盾和斗争。

与普遍性的自由主义不同，民族主义是以民族文化为基础，它要求作为特殊群体的权力和地位，从而反对普遍的国家制度。自由主义主张个人的权利和自由，但是"自由主义者并不排斥集体、社会乃至国家的价值，个人主义也不是利己主义，从个人主义并不必然得出排斥一切集体取向和选择的结论"①。把自由主义理解为排斥社会与他人的利己主义是对于自由主义的片面理解，自由主义"只是强调人的社会性与个体性并不是完全对称的互动关系，因为社会性从根本上由个人的行动表现出来，个人的全面发展是社会的自由发展的先决条件（不能反过来说社会的自由发展是个人全面发展的

---

① 顾肃：《自由主义的基本理念》，中央编译出版社 2003 年版，第 4 页。

条件）"①。自由主义也认识到个人从来不是孤立的个人，而是社会中的人。马克思认为人的本质是在生产劳动过程中形成和发展起来的，所以它是社会关系的总和。因此自由主义和民族主义是可以相融的，耶尔·塔米尔在其著作《自由主义的民族主义》中阐明了自由主义与民族主义之间的关系。她认为个人自由民主和社会正义不但是自由主义基本理念的核心，而且是民族主义主要内容，它们都是自由主义和民族主义所共同追求的目标，而民族也是自由主义得以实现的条件，其民族性正是人的社会性体现。"自由主义的传统连同它对人的自主性、反思性、选择的尊重，以及民族主义连同它对归属、忠诚以及团结的强调，尽管一般被认为是互相排斥的，但事实上是可以相互补充的。"②而民族性形成了个人的实践活动和价值判断。在鲍威尔看来集中分散制度导致了民族斗争，使得国家的机构陷于瘫痪。在国家与民族关系上，自由主义的民族主义认为通过公民的权利来实现民族发展与国家统一，但是无论是自由主义还是自由主义的民族主义都无法解决民族与国家以及民族之间的矛盾。

三　马克思主义与民族问题

马克思主义的民族理论和无产阶级革命结合在一起的。资产阶级在政治上推翻了君主专制制度成立了资产阶级国家，在经济上打破了封建割据实现了统一的市场，在文化上摧毁了宗教神权对人的控制，提倡理性使得科学知识得到广泛传播。资本主义有力地促进了生产力的发展和人类社会的进步。但是，资本主义社会是在私有制之上，以剥削制度为主要特点。在资本主义社会中，资产阶级不但占有生产资料而且还占有由无产阶级所创造的劳动产品。广大劳

---

① 顾肃：《自由主义的基本理念》，中央编译出版社 2003 年版，第 6 页。

② ［以色列］耶尔·塔米尔：《自由主义的民族主义》，陶东风译，上海译文出版社 2005 年版，导言：第 4 页。

动者一无所有。在资本主义私有制条件下，工人阶级所创造出来的劳动产品和所有权是分离的，所以工人的劳动是一种异化的劳动。资本主义剥削制度下的异化劳动使工人失去了自由，工人阶级要实现自己的自由，就必须联合世界上的一切无产阶级，通过革命的手段推翻资本主义剥削制度。

在资本主义社会中，资产阶级对于无产阶级的压迫和剥削通常以民族形式表现出来，所以马克思主义认为民族问题的实质是社会问题，工人阶级的斗争必然会和民族之间的斗争结合起来。在阶级社会中民族斗争的实质就是阶级斗争，因此马克思、恩格斯支持被压迫民族的革命和解放斗争。民族斗争的目的是争取民族自由和发展，只有人类的解放才是无产阶级解放以及民族解放的前提，所以民族斗争要服从阶级斗争。马克思主义民族解放和革命理论为各国工人阶级反对资产阶级的斗争提供了理论指导，它有力地促进了被压迫民族以及工人阶级的革命运动和解放斗争。19 世纪末 20 世纪初，以列宁为首的马克思主义者把无产阶级斗争和广大的殖民地解放斗争结合起来，提出了民族自决，促进了世界被压迫民族的解放斗争，开创了世界性无产阶级革命斗争的新局面。但是对于各国不同的民族问题，马克思主义民族理论还没有真正解决民族问题，这主要表现在阶级斗争和民族斗争之间的辩证关系并未建立，第一国际和第二国际的解体表明工人阶级运动过程中普遍的国际主义意识未真正形成，相反，民族主义意识在工人阶级中得到传播，这体现了阶级意识与民族意识关系的复杂性。

面对民族斗争与阶级斗争之间的矛盾，以列宁为首的布尔什维克政党坚持马克思主义革命立场，主张无产阶级革命意识灌输理论，批判了机会主义和修正主义，主张通过斗争形成工人阶级斗争意识以及国际主义意识，实现无产阶级革命的胜利以及各民族之间的统一和团结。而鲍威尔并不是把修正主义作为反动的、错误的意识加以批判，而是在现实生活基础上把它作为在工人阶级社会主义运动过程中必然出现的思潮。他认为这一观念是工人阶级在资本主义社会中受到资产阶级意识的影响而形成的，它是工人阶级正确的社会主义意识形成的一个过渡阶段。因此在他看来，党的任务不是批判这种修正主义和机会主义的意识，而是在现实生活以及民族文化基础上使工人阶级以及广大群众逐步过渡到社会主义意识，这一任务就是无产阶级政党"民族演进政治"的任务，它的主要手段就是"民族文化自治"。对于工人群众来说"生活是比教育更具有力量"，所以现实中的民族和阶级关系问题要比马克思主义理论复杂得多。鲍威尔坚持了马克思主义民族理论，把社会主义胜利作为解决民族问题的保证，主张民族问题是社会问题的一部分，阶级斗争是工人阶级运动的主要手段，不过在工人阶级现实的具体斗争方法上，鲍威尔并不同意传统马克思主义民族理论以及革命理论。因为在他看来，马克思主义民族理论无法解决复杂的奥匈帝国民族问题，也无法满足社会民主党斗争的要求，因此他提出了"民族文化自治"理论，试图解决长期以来复杂的民族问题。

第四节　鲍威尔民族问题理论评价

鲍威尔分别从民族的原则、民族国家制度以及资本主义发展方面分析了民族问题产生的原因，同时他还在社会发展历史过程中剖析了民族与国家之间的关系，民族主义、少数民族以及民族与阶级之间的问题。鲍威尔关于民族问题的理论尽管有着调和主义的特点，但是在马克思批判资本主义制度基础上，他从民族问题上批判了资产阶级自由民主国家制度。

现代国家就是在国家领土范围内在国家制度与政策上具有普适性，国家主权具有一种至上性、唯一性。任何特殊的社会"组织"与"团体"都是对"普遍性"的挑战，因而被排除在外，其中包括少数民族的权利。所以现代公民观念以及法制观念把社会中的

"个人"统一起来，这一制度虽然确保了每个公民的政治权利与义务，但是它掩盖了人们各自的特殊需求。不同的人群或民族由于文化的差异会产生不同的要求，因此社会中的个人不仅有着政治上的认同，而且还有自己在文化上的认同。对个人来说，政治诉求并不是生活的全部，那种平等的、统一的"公民"身份实际上是戴在每个人脸上的一副假面具，因为它忽视了个人生活的特殊性，它包括特定的语言、文化以及经济生活。对此尼姆尼认为，自由民主的现代国家制度所面临的困境就是"在坚持所有公民权利和义务在法律上的平等时，如何满足民族和少数民族不同的权利要求"①。20 世纪 70 年代以来西方当代多元文化主义的兴起，正是少数民族在自由民主国家的普遍平等制度下对自身文化发展的权利的诉求。多元文化主义反对普遍自由主义观念，认为它是一种忽视差异性的"同化"理论，他们主张各个民族文化具有不同的价值。这种多元文化主义的观点正是以鲍威尔为首的奥地利马克思主义者在反对专制制度和普遍的自由主义国家制度中率先提出来的。

　　国家和民族的一致性就是国家的统一和稳定以及在国际竞争中获得胜利的保证。马基雅维利就主张国家君主消灭异族以保持国家的一致性，从而在国际竞争中获得优势。自从国家产生以来，包括封建帝国以及资本主义国家等多民族国家疆域的不断扩张就伴随着民族征服和民族同化政策，以保持民族与国家的一致性和同一性。资本主义民族国家的形成和发展，既是资本主义市场经济同质化发展的逻辑，也是资产阶级政治的内在需求。民族国家中的普遍主义就是这种同质化的一种表现，对此汪晖认为："民族—国家的构想、方案和设计与一种普遍主义的知识有着深刻的联系。几乎所有的民族主义的思想——……都以一种普遍主义的世界观和知识体系作为前提，在这个普遍主义的知识体系中，国家的知识构成了历史和政

---

① Otto Bauer, *The Question of Nationalities and Social Democracy*, Trans. J. O' Donnell, E. Nimni（ed.）, Minneapolis, MN: University of Minnesota Press, 2000, p. xxx..

治叙述的中心点。"① 到了资本主义垄断阶段，民族同化与种族清洗就成为国家进行同质化的重要手段。北美的印第安人、澳洲土著人几乎被殖民统治者赶尽杀绝。在这种同质化的国家制度中，除了统治民族以外，其他民族以及少数民族被迫接受统治民族的同化，使得他们失去了自己的语言和文化。资本主义的发展形成了统一的民族国家，同时也促进了广大的被压迫民族意识的觉醒。因此资本主义民族国家发展既是一个民族同化的过程，也是一个民族斗争和反抗的过程。

鲍威尔对于历史民族和非历史民族的分析和他对于资产阶级民族国家的分析在逻辑上是一致的，民族国家既是政治上建立自己统治的需要，还是经济利益的必然结果。对于非历史民族来说，资产阶级商品经济促使了他们民族意识的觉醒，使他们反对异族的统治，争取本民族的权利。但是与历史民族成立独立的民族国家不同，非历史民族的觉醒是反对民族国家的独立，在统一的民族国家中争取民族文化权利和自由。鲍威尔虽然反对恩格斯关于非历史民族没有前途和希望的观点，但他们都认为非历史民族不能成立独立的民族国家。恩格斯主张落后民族、弱小民族融入先进民族或发达民族中去。鲍威尔把非历史民族作为多民族国家中争取民族权利的革命理性主义，因此非历史民族的革命是民主权利而不是国家政治革命。

自由主义以崇尚个体的权利和自由为主旨，但是他们对于少数民族权利问题的看法却截然不同。阿克顿勋爵认为自由只有在多民族国家才能得以实现，因为在多民族国家中才能防止国家权力的滥用，所以他们支持对于少数民族权利的保护。不过同样是自由主义者，密尔则认为自由只有在同质性的民族国家中才能实现，因为"民主就是'人民控制'政府，但只有在'人民'是'一个民族'

---

① 汪晖：《现代中国思想的兴起》，生活·读书·新知三联书店 2004 年版，第 47 页。

的情况下自治才有可能。民主国家的成员必须共享着一种政治忠诚感，而具备共同的民族性被认为是那种忠诚的一个前提条件"①。因此19世纪自由主义者在支持强大的民族成立民族国家时，同时也支持对于少数民族的强制性同化政策，这正与恩格斯非历史民族融合的观点不谋而合，对此威尔·金里卡认为："按照19世纪许多社会主义者的观点，社会主义是一种社会发展理论的一个部分（如果不是其顶点的话）。按照这种观点，发展涉及扩张。当时常常根据人类社会单位在规模上的扩张来界定进化，从家庭和部落到地方的、地区的、国家的，最终发展到全球性单位。因此，较小的文化社群必须让位于较大的。"② 因此少数民族、落后民族以及如恩格斯所说的非历史民族，在19世纪被人们普遍认为是应当融合到发达的民族，从而丧失自己的权利和地位。但是这种解决少数民族问题的方法并未真正解决少数民族权利问题，尤其是20世纪80年代末以来，苏联和东欧社会主义国家的解体，世界性的民族主义运动日益高涨，与以往反对民族压迫民族主义运动不同，这次民族运动除了以成立民族国家为目的外，主要是体现为少数民族以及社会组织和群体争取自由与平等权利的民主政治权利运动，如多元文化主义问题、少数民族权利问题、难民和移民权利问题以及女性权利问题等。特别是"少数族群权利已经重新成为国际关系中的突出问题"。③ 总的来看，这一问题几乎在所有的民族国家中，无论是政治家还是理论家，无论是帝国主义强制同化，还是自由主义"善意的忽略"，都没有引起足够的重视和解决。就在20世纪初取消和否认少数族群权利成为当时主流观点的情况下，奥地利马克思主义者奥托·鲍威尔的民族理论却给予少数民族权利问题充分的重视，他开

---

① ［加拿大］威尔·金里卡：《多元文化公民权——一种关于少数族群权利的自由主义理论》，杨立峰译，上海译文出版社2009年版，第65页。

② 同上书，第87—88页。

③ 同上书，第6页。

启了在统一的多民族国家中探讨少数民族问题的先河，因此在新的时代下人们重新发现了他的民族理论价值，因而被称为"多元文化的先驱"。

第 五 章

民族文化自治与奥地利社会民主党
民族纲领

第一节　民族文化自治

一　作为法律实体的民族

在封建等级和分封制度下，贵族以及诸侯在各自领地上拥有军队，并向其臣民征收赋税。在战争期间，诸侯的军队负有参加战争保护王权的义务。中世纪骑士制度的发展就形成了具有贵族特色的骑士文化共同体。由于诸侯国彼此割据，它们没有统一的政权组织和经济、文化基础，所以每个民族都有自己的语言。传统国家制度下民族问题主要表现为战争导致的民族征服，但是骑士文化是贵族文化，与群众无关，因此群众无法产生民族意识，他们只是生活在传统习俗以及宗教意识之中。现代民族主义者认为，民族是在现代工业生产社会条件下产生的，因此"是民族主义造就了民族，而不是相反"[1]。

在现代国家制度中，国家主权是最高的权力，人们之间的关系依靠国家的法律进行调节，法律规定了个人在社会中的权利和义务。但是在现代普遍的法律制度中，民族作为一种群体没有它的权

---

[1]　[英] 厄内斯特·盖尔纳：《民族与民族主义》，韩红译，中央编译出版社 2002 年版，第 73 页。

利和地位，作为国家公民的权利"个人"也无法决定民族的发展。
而在民族与国家的有机调整中，民族在法律上是享有权利的实体，
它有管理本民族文化事务的权力，而且个人与民族之间的关系不再
是集中分散的关系，而是一种"命运共同体"。民族为自己的成员
建立学校、剧院、博物馆等，而且对于本民族成员可以进行征税，
所以说个人的命运与民族的命运结合在一起。民族的发展决定了个
人的发展，民族的兴衰也决定了个人的兴衰。在这种情况下，不但
统治阶级关心民族文化的发展，而且广大群众也关心民族文化的发
展，因为学校和教育制度与他们自身利益直接相关。在传统社会
中，人们的出身、血统以及身份、地位决定了人们的生活与命运。
不但如此，传统社会中的民族文化共同体只是统治阶级及其土地贵
族的文化共同体，群众被排除在民族之外。但是在现代社会中，资
本主义的发展使得文化共同体得到了扩大，它不再仅仅是统治阶层
范围内的文化，而是包括广大群众在内的扩大的文化共同体。在这
种情况下，知识和技能是人们生存的前提条件。所以说民族文化与
学校教育制度的发展，使他们不但可以学习一定的知识和生活技
能，而且还可对自己的子女进行教育。民族文化共同体的发展使传
统农民转变为现代农民，也使农民子女离开世袭的土地进入工厂，
从而成为新时代的工人。资本主义经济的发展促进了社会结构以及
民族文化的变革，同时也使人们的价值观念和行为意识发生了转
变，因此民族文化与个人生活密切地连在一起，荣辱与共，共同
发展。

现代国家把民族作为成立的基础，一方面民族在法律中并没有
它的地位和权利，另一方面民族的发展又离不开统治阶级以及国家
法律的影响，这就导致了在集中分散制度下各民族为了发展民族文
化而争夺国家中的权力。斗争的结果就是国家行政机关以及立法机
关陷于瘫痪，从而使得各个民族在国家中都没有自己的地位和权
利，其结果就是"集中分散制度"的解体。鲍威尔认为解决民族之

间的斗争和实现民族文化发展权利，就要"通过选举的民族委员会来管理自己的民族文化事务。民族委员会有权利为自己的组织成员成立德语学校，不管他们住在何处；通过征税来满足民族筹集资金的需要"①。这样，法律上的民族实体满足了各个民族自我发展的要求，使得各民族不再为国家权力而斗争，民族与国家关系的有机调整既保证了民族间的和平共处，又保证了国家的统一。正是在民族国家成为资本主义普遍的国家政权形式中，鲍威尔批判了它的合法性；在资本主义经济由自由竞争阶段向垄断阶段过渡时期，资产阶级政治上由追求自由、平等转向资产阶级专制，他们重申了在普遍法律效用下民族权力对于国家的重要作用，以期望为处于岌岌可危的奥匈帝国民族问题找到解决途径。但是也正如鲍威尔所指出的那样，在国家中民族问题的解决并不是一个法律问题，而是一个国家权力问题。随着第一次世界大战的爆发，奥匈帝国内被压迫民族纷纷独立，奥匈帝国走向解体，因此从法律上把民族作为实体来调整国家与民族之间关系的愿望也宣告落空。

二　民族性格原则

鲍威尔反对把语言、地域等客观性因素作为民族区分的标准，提出了"民族性格"原则，主张用文化基础的"性格原则"代替领土原则以解决民族问题。民族性格原则是以文化作为民族区分的标准，具有相同文化的人们形成民族文化共同体，不管他们居住在何处都享有本民族文化教育与管理事务的权力。

鲍威尔反对把地域因素作为区分民族的标准，但是这并不说明他否认民族中的地域因素，相反，他承认"地域"对民族存在和发展有着重要作用。由于民族是人的联合而不是地域的联合，但"这并不是说领土原则是错误的和无法成立的。相反，它是民族国家形

---

① Otto Bauer, *The Question of Nationalities and Social Democracy*, Trans. J. O'Donnell, E. Nimni（ed.）, Minneapolis, MN: University of Minnesota Press, 2000, p. 222.

成的原则"①。鲍威尔认为领土是国家形成的必要因素，因为"国家必然是一个领土实体。它必须有一些领土以形成制度上或多或少的独立性以及经济区域上的自足性，并且在战略上反对外来敌人"②。对于民族来说，一定的领土也起着重要作用。民族最初是在自然基础上形成的共同体，它包括地域、血缘和语言等。在这种情况下，自然的界限往往就是民族之间区分的界限。但是社会的发展使得"经济和文化的利益把距离遥远的人们统一起来。个人不再束缚于土地：知识范围内社会联系取代了世袭的社会结构"③。自然地理界限不再成为民族之间的界限。另外鲍威尔认为领土与非历史民族觉醒存在着直接的关系，他区分了同样作为非历史民族的捷克人与犹太人在资本主义发展影响下所导致的差异。这种差异的原因在于捷克人有着自己的祖国，从而保证了国外的捷克人形成自己的语言和文化特性。而犹太人没有自己的祖国，所以无法形成自己的民族文化特性，这就形成了捷克人在历史发展过程中的民族意识与民族自治。犹太人却是融入所在地民族文化中去，而无法形成民族自治。因此鲍威尔并不否认地域因素对于民族的作用，而是说明不能把领土作为民族形成的一个必然要素，因为在人们相互作用中并不起作用的地域因素，对于民族来说是毫无意义的。正如伦纳指出"在民族意识和具体的领土之间并没有必然的联系"④。而只有在人们相互作用中发挥作用的领土才是民族形成的要素。鲍威尔主张利用民族性格原则来保证民族和平并正是在民族性格基础上通过民族文化与政治的区分，以民族登记为手段来达到民族自治的目的。

① Otto Bauer, *The Question of Nationalities and Social Democracy*, Trans. J. O' Donnell, E. Nimni (ed.), Minneapolis, MN: University of Minnesota Press, 2000, p. 25.

② Ibid., p. 356.

③ Ephraim Nimn (ed.), *National Cultural Autonomy and Its Contemporary Critics*, London and NewYork: Routledge, 2005, p. 28.

④ Ibid., p. 21.

三　民族登记制度

民族登记制度是民族管理机构为了实现自我管理而对于国家中达到法定年龄的公民选择自己的民族属性进行登记的制度。鲍威尔认为民族问题产生的原因在于集中分散制度下民族没有自我管理的权力，因此赋予民族管理本民族事务的权力就是在根本上解决民族问题，使各个民族在国家中自由发展，每个民族成员参加本民族的教育，发展民族文化。由于不同的民族身份使各民族彼此区分开来，所以民族身份的确认就是个人参与民族事务管理以及教育的前提。那么鲍威尔所提出的民族登记制度就是一种对个人民族身份进行确认的手段，从而为个人教育以及民族事务的管理奠定基础。

民族登记制度不是由国家机关强制进行民族登记，而是达到国家法定年龄具有民族意识的公民进行的自由宣称（free declaration）。他是出于个人意志自主性基础上对于民族属性的选择，是个人发展民族文化以及管理民族事务的依据和基础。但是民族归属不但是成年公民的属性，而且还是包括未成年人的民族认同。鲍威尔对此认为没有达到法定年龄的个人，还不具有民族认同意识，他们的民族身份确认登记制度是由他们的法定监护人来选择。这样鲍威尔就把民族归属与国家中的公民自由结合在一起，建立了民族成员以及国家公民的权利和义务之间的关系。他把民族认同看作基于个人自由意志"选择"的结果，原因在于他看到了在多民族国家中统治民族对于少数民族以及非历史民族的统治与压迫，少数民族丧失了发展自己的文化权利。

登记制度作为一种民族身份认同制度，其实在鲍威尔民族理论之前就已经出现并在摩拉维亚等地得到实施。鲍威尔认为摩拉维亚地区实行的民族登记制度是在集中分散制度下为了增加民族人数，从而在国家权力斗争中获取多数的选票而进行的民族登记，这样各民族政党在登记民族归属时经常出现把别的民族作为自己的民族人口，民族充当政党斗争的工具。他们被不同的民族强行进行登记，因而出现了一个人具有多种民族身份的情况。"由于摩拉维亚人的民族登记的目标，它还不能与作为民族自治基础的民族登记相比。因为摩拉维亚人民族宣称只不过是与选举相关的登记的结果；在这种登记中依然是集中分散制度，民族没有任何改变。"① 因此集中分散制度中的民族登记制度是作为民族权力斗争的手段，它非但没有解决民族矛盾反而是加剧了民族之间的斗争。鲍威尔的民族登记制度不是由民族机构或国家机关进行强制区分，而是在个人自由宣称与选择基础上，这一制度和摩拉维亚民族登记制度最大的不同就是它根据民族性格原则进行民族身份区分，是各个民族自我管理的手段，它是民族自由发展与民主管理的统一，而"民主"是鲍威尔民族文化自治理论的一个重要特征。

鲍威尔的民族登记制度遭到了克拉马尔（Kramar）的反对。他以税收为例说明了民族管理并不是按照民族性格原则而是在领土原则上进行的。克拉马尔认为按照民族性格原则就无法对铁路进行征税，假如按照性格原则是由德意志人拥有的，但是按照领土原则它却在捷克地区，像这样由外国人在本国范围投资的工厂企业无法进行管理和征税，这对于现代国家是无法接受的。因此他说："按照民族进行税收分配是没有必要的，在实际中是按照领土原则而不是性格原则。按照民族而不是按照区域进行征税有严重的后果。"② 鲍威尔对此认为，民族登记制度并不是"经济登记"制度而只是一种"文化登记"制度，它是为了民族自治需要而进行民族属性的确认，而民族委员会对于民族成员的征税是民族成员的收入税而不是工矿企业的利润税，工矿企业的税收是由国家来征收。因此在鲍威尔看来实行民族登记制度，对于本民族成员进行征税，从而达到发展本

---

① Otto Bauer, *The Question of Nationalities and Social Democracy*, Trans. J. O' Donnell, E. Nimni（ed.）, Minneapolis, MN: University of Minnesota Press, 2000, p. 282.

② Ibid., p. 289.

民族文化和教育的目的，实现国家范围内的民族文化自治。

四　民族文化自治

在伦纳民族理论基础上鲍威尔进一步阐述了民族文化自治理论。鲍威尔认为各个民族不管居住在何处，他们都有权使用自己的语言，成立民族委员会。民族委员会的主要职能就是负责管理民族文化事务。这样每个人在国家中就有两种管理机构：一个是国家行政机构，它对于国家所有公民拥有统治权，个人在国家中享有法律所规定的权利。另一个是民族委员会，它管理本民族文化事务，民族成员在民族文化共同体中享有教育的权利。

鲍威尔分析了在单一语言区域中和多语言区域中的国家管理机构与民族委员会的区别。他认为："在单一语言中，州委员会既是公共管理又是民族管理。在双语区内，州委员会只负责民族中立性管理任务，而民族文化任务就是德国人或捷克人代表委员会的任务。"① 在单一民族语言区域中，民族管理机构和国家行政机构有着各自的职能与作用。虽然民族与国家的作用不同，但是在人员的构成上他们是同一个民族成员。因此国家行政机关既是统一的政治组织又是民族机构。但是在多语言区域中，各个民族机构行使自己的民族管理权。在国家行政机构上，由于每个民族成员要参与统一的国家管理，因此只由各个民族机构代表组成。民族事务是由民族委员会来管理，而公共事务由国家来管理。鲍威尔区分了国家公共事务与民族事务，这是后来多元文化主义者关于个人民族身份与国家公民身份理论的先声。

奥地利马克思主义针对奥地利所存在的民族问题以及实现社会主义途径问题做出了自己的探索。他们在复杂的民族矛盾与阶级斗争问题上一方面坚持了马克思主义的基本观点；另一方面，在具体

---

① Otto Bauer, *The Question of Nationalities and Social Democracy*, Trans. J. O' Donnell, E. Nimni (ed.), Minneapolis, MN: University of Minnesota Press, 2000, p. 285.

实现民族自由与国家统一方法上，鲍威尔并没有主张采取阶级斗争和革命的方法来完成这一任务，而主要是从文化的变革与发展上实现民族自由与国家统一，因为在他看来资本主义的发展、工人阶级斗争、民族斗争以及非历史民族觉醒并没有产生革命的要求，而是形成了各阶层"民族自治"的要求。

（一）奥地利与民族自治

19 世纪末 20 世纪初，资产阶级对于工人的剥削以及对殖民地的掠夺和征服，激起了无产阶级以及殖民地人民的反抗斗争，因此无产阶级革命、殖民地资产阶级民族民主革命结合在一起。面对复杂的民族矛盾和阶级斗争，鲍威尔提出了民族性格原则以及民族登记制度，并以此来解决民族问题，从而使各个民族获得管理本民族事务的权力，这就是在文化基础上的"民族自治"。

1. 农民与民族自治

以商品经济为基础的资本主义不但促进了人类生产力的巨大进步，而且引起了社会结构以及人们意识和观念的变化。在现代社会中，经济关系成为人们最普遍的联系，资本主义交通方式以及印刷技术的进步使得科学文化知识得到了广泛的传播与发展，民族语言取代拉丁语言成为人们使用的语言，广大的群众以及非历史民族参与到民族文化共同体中，"不但是贵族，而且广大群众也开始关心民族文化和教育制度的发展"。[1] 民族文化共同体的扩大唤醒了非历史民族意识的觉醒，使他们认识到民族文化的重要性，因此他们开始争取在国家中的地位和权利。民族自治能够满足非历史民族的文化发展需求，因为在民族自治中，成立民族委员会管理民族事务，发展民族文化与教育制度。对于非历史民族来说"由于资本主义的

---

[1]　Otto Bauer, *The Question of Nationalities and Social Democracy*, Trans. J. O'Donnell, E. Nimni (ed.), Minneapolis, MN: University of Minnesota Press, 2000, p. 366.

发展，民族自治就变得更加迫切"①。同时，民族文化共同体的扩大使广大农民成为现代农民，农民和城市之间的劳动产品交换，改变了农民的生活方式和认识，使他们脱离传统的价值观念和意识。他们也开始关心民族文化和教育制度，因为没有文化知识，他们很难在社会中生活和发展。更重要的是文化使他们意识到了民族压迫和剥削，"资本主义发展使波兰农民成为现代农民，他们的子女成为工人，农业经济的变化导致他们的意识也发生了变化。广大群众首次感受到了民族压迫"②。因此农民也要求民族自治，要求发展自己的民族文化和教育。

2. 工人阶级与民族自治

资本主义的发展不仅使非历史民族和农民产生了民族自治要求，而且形成了工人阶级的民族自治观念。鲍威尔认为："在资本主义社会中，民族自治是工人阶级在多民族国家中进行阶级斗争的必然要求。"③ 对于工人来说，民族自治不仅是文化共同体发展的需求，而且是阶级斗争的手段。资本主义发展导致文化共同体的扩大，使得广大工人群众接受了文化和教育，从而形成了他们的民族意识。但由于资本主义生产是建立在资产阶级对于工人阶级的压迫和剥削之上。资本家占有工人阶级的劳动成果，劳动力成为商品，工人成为资本家进行剩余价值生产的工具，因而工人失去了他的自由，所以工人的劳动是一种异化劳动。资本主义发展不但形成了工人群众的民族意识，还形成了他们的阶级意识。马克思主义者认为资本主义生产世界性形成了工人阶级的国际意识，因此工人阶级必须坚持国际主义把各个民族的工人阶级联合起来共同反对资产阶级。鲍威尔也认识到了国际主义对于工人阶级在斗争中的重要作

① Otto Bauer, *The Question of Nationalities and Social Democracy*, Trans. J. O'Donnell, E. Nimni (ed.), Minneapolis, MN: University of Minnesota Press, 2000, P. 366.

② Ibid., p. 366.

③ Ibid., p. 258.

用，不过他具体分析了"统治民族"与"非历史民族"工人所形成的不同的民族意识和阶级意识。他认为在传统历史民族中，由于他们是处于统治地位，他们的斗争主要是反对本民族资产阶级的压迫和剥削，同时认识到其他民族工人对于自己利益的重要性。因为只有其他民族工人的文化意识提高，从而不会破坏其他民族工人的罢工，"每个民族的工人在其他民族工人的文化发展中都有着自己的利益，这一事实可以从工会斗争的条件观点上就看出来"①。所以他们才能够联合起来反对资产阶级的剥削，这就在历史民族工人中形成了"朴素的国际主义"。而在非历史民族工人中，资本主义的发展使他们的民族意识觉醒，他们认识到来自统治民族的压迫，因此反对历史民族的压迫，要求发展自己的民族文化，从而形成了他们"朴素的民族主义"。在鲍威尔看来无论是历史民族中工人阶级"朴素的世界主义"还是非历史民族中"朴素的民族主义"，它们最终都是要发展为无产阶级的国际主义。马克思主义认为阶级斗争是国际主义最主要的手段，而鲍威尔认为朴素的民族主义和世界主义发展为国际主义并不是阶级斗争而是在民族自治基础上发展民族文化，因此他把民族文化自治作为阶级斗争的手段。

（二）民族斗争与民族自治

资本主义的发展使得各个民族意识不断增强，他们要求发展民族文化。在集中分散制度下，各个民族为了国家权力而进行斗争。"民族斗争使得各阶级更加渴望民族和平。这就必须从法律上调整民族之间的关系，这就是民族自治的要求。"② 在鲍威尔看来民族自治不仅是民族斗争的必然结果，而且是民族和平的要求。因为民族和平能够保证经济生产流通与交换秩序的正常进行。相反，民族斗争则破坏了社会生产秩序，导致社会生产无法进行，从而破坏了社

---

① Otto Bauer, *The Question of Nationalities and Social Democracy*, Trans. J. O' Donnell, E. Nimni (ed.), Minneapolis, MN: University of Minnesota Press, 2000, p. 253.

② Ibid., p. 318.

会生产的进一步发展。民族之间的斗争还意味着一旦一个民族掌握了国家权力，必然会导致其他民族失去权力，所以说每一个民族都是另外一个民族的潜在敌人或对手。民族斗争的结果就是国家行政机构以及立法机关陷于停顿，国家无法发挥它的管理和立法职能，从而使每一个民族都失去了国家中的权力和地位。"正是工人阶级在民族斗争中扛起了民族自治的旗帜。如果工人阶级不想被排除在当前的政治斗争之外，那么他就必须寻找一种解决这一斗争方法来调动人们的热情。他们找到的手段就是民族自决。民族斗争越是激烈，工人阶级就越是强调它的纲领。"[1] 在这种情况下，各个民族渴望结束国内民族之间的争斗以保持民族之间的和平，恢复国家行政管理机关和立法机构，从而在民族自治中管理和发展民族文化。而由伦纳提出并由鲍威尔进一步阐述的民族文化自治理论，他主张实行国家政治和文化的区分，国家管理各个民族的公共事务，各个民族委员会管理民族文化事务和教育制度。这样每个民族既得到了发展文化权力又发挥了国家管理上的政治职能，这就结束了民族之间关于国家权力的斗争。"自治是所有无产阶级斗争的本质，是社会主义生产的本质，是民主的本质。"[2] 因此民族自治是民族之间在国家权力上斗争的必然结果。

（三）民族文化自治与民主制度

鲍威尔反对把革命作为解决民族问题与国家统一的手段，而是把成立民族自治机构，发展文化教育，实行民主管理作为解决民族问题的手段。

民族与国家关系的有机调整就是以民族性格原则为民族原则，在文化基础上按照民族登记制度把居住在不同地域的人们统一起来，成立自己的民族机构，管理本民族事务。民族与国家关系的有

---

① Otto Bauer, *The Question of Nationalities and Social Democracy*, Trans. J. O' Donnell, E. Nimni (ed.), Minneapolis, MN: University of Minnesota Press, 2000, p. 320.

② Ibid., p. 257.

机调整使得民族拥有管理本民族文化以及征税等事务的权力，民族
发展不再依赖国家的权力。作为国家制度的民族自治管理，国家是
无法取消的，因为取消了民族自治就等于取消了国家本身。同时对
于民族来说，"只有当公共管理建立在自我管理的基础上时，民族
才有可能得到国家的保护"①。在民族自我管理中，民族有权成立自
己的民族委员会，发展自己的教育与文化。民族自治在实质上就是
民主，它既是国家与民族关系有机调整的结果，也是工人阶级积极
斗争的必然要求。

　　在鲍威尔的文化自治民族理论中，民主制度则是民族自治的保
证，因为中央集权制度中各个民族没有发展自己文化的权利，因而
民族自治便不能得到实施。"民族自治只有在性格原则上才能成立。
每一个民族有权发展本民族文化。任何民族不再为国家权力而斗
争。"② 民族自治实际上是民族自我管理，自我决定民族事务。在本
民族范围内它有权利决定自己的民族事务，那么这就需要国家在制
度上保证民族的民主权利。同时它还是民族在社会发展中的需要。
社会生产的发展引起了社会结构以及民族文化的变化，进而引起了
民族观念和意识的变化。民族意识的觉醒不但改变了民族与国家的
关系，而且改变了多民族国家中民族之间的关系，处于被统治地位
的非历史民族开始认识到民族文化的重要性，要求在国家中的平等
权利和地位。所以鲍威尔认为奥匈帝国中的民族问题并不在于国家
政治制度，也不在于社会发展水平，而是在于非历史民族的觉醒。
传统民族的领土原则以及集中分散制度导致民族斗争，因此民族文
化自治就是赋予民族自我管理的权利，这主要体现在民族管理委员
会的权利上。"民族对于国家的权利基于行政的民主形式，基于行

---

① Otto Bauer, *The Question of Nationalities and Social Democracy*, Trans. J. O' Donnell,
E. Nimni (ed.), Minneapolis, MN: University of Minnesota Press, 2000, p. 285.
② Ibid., p. 283.

政区域中的自我管理。"① 由选举成立的民族管理委员会可以使用本民族语言以及成立民族学校和制定教育制度，对本民族成员进行征税。鲍威尔以民族文化自治实现民族自由与民主，在当时资产阶级扩张以及无产阶级斗争中是无法实现的，因此他的这一理论随着奥匈帝国的解体而宣告破产。

不过面对奥地利民族与国家问题，鲍威尔并不同意采取暴力革命手段来解决民族问题，而是通过民族与国家的关系调整加以解决，"单纯的一个决定性行为很难导致民族自治。奥地利逐步实行民族自治。与其说是一个宏大的法律方案，不如说是由无数的地方的、区域的、各省的、具体的法律来产生新的制度。不管怎样，那些不被民族斗争所蒙蔽而致力于改善民族关系的人，对于那些法律制度并非随意的一纸空文而是由权力关系形成的人来说，他们深信：如果奥地利想继续存在，就必须实行民族自治"②。在鲍威尔眼里，革命的流血牺牲非但不能解决奥地利民族问题，而且有可能导致国家的解体，而民族文化的发展不但可以促进各个民族文化的自由发展，还可以保持国家统一。他通过对奥地利民主社会党布隆（Brünn）纲领的批判，进一步提出了他的民族纲领。

第二节　社会民主党与奥地利民族问题

19 世纪末哈布斯堡家族统治下的奥匈帝国处于内忧外患、风雨飘摇之中。一方面资本主义经济得到了较快的发展，另一方面，资本主义的发展使得各个民族的意识增强。1867 年奥匈帝国中的奥地利和匈牙利形成了二元君主制，维持着形式上的统一，但这并不能掩盖各个民族之间的冲突和矛盾。在奥匈帝国中德意

① Otto Bauer, *The Question of Nationalities and Social Democracy*, Trans. J. O' Donnell, E. Nimni（ed.），Minneapolis，MN：University of Minnesota Press，2000，p. 288.

② Ibid.，p. 326.

志人和马扎尔人是统治民族，而捷克人、斯拉夫人、斯洛文尼亚人等处于被统治地位。经济的发展与民族意识的觉醒使他们反对统治民族的压迫，要求民族平等。"在城市议会、省级议会和国会中都爆发了民族斗争，几乎所有街头巷尾的民族斗争都伴随着骚乱和暴力。"① 因此民族问题成为奥地利最主要的问题。在社会民主党领导下，工人阶级反抗资产阶级的运动蓬勃发展。在民族矛盾与阶级斗争中，社会民主党认为社会主义运动与工人阶级斗争才是真正的任务，而过多地纠缠于民族问题简直就是在"浪费精力"，从而"把更为重要的社会主义问题搁置下来"②。在国家传统君主专制、资本主义经济发展和社会主义运动之间，在民族矛盾与阶级矛盾、民族独立与国家统一之间形成了奥地利社会民主党的困境：是采取阶级斗争的方式反对传统帝国还是与调和民族之间的矛盾来维持传统君主制国家。正如阿德勒所说："我们不能反对没有真正生活的国家的斗争。……奇怪的是我们竟然还需要一个现代国家，尽管知道它并不是我们所需要的国家。与其他欧洲国家不同的是我们仅仅是为了这一基础而斗争。"③ 奥地利国家中的民族矛盾严重地影响了党的团结和统一。于是为了维护社会民主党的团结与统一，解决党内所面临的民族与阶级之间矛盾，1889 年奥地利社会民主党在海茵菲尔德（Hainfeld）召开了党的代表大会，大会通过了由维克多·阿德勒（Victor Adler）起草的"原则宣言"，制定了党的纲领。纲领认为民族问题是党的政治和国家统一的前提，"他们不得不重新考虑党与国家问题的关系。这就形成了一个非常奇怪的情况即在原则上反对现存国家

---

① Arthur G. Kogan, "The Social Democrats and the Conflict of Nationalities in the Habsburg Monarchy", *The Journal of Modern History*, Vol. 21, No. 3 (sep. , 1949), pp. 204 – 217.

② Ephraim J. Nimni, *Introduction for English-Reading Audience*, *The Question of Nationalities and Social Democracy*. Minneapolis, MN: University of Minnesota Press, 2000, p. xvi.

③ Arthur G. Kogan, "The Social Democrats and the Conflict of Nationalities in the Habsburg Monarchy", *The Journal of Modern History*, Vol. 21, No. 3 (sep. , 1949), pp. 204 – 217.

和社会的党还要为重建这个国家制定纲领"①。大会一致同意每两
年召开一次奥地利全党大会，各个民族政党成立了联合组织。在
民族问题上赋予各民族团体以完全的自治，每个民族政党都有自
己的议会和执行委员会来处理自己的事务。这次会议所体现出来
的维护国家统一以及民族自治的精神成为后来党关于民族和国家
关系理论的基础，1899 年在摩拉维亚的布隆市召开的会议上所制
定的纲领就体现了这一点。

一　奥地利社会民主党与民族纲领

1899 年 12 月在摩拉维亚的布隆（Brünn）市召开奥地利全党
代表大会，会议最重要的任务就是探讨民族问题并制定民族纲领。
纲领草案是由一位来自波西米亚的日耳曼人代表塞利戈尔（Josef
Seliger）提出来的。草案指出了奥地利民族问题和党以及无产阶级
利益上的一致性，因为资产阶级和贵族利用民族斗争使一个民族反
对另一个民族，这样各个民族就无法团结起来共同反对特权阶级。
因此必须在民族文化上而不是在阶级上解决民族问题，它主张各个
民族独立管理自己事务以消除民族矛盾。草案"再一次强调了党的
任务——就是寻找多民族国家中的政治生活基础。只有如此，'纯
粹的'阶级斗争才能取代民族之间的斗争"。② 对于这一草案，与
会代表都表示了不同意见。比如卢西尼亚人以及波兰人代表认为政
治和社会的解放是民族解放的条件。捷克代表认为草案的错误在于
把民族和文化事务同经济和社会事务分离开来，实际上民族文化的
发展是同民族政治分不开的，因此他们提出要修改党的纲领。南部
斯拉夫代表在这次会议上提出了一个崭新的观点，他们认为以族群
的地域界限来划分行政区域并不能解决民族问题，因为现代经济的

---

① Arthur G. Kogan, "The Social Democrats and the Conflict of Nationalities in the Habsburg Monarchy", *The Journal of Modern History*, Vol. 21, No. 3 (sep. , 1949), pp. 204 – 217.

② Ibid. , pp. 204 – 217.

发展导致人口的流动非常频繁，民族和地域的界限很难一致。他们以宗教在国家统一中的独立性为例来说明民族与国家的关系，他们指出民族问题的解决"只有不按照民族人口居住的区域而是在个人明确的民族性条件上，权利的平等才有可能"①。南部斯拉夫代表所提出的方案实际上就是后来伦纳和鲍威尔民族文化自治理论的雏形，但是他们的民族自治方案在这次大会上并没有通过。除了注重民族问题解决代表之外，还有一些代表坚持社会主义运动以及无产阶级斗争"国际主义"，否认民族问题对于党的重要性，比如意大利和部分捷克代表就认为，党应该从毫无意义的民族斗争中解脱出来，以致力于社会主义工人运动，因此他们认为只有资产阶级才对民族斗争有兴趣。在布隆会议上，各民族代表针对民族问题与国家的统一争论不休，互不相让。经过党的执行委员会对于草案讨论并征取各代表意见基础上重新制定并最终通过了党关于民族问题的纲领，也就是《布隆纲领》。纲领认为：

> 由于奥地利民族矛盾妨碍了政治的进步与民族的文化发展，由于这种矛盾首先是我们政治上落后的公共机构，特别是由于民族分歧的不断存在是统治阶级维护他们权力的一种手段，并且阻碍了人民的利益无法得到充分的表达，为此党的代表大会宣布：

> 本着平等和合理的精神，奥地利的民族明确规定和语言问题首先是文化发展，因此也是无产阶级的根本利益；

> 这只有在普遍平等和直接选举的真实民主政治中才有可能，其中取消了国家和各省中的封建所有特权，也只有在这一政治中，实际上是保留国家和社会内容的劳动阶级才能够表达自我；

---

①　Arthur G. Kogan, "The Social Democrats and the Conflict of Nationalities in the Habsburg Monarchy", *The Journal of Modern History*, Vol. 21, No. 3（sep. , 1949）, pp. 204 – 217.

只有在平等基础上和反对所有形式的压迫中，奥地利所有民族的民族特性的形成和发展才有可能，因此正如反对各省的封建特权一样，首先必须反对所有的官僚—国家中央集权制。

在这种情况下，也只有在这种情况下，在奥地利用民族有序性取代民族无序性，我们的进步建立在对以下指导原则的认识：

1. 奥地利应转变为一个各民族民主联盟的国家。

2. 应组成以民族为界限的自治机构来取代历史上的王室领地，每个机构的立法和行政均由根据普遍、直接和平等选举权选出的民族议院管理。

3. 属于同一民族的各自治区域组成单一的民族联盟，该联盟完全按自治原则来处理本民族的事务。

4. 少数民族的权利由帝国议会通过的具体法律来得到保证。

5. 我们反对任何民族特权并因此反对国家语言的要求；单一语言使用是由帝国议会中的交流需要来确定。

在这些原则的基础上作为国际社会民主党运动的机构，党的代表大会确信各个民族之间的理解是可能的；

它庄重宣布承认每一个民族的民族生存和民族发展的权利；

它同时宣布人们在紧密团结的基础上进一步发展民族文化而不是彼此之间的争论，尤其是所有工人阶级和作为整体利益的每个民族利益一样，必须和国际的友好团结和斗争联系起来，必须用一个声音来指导他们的政治和工会斗争。①

---

① Otto Bauer, *The Question of Nationalities and Social Democracy*, Trans. J. O' Donnell, E. Nimni（ed.）, Minneapolis, MN: University of Minnesota Press, 2000, pp. 421 - 422. 部分译文参照了殷叙彝编《鲍威尔文选》，人民出版社 2008 年版，第 63 页。

从纲领内容可以看出，这是在民族草案的基础上对于社会民主党各族代表一个折中方案。该纲领仍然坚持在民族地域分界基础上成立各个民族联邦国家，同时在平等的基础上赋予各民族的自治权利。纲领对于语言问题的方案反映了捷克民族代表观点，而民族利益和国际主义的一致性也是意大利代表所关心的主要问题。另外大会虽然否定了南部斯拉夫代表所提出的自治的方案，但是纲领"在紧密团结的基础上进一步发展民族文化而不是彼此之间的争论"却体现了"文化自治"内容。它是由社会民主党代表卡尔·伦纳为解决奥地利民族问题作为一种理论首次提出来，并由鲍威尔进一步发展为系统的民族理论。鲍威尔对于民族问题做了深入的分析，并在此基础上提出了自己的民族纲领。

社会民主党的民族布隆纲领是在民族性格原则基础上体现了民主与平等，在这一纲领中，"奥地利民族纲领明确规定和语言问题首先是文化发展，因此也是无产阶级的根本利益"。这说明了它把文化问题而不是国家政权问题作为解决民族的前提和基础，并且把它作为无产阶级根本利益，这一点受到鲍威尔的批判。鲍威尔认为这一纲领没有从国际背景下来看待奥地利民族问题，"这一纲领最明显的缺点就在于它没有在全球条件下来理解奥地利民族问题"①。19世纪末20世纪初，资产阶级国家进入垄断资本主义阶段，帝国主义国家之间的矛盾加剧。资本主义在全世界范围内的殖民扩张与掠夺，激起了殖民地人们的民族斗争与反抗，资产阶级与无产阶级矛盾也日益激化，因此民族矛盾与阶级矛盾结合在一起。鲍威尔看到了民族问题、阶级矛盾与资本主义的本质结合在一起，因此鲍威尔认为："必须把具体的奥地利民族问题和宏大的社会问题结合在一起。如果这样的话，就必然导致作为实际民族政策的工人阶级社

① Otto Bauer, *The Question of Nationalities and Social Democracy*, Trans. J. O'Donnell, E. Nimni (ed.), Minneapolis, MN: University of Minnesota Press, 2000, p. 422.

会主义政策的产生，因为它的制度和管理政策只是作为纯粹的手段。"①

　　纲领第四条是关于少数民族权利问题。少数民族权利问题是纲领所关注的重要问题，"少数民族的权利由帝国议会通过的具体法律来得到保证"。正是少数民族问题才形成了民族问题的核心内容，所以解决少数民族问题就是解决民族问题的关键，这一问题虽然在党的纲领中提了出来，但是并没有解决。鲍威尔认为民族的领土原则是把人对物的统治用于对人的控制，这样就产生了多数民族对于少数民族、历史民族对于非历史民族以及领土上的固有民族对于外来移民的统治。因此少数民族问题的解决首先是以民族性格为界限而不是以领土为界限，这样就取消了作为统治意义上少数民族和多数民族之间的关系。在民族平等的基础上，每个民族作为国家法律中的实体拥有管理本民族事务的权力，在民族性格原则上把少数民族制度作为"公法团体"。纲领第二条原则"以民族为界限的自治机构来取代历史上的王室领地"正是体现了这一点，但是它只是提到了国家对于少数民族权利的法律保障，而忽视了少数民族作为享有法律规定权利的"实体"，显然社会民主党还没有把性格原则和国家管理制度完全区分开来。所以鲍威尔认为："只有在民族性格原则的公共法律基础上把少数民族制度作为公法团体，工人阶级才能回答这一问题。如果布隆会议没有同意这一要求，这不仅是少数民族的危险性，而且当然是对于使性格原则和国家管理制度完全区分开来的做法缺乏认识。"② 作为公法团体的民族实质上就是"民族自治"，也就是把地方行政管理权直接交给民族。这样各个民族在民主基础上形式自治的权力，民族自治对于国家来说就是国家的一种民主制度，社会民主党正是在各民族民主联盟的基础上形成了

　　① Otto Bauer, *The Question of Nationalities and Social Democracy*, Trans. J. O' Donnell, E. Nimni (ed.), Minneapolis, MN: University of Minnesota Press, 2000, p. 422.

　　② Ibid., p. 423.

民族自由发展和奥地利国家统一。

　　在社会民主党民族纲领中，首先声明了它所遵循的平等和民主的原则，反对国家和民族中的特权和压迫制度，它认为："奥地利所有民族特性的形成和发展只有在平等基础上和反对所有形式的压迫中才有可能，因此正如反对各省的封建特权一样，首先必须反对所有的官僚—国家中央集权制。"① 但是它把民族语言和文化作为民族问题的首要内容，因而反对任何民族把它的语言作为国家语言即作为特权的语言。民族平等也就意味着民族纲领第五项"反对任何民族特权并因此反对国家语言的要求；单一语言使用是由帝国议会中的交流需要来确定"。鲍威尔认为语言的交流是国家进行统治的需要，它必须得到无产阶级的支持，尽管对无产阶级来说它不是一个重要的问题，因为"交流语言是国家的需要，工人阶级当然必须满足国家的这一需求，但它并非是无产阶级的需求，他们的满足是由社会民主党纲领决定的"②。无产阶级所要求的问题是在生产资料社会化基础上实现劳动共同体和民族文化共同体的统一，把民族原则和国际主义的原则结合起来克服民族修正主义，用无产阶级"民族演进政治"反对资产阶级"民族权力政治"，所以鲍威尔在分析了奥地利国内外具体条件中提出了自己的民族纲领。

二　鲍威尔与社会民主党的民族纲领

(一) 鲍威尔对社会民主党民族纲领的修正

　　鲍威尔的民族纲领是他的民族理论体现，是对奥地利社会民主党 1899 年《布隆纲领》的进一步修正与完善，也是指导奥地利社会民主工党进行斗争的基本原则和纲领。主要内容如下：

---

　　① Otto Bauer, *The Question of Nationalities and Social Democracy*, Trans. J. O' Donnell, E. Nimni (ed.), Minneapolis, MN: University of Minnesota Press, 2000, p. 421.

　　② Ibid., p. 423.

一、在资本主义社会中，工人阶级被排除在民族文化共同体之外。占统治地位的有产阶级独自地把民族文化财富据为己有。社会民主工党力求使民族文化、即全民族的劳动成果也成为全民族的财产，从而把所有民族同胞联合成一个民族文化共同体，这样才能使民族成为一种文化共同体。

如果工人阶级为较高的工资和较短的工作时间而斗争，如果它想扩展学校事业使学校也为无产阶级子弟掌握其民族文化宝藏打开方便之门，如果它要求完全的出版自由、结社和集会自由，那么，它就是为扩大民族文化共同体的条件而斗争。

但是工人阶级懂得，劳动者在资本主义社会中决不能完全地享受民族文化。因此，它将夺取政权，并且把劳动资料从私有的财产变为社会的财产。只有在以社会财产和合作生产为基础的社会中，全体人民才有资格分享民族的文化财富，有成效地对民族文化作出贡献。民族必须先成为劳动共同体，它才能成为完全的、真正的和自主的文化共同体。

因此，劳动资料的社会化是工人阶级民族政策的目的，而阶级斗争则是它的手段。

二、在这一斗争中，每个民族的工人是把本民族的有产阶级作为不可调和的敌人与之对立的。与此相反，每个民族的工人经济上、政治上、文化上的进步是以一切其他民族的无产阶级在经济上、政治上、文化上的进步为条件的。因此只有在反对一切民族的有产阶级的斗争中并且同一切民族的工人阶级结成紧密联盟的情况下，每个民族的工人阶级才能得到经济上和政治上的解放，才能加入本民族的民族文化共同体。

三、在奥地利，这一阶级斗争受到既集中又分散的制度的阻挠，这种制度迫使一切民族为国家中的权力而斗争。有产阶级歪曲利用了这种权力斗争，使自己的阶级斗争和竞争斗争披上了民族斗争形式的外衣；它们以此掩盖阶级对立，使被剥削被奴役民族的广大群众为其统治利益服务。因此，这种既集中又分散的制度无论是表现为国家中央集权制还是各邦联合制的形式，对各民族的工人来说都是不能容许的。各民族的工人阶级要求一种可以结束各民族的权力斗争的制度，为此各民族的工人阶级给每个民族确定一个有法律保障的权力范围，确定一种制度，使每个民族有可能自由地进一步发展本身的文化，使一切民族的工人有可能争取到他们在本民族文化中的份额。因此，社会民主工党要求按照下列原则来彻底改造奥地利：

1. 奥地利应改组为各民族民主联盟的国家。

2. 应组成以民族为界限的自治团体来代替历来的邦，每个团体的立法和行政均由根据普遍、直接和平等的选举权选出的民族议院管理。

3. 属于同一民族的各自治区域组成单一的民族联盟，该联盟完全按自治原则来处理本民族的事务。

4. 每个自治区域内的少数民族应组成为公法团体，这些团体完全按照自治原则来管理少数民族的学校事业，并且在官厅和法院面前给其民族同胞以法律方面的帮助。

四、工人阶级只能在历史上形成的国家范围内进行它的阶级斗争。它并未期待民族问题会由于一次帝国主义世界性变革的不可靠的胜利而得到解决，因为帝国主义的胜利是以大的资本主义邻国工人阶级的失败为前提的，因为这一胜利在奥地利本身会引起尖锐的民族斗争，而这种斗争必然延缓一切民族的阶级斗争，从而也必然延缓它们的文化发展。

工人阶级不是指望通过资本主义的帝国主义而是指望通过无产阶级的社会主义来实现一切民族政治上的统一和自由。社会主义社会制度像它以前的任何新的社会制度一样，也将彻底改变和划分共同体的原则。它将消灭那些今天还支持从封建时代和早期资本主义时代遗留下来的多民族国家的那些势力。它将把人类分为按民族划分的共同体，这些共同体掌握它们的劳动资料，自由地和自觉地掌握本民族文化的进一步发展。

但是同时，社会主义社会也将实行国际分工，因此它也将把独立的民族共同体联结成许多国际性的管理共同体，这些共同体最终将成为组织成团体的民族权利共同体的机关。这样，它将逐渐把民族共同体变为一个巨大的新型的国际共同体的自治成员。把整个文明人类联合起来去共同征服自然，并把人类分成享有本民族文化财富和自觉地掌握本民族文化的进一步发展的民族自治共同体，这就是国际社会民主党在民族方面的最终目的。①

鲍威尔针对奥地利民族以及社会民主党的具体实际问题，并结合当时的国际环境，分别从社会制度基础、民族原则、实现手段、党的目的等方面为社会民主党提出了民族纲领。纲领首先明确了不同社会制度下民族文化共同体性质上的差异。由于资产阶级占有无产阶级所创造的文化劳动成果，工人阶级被排除在民族文化共同体之外。所以私有制是资本主义民族问题产生的根源，社会民主党的目标就是在劳动资料公有制基础上实现劳动共同体和文化共同体的统一。而要实现这一目标就需要工人阶级"夺取政权，并且把劳动资料从私有的财产变为社会的财产。只有在以社会财产和合作生产为基础的社会中，全体人民才有资格分享民族的文化财富，有成效地对民族文化作出贡献。民族必须先成为劳动共同体，它才能成为完全的、真正的和自主的文化共同体"。

这一点说明了鲍威尔和伦纳民族文化自治之间的一个差异，伦纳主张作为文化与情感共同体的民族应该像宗教共同体那样与国家政治分开。而在鲍威尔看来民族问题实质上是社会问题，所以民族

---

① ［奥］奥托·鲍威尔：《鲍威尔文选》，殷叙彝编，人民出版社2008年版，第62—64页。

文化的发展离不开国家权力的支持与保障。因此工人阶级发展民族文化就需要国家政权，这就需要工人阶级的斗争。另外他还坚持工人阶级国际主义的策略反对"修正主义"。这在一定程度上说明鲍威尔坚持了马克思主义理论基本观点。

他指出，各民族工人在阶级利益上是一致的，有产阶级是他们共同的敌人。鲍威尔的"民族文化自治"理论通常被批判为否认国际主义而导致工人阶级队伍的分裂。其实从纲领内容上来看，鲍威尔认识到了工人的民族性，但他并未否认工人阶级的国际性，因为"每个民族的工人经济上、政治上、文化上的进步是以一切其他民族的无产阶级在经济上、政治上、文化上的进步为条件的"①。换言之，一个民族的工人利益总是和其他民族的工人利益是相关的，因为只有其他民族工人文化、经济、政治上的发展与进步，才会形成他们维护自身权益的行动。鲍威尔分析了历史民族工人和非历史民族工人分别形成了"朴素的世界主义"和"朴素的民族主义"，它们在工人阶级同资产阶级斗争的过程中发展为国际主义的意识。

（二）工人阶级的国际主义意识

马克思主义认为资本的扩张形成了资产阶级世界性利益，因而资本家很容易联合成利益的整体，工人阶级反对资产阶级的斗争必然也导致无产阶级在世界范围内联合起来，因此马克思主义工人阶级的国际主义意识是在阶级利益一致基础上的统一性，而鲍威尔的国际主义意识则是在各民族工人利益一致基础上的统一性。也就是说，鲍威尔是在民族文化基础上实现工人阶级的团结，所以他说："因此只有在反对一切民族的有产阶级的斗争中并且同一切民族的工人阶级结成紧密联盟的情况下，每个民族的工人阶级才能得到经济上和政治上的解放，才能加入本民族的民族文化共同体。"② 在马克思主义看来，工人阶级利益一致性是他们产生和形成他们国际意

① ［奥］奥托·鲍威尔：《鲍威尔文选》，殷叙彝编，人民出版社 2008 年版，第 63 页。
② 同上。

识的前提，但是在鲍威尔看来，工人阶级团结的前提是他们对于这种利益一致性的认识。否则各个民族工人虽然有着相同的利益，但是他们并不能形成统一的命运共同体，而只是"命运的相似性"。不同民族的工人由于不同的文化，因而产生不同的意识和行为即"民族性格"。比如鲍威尔认为，奥地利工人、德国工人以及意大利工人对于社会主义观念的认识是不一样的。因此工人阶级的团结是建立在观念和意识的一致性之上，而观念和意识的统一又是在文化的基础上，所以鲍威尔的民族纲领就是在各个民族文化发展基础上使全体人民成为一个统一的民族。

鲍威尔民族国际主义一方面是各民族工人在语言独立性上所形成的多样性，另一方面是各民族在利益一致性上形成的国际性。鲍威尔在纲领的最后指出："社会主义社会也将实行国际分工，因此它也将把独立的民族共同体联结成许多国际性的管理共同体，这些共同体最终将成为组织成团体的民族权利共同体的机关。这样，它将逐渐把民族共同体变为一个巨大的新型的国际共同体的自治成员。把整个文明人类联合起来去共同征服自然，并把人类分成享有本民族文化财富和自觉地掌握本民族文化的进一步发展的民族自治共同体，这就是国际社会民主党在民族方面的最终目的。"① 因此他所提出的民族纲领是在民族文化发展形成统一文化共同体，并在此基础上反对党和工人阶级的分裂，以维护工人阶级和党的统一，这还体现在他对于"民族修正主义"的批判上。

（三）鲍威尔对于修正主义的批判

"修正主义"指在马克思主义名义下，以资本主义社会发展为借口，并用资产阶级的理论来修正和补充马克思主义理论的思潮，它实质上是反马克思主义的思潮。修正主义的主要代表人物是伯恩施坦以及考茨基，他们的主要观点是放弃马克思主义阶级斗争和革

---

① ［奥］奥托·鲍威尔：《鲍威尔文选》，殷叙彝编，人民出版社 2008 年版，第 64 页。

命理论，主张资产阶级和平民主的议会斗争，放弃无产阶级政党专政的基本原则。修正主义特征就是它不把广大的工农群众作为社会革命和斗争的力量，而是根据眼前的利益同资产阶级进行毫无原则的妥协与退让。在理论上它把马克思主义经院化、学术化，使马克思主义理论脱离社会实际问题，因而成为政治上的宣传或党派之争的理论修饰品。除此之外，修正主义的出现还和资本主义国家在政治、经济上策略的变化密切相关。19 世纪末 20 世纪初，资本主义开始由自由竞争阶段向垄断资本主义阶段过渡，资本主义在全世界范围内进行殖民扩张与掠夺，因此资产阶级和无产阶级、帝国主义国家和殖民地之间的冲突和斗争日益尖锐，世界范围内的阶级斗争与民族革命蓬勃兴起。但是在西欧发达资本主义国家中无产阶级革命斗争都遭到了不同程度的失败，这也使得马克思主义知识分子开始对马克思主义理论进行反思，他们主张用西方社会现实与哲学理论来修正马克思主义理论。与此同时，西欧资本主义国家在经济危机和工人阶级斗争冲击下开始在政治、经济上进行改革，这使得资本主义经济和社会结构发生了新的变化，国家法律制度不断完善，议会民主制度以及社会中间阶层不断发展和壮大。这些变化也影响到了中欧以及东欧一些国家，如沙皇专制下的俄国以及哈布斯堡家族统治下的奥匈帝国等。这些国家经济落后、民族矛盾与阶级矛盾尖锐，因此对于无产阶级和政党来说，反对修正主义，坚持马克思主义无产阶级革命是最主要任务。尤其是第一次世界大战爆发以后，面对第二国际对于无产阶级革命事业的背叛，不少社会民主党支持本国的工人参加资产阶级发动的帝国主义战争，于是列宁反对机会主义和修正主义并揭露了修正主义的反动本质。从哲学上批判了新康德主义、经验主义、唯心主义本质；政治上批判了资产阶级民主实质；经济上批判了庞巴维克价值效用理论对于马克思主义政治经济学的歪曲，从而揭露了修正主义产生的阶级根源、认识根源以及社会根源，指出了修正主义的唯心主义本质以及它对于科学社会主义的反动性和对无产阶级革命的危害性。

鲍威尔作为奥地利社会民族党领导人和著名理论家，由于他在革命的社会主义运动和资产阶级自由民主之间摇摆不定，因而受到坚持无产阶级革命斗争立场的列宁的批判。但是鲍威尔的民族文化自治理论和修正主义不同，在一定程度上他坚持了马克思主义的原则和立场，并认识到了修正主义对于工人阶级及其政党的危害。因此他从维护无产阶级革命事业和利益出发，尤其是从民族立场上对于修正主义进行了批判。

鲍威尔对修正主义的产生根源和对无产阶级革命事业的危害都进行了批判和分析。鲍威尔认为修正主义的本质是在于社会民主党丧失自己的立场同资产阶级联合起来，掌握国家政权，参与民族权力斗争，甚至是统治其他民族。他说："如果修正主义政策的本质在于社会民主党对于资产阶级国家以及资产阶级政党不再坚持它的立场，而是在国家中同资产阶级政党联合起来，民族修正主义方针可以理解为参与国家事务，每个民族的社会民主党在反对其他民族权力斗争运动中和本民族资产阶级政党联合起来，如果可能的话，并且共同统治其他民族。"[1] 列宁把修正主义作为无产阶级革命意识的对立面，指出修正主义是受到资产阶级意识形态，以及部分贵族化工人所产生的错误意识的影响，因此它在本质上是唯心主义的、反动的。它导致了无产阶级革命队伍的瓦解并葬送了社会主义的革命前途，因而它是对于社会主义的背叛。无产阶级政党应当坚持革命立场，坚持暴力革命推翻资产阶级的统治，实现无产阶级专政。所以列宁认为修正主义与无产阶级革命意识是无法调和的矛盾，因此列宁不惜与第二国际决裂成立第三国际以继续无产阶级革命事业。

鲍威尔也认识到了修正主义对于无产阶级革命事业以及党的统

---

① Otto Bauer, *The Question of Nationalities and Social Democracy*, Trans. J. O'Donnell, E. Nimni (ed.), Minneapolis, MN: University of Minnesota Press, 2000, pp. 447-448.

一造成的危害性。他认为"民族修正主义不可避免地导致无产阶级运动的分裂"①，而且也破坏了工会斗争以及无产阶级革命队伍的团结。列宁把修正主义当作一种错误的资产阶级意识，坚持同修正主义进行坚决的斗争来维护无产阶级革命的斗争性和纯洁性。和列宁不同，鲍威尔认为修正主义是在资本主义社会生活中产生的意识，因此对于它的克服不是通过无产阶级革命斗争而是通过经济发展来加以克服。

鲍威尔把无产阶级在资本主义社会中的发展分为三个阶段：在资本主义发展的第一个阶段，资产阶级建立了国家政权，无产阶级遭受着资产阶级的统治和剥削，虽然无产阶级力量最初很弱小，但是在社会民主党领导下，通过社会教育运动形成了革命和斗争的阶级意识。在这一时期党的政策和工人阶级斗争的目标是一致的，都是通过阶级斗争反对资产阶级专政。在资本主义发展第二个阶段，无产阶级力量得到了发展与壮大，工人阶级虽然还不能作为单独的力量推翻资产阶级专政，但是工人阶级在资产阶级政治民主制度中有着重要的影响和作用。为了维护自己的统治，资产阶级开始同意工人阶级所提出的增加工资、缩短工时的要求，以此来争取工人阶级的选票，工人阶级开始进入资产阶级议会民主之中，在政治中得以发挥自己的作用。在这一阶段，工人阶级在资产阶级意识影响下形成了民主、自由的意识，工人阶级队伍中开始形成以议会民主制为目标的修正主义意识。"正如政治修正主义是从社会民主党利用权力的政治任务中产生的一样，毫不妥协的策略是从社会教育、形成权力的任务中产生的。"② 正是在这一阶段，出现了社会民主党以阶级斗争为目标的教育运动和以工人阶级政治运动为目标的差异。因为社会民主党的基本宗旨是采取阶级斗争手段反对资产阶级统

---

① Otto Bauer, *The Question of Nationalities and Social Democracy*, Trans. J. O' Donnell, E. Nimni（ed.），Minneapolis, MN：University of Minnesota Press, 2000, p. 455.

② Ibid., p. 446.

治，但是各个民族的工人阶级由于受到生活和民族文化的影响并未意识到党的宗旨和目标。同时由于受到民族意识影响产生了民族修正主义，不是团结各民族的工人阶级共同反对资产阶级，而是支持本民族的资产阶级去反对另一个民族的工人阶级和资产阶级。"每个民族为工人阶级的民族利益而斗争的社会民主党把本民族的资产阶级政党看作他们的联盟，把其他民族的政党看作敌人。"① 因此鲍威尔认为修正主义首先表现为"民族修正主义"，它使党和工人阶级致力于为争取各个民族在国家中的权力而进行民族权力斗争。资产阶级正是利用了这一点来掩盖阶级斗争为它的统治服务。而社会民主党分裂为各个民族独立的政党，正是在利用民族权力中产生了民族修正主义，而在鲍威尔看来，毫不妥协的策略是在民族权力和民族自治的过程中产生的。因此民族权力政治以及民族修正主义并不是通过无产阶级革命斗争所能解决的，而是在资本主义的发展基础上通过民族自治以及民族国际策略来加以解决。

在民族自治中，民族在国家中就成为享有法律规定的公法团体。各个民族不再为国家的权力而进行斗争，民族权力政治就成为民族自治。民族国际主义策略是指在资本主义条件下，工人阶级利益是以其他民族的工人阶级文化发展为条件。在资本主义发展的第三阶段，无产阶级占有多数，他们在政治中权力不断扩大，这对于资产阶级是一个严重的威胁。在这种情况下，资产阶级政党联合起来共同反对社会民主党，资产阶级和社会民主党的矛盾再次激化，阶级斗争成为社会民主党的手段。随着无产阶级通过阶级斗争夺取政治权力，结束了民族权力政治和民族修正主义。"在资本主义发展的最高阶段，和其最初的阶段一样，社会民主党同所有有产阶级进行斗争，同全部有组织的国家权力机构进行斗争。在这里，政治和社会教育活动再一次一致。随着工人阶级获得政治权力，这一阶

---

① Otto Bauer, *The Question of Nationalities and Social Democracy*, Trans. J. O' Donnell, E. Nimni (ed.), Minneapolis, MN: University of Minnesota Press, 2000, p. 447.

段的阶级斗争才结束。"①

鲍威尔对于修正主义的批判最终是以无产阶级获得政权而结束，但是他的阶级斗争理论是建立在资本主义发展之上，而不是在现实的群众运动基础上，这也体现了他的"社会力量均衡"理论，反映了他的小资产阶级思想以及对于无产阶级斗争的残酷性缺乏足够的认识。不过鲍威尔对于修正主义的批判使我们看到了工人阶级的民族意识以及阶级意识之间的复杂关系。

（四）民族多样性与党的统一

传统马克思主义者批判鲍威尔的"民族文化自治理论"瓦解了无产阶级革命队伍而导致了党的分裂，通过对他的民族文化自治理论的分析与了解，我们认识到他的民族纲领并非在民族基础上分裂党的统一，而是对于民族区别以及党的统一之间的关系做了详细的分析。如何解决阶级矛盾以及民族矛盾之间的关系以维护党与国家的统一，这是鲍威尔民族纲领的目的，因此他批判了民族修正主义对于党以及工人阶级统一的破坏性。不但如此，他进一步阐述了党的统一性和民族差异性之间的关系。由于社会民主党是由不同民族组成，这样就面临民族的多样性与党的统一性之间的关系问题，是在保持民族多样性基础上完成党的统一，还是取消民族多样性来实行党的统一，这些问题都是社会民主党所迫切需要加以解决的问题。鲍威尔主张调整民族与国家之间的关系，反对把民族自治理论用于党内组织，因为把民族自治应用于党的组织就意味着各个民族可以成立自己的政党，从而造成了党的分裂。马克思主义认为民族自治理论使一个民族工人阶级同资产阶级共同反对另外一个民族的工人阶级，从而导致无产阶级政党以及工人阶级的瓦解与分裂。

鲍威尔认为民族文化自治是调整民族与国家之间的关系，而不是党内各个民族政党之间的关系，因此他否认党内的民族自治。而

---

① Otto Bauer, *The Question of Nationalities and Social Democracy*, Trans. J. O' Donnell, E. Nimni (ed.), Minneapolis, MN: University of Minnesota Press, 2000, p. 446.

民族自治对于工人阶级的影响，他认为工人阶级的工会组织不能运用民族自治，从而维护工人阶级队伍的团结。鲍威尔认识到民族文化自治促使各民族工人文化的提高和发展，进而使他们意识到与其他民族工人在利益上的一致性，进而加强各民族工人阶级之间的团结。因此民族文化自治不会导致工人阶级的分裂，恰恰相反，文化自治是工人阶级进行阶级斗争的手段。鲍威尔认为党的统一并不是要在民族语言、文化等形式上的统一，而是在党的宗旨、纲领、任务上的统一。也就是，说在党的统一领导下，各个民族保持自己的民族文化，"党的区分首先是由于不同的民族在宣传中运用不同的手段。每个民族的工人在集会、出版、组织中使用自己的语言来表达"①。党的区分是由各个民族本身的文化决定的，他们有着自己的民族语言和文化，因此在他们的组织活动中使用自己的语言，运用不同的手段。这样鲍威尔就在民族多样性之上形成党的统一性，从而维护党和工人阶级队伍的团结。

鲍威尔认为党和工会的关系体现了党的统一性和民族具体性。工会作为在资本主义发展过程中出现的工人运动的群众性组织，主要任务是组织工人的活动以及维护工人的权利。与阶级基础上的政党不同，工会则是按照不同的职业形成和发展起来的，但是在资本主义发展过程中他们都面临民族的问题。资本主义商品经济发展的世界性形成了工会组织的国际性，因此工会的历史反映了资本主义发展的历史。与此同时，资本主义的发展唤醒了工人阶级的民族意识，这样国际性的工会组织就面临着民族问题。在民族自治制度下，各民族工人使用自己的语言，那么这一制度势必对于党和工会组织产生影响，从而导致独立的民族政党以及工会组织。因此在这种情况下，"要么工会组织适应工人政治运动的要求，统一的职业协会分为独立的民族组织，民族工会运动在每一个民族中形成民族

---

① Otto Bauer, *The Question of Nationalities and Social Democracy*, Trans. J. O' Donnell, E. Nimni (ed.), Minneapolis, MN: University of Minnesota Press, 2000, pp. 426 - 427.

工党机构；要么工会保留它们的国际组织，但是它和工人政治运动的密切关系就割裂开来，统一的国际工会组织在六个社会民主党之外"①。党的统一和纲领是工会的内容，而工会则是党实现目标和纲领的手段和形式，它具有不同的民族语言。但是由于工会的国际性与民族性之间的矛盾以及工会中的民族自治，使得各个工会成立了独立的民族政党，这就是出现群众组织的工会成为"内容"，而党由于各个民族独立政党的成立，因此党就失去了群众而工会则成为没有内容的"形式"，也就是没有"物质"的"意识"。所以鲍威尔反对党以及工会中的民族自治，而是在工人阶级利益一致的基础上统一起来。在各个民族文化发展的基础上形成统一的国际组织，"统一的内部行政管理，而在工会活动具体的民族统治范围内工会必须利用不同的民族手段来完成国际经济任务。"② 因此鲍威尔认为在民族文化发展基础上完成工会和政党的统一是社会民主党的主要任务。

第三节　奥地利社会民主党的民族纲领

一　民族与国家关系调整

鲍威尔在民族文化自治理论中提出了文化与政治的区分，但是人们往往把这一理论理解为政治与文化分离，其实这是不符合鲍威尔思想的。因为无论是鲍威尔还是首次提出这一理论的伦纳，他们都不否认民族和国之间家不可分割的关系，因此他们的理论是旨在调整民族与国家的关系中提出来的。正是在这种统一中，他们对于民族和国家做出了区分，这种区分是在层次与职能上的划分，而不是割裂它们之间的关系。这一点可以从他们对于国家与民族关系的

① Otto Bauer, *The Question of Nationalities and Social Democracy*, Trans. J. O' Donnell, E. Nimni（ed.）, Minneapolis, MN: University of Minnesota Press, 2000, p. 435.

② Ibid., p. 439.

有机调整上得到说明。在鲍威尔看来，民族问题实质上是社会问题，社会问题最根本的还是国家政权问题。国家政治和民族文化的分开并不能解决民族问题，反而会使民族问题更加严重。因为没有国家的政治制度以及政策的支持，民族文化不可能得到发展。而且国家政治制度的发展与完善，离不开民族文化的支持，这就是国家与民族的一致性。伦纳认为国家政治制度的有效实施就必须和民族文化结合起来，同时民族的发展也要得到国家的支持。所以国家和民族在这种情况下是彼此相连的、无法分开的。"国家法令需要达到一定知识与水平的民族文化。它们要求成熟的民族存在。只有利用民族文化资源，国家法令才能对个人发挥作用。为了在国家中生活，那些落后的族群必须要具有成熟的民族文化并融进这样的民族。另一方面，国家为了对民族产生影响，它必须利用民族文化资源。"[1] 鲍威尔把民族自治作为国家制度说明了国家与民族之间的不可分性。他认为国家需要民族自治以保持文化发展，另外民族自治作为国家统一的政治制度，国家是不能任意取消和废除的。"如果国家把行政权赋予民族的话，国家就会独立于民族。国家确保民族的权利，这些权利在法律基础上得到保证而不能取消，如果国家破坏了民族的自我管理，它就会破坏了自己的管理制度因而也就废除了自身。"[2] 所以在鲍威尔看来，民族与国家在职能上的区分绝不是要把政治和文化分开。在国家政治与宗教共同体之间的关系上，是伦纳提出了民族与国家区分。他认为宗教共同体与国家的分离消除了宗教团体与国家之间的矛盾，这也使得他把民族与国家的区分作为解决民族与国家的矛盾。鲍威尔批评了伦纳的这一观点，他认为人们之间的关系在宗教共同体和民族文化共同体中固然有着某种相

---

① Karl Renner, (1899) *State and Nation*, in *National Cultural Autonomy and its Contemporary Critics*, Edited by Ephraim Nimni, London and NewYork: Routledge, 2005, p. 22.

② Otto Bauer, *The Question of Nationalities and Social Democracy*, Trans. J. O' Donnell, E. Nimni (ed.), Minneapolis, MN: University of Minnesota Press, 2000, p. 284.

似性，比如都是价值与观念共同体，并有着各自的文化事务。但是
"现代个人之间的联系在民族文化共同体中要比在宗教共同体中要
紧密得多"①。因为民族是在社会生产基础上形成的文化共同体，共
同的生产方式、生产资料以及劳动产品把人们紧密地联系在一起。
因此民族与国家在制度结构上是无法分开的。"和民族权力建立在
国权力机关之上一样，国家权力也牢固地建立在民族权力之上。"②
因此民族文化自治理论中民族与国家之间的区分，它是文化层次与
功能上的划分而不是结构上的脱离，它强调民族文化但不否认国家
政治的作用，因此它是一种民族和国家关系的"有机调整"。

二　民族登记制度

正是在被统治民族与少数民族立场上，鲍威尔提出了"民族登
记"制度。它是为了"保护"处于被统治地位的民族以及少数民
族，避免统治民族的强制性同化，但是民族登记制度在国家实施中
面临着一系列问题和挑战。

首先，民族的自由选择性问题。民族登记制度无疑是把民族的
看作像宗教信仰那样具有个人的自主选择性，但是民族文化共同体
和宗教共同体毕竟有着不同的特征与属性。"现代个人之间的联系
在民族文化共同体中要比在宗教共同体中紧密得多。"③ 在欧洲中世
纪，基督教统治着人们的精神。在王权战胜教权之后，宗教势力退
出政治，但保留了人们对于宗教信仰的自由。人们根据自己的认识
选择自己的宗教信仰。但是民族是在社会生产过程中形成的具有相
同意识和观念的共同体，它既有主观价值特征，还有人口、领土等
实体特征；既有国家政治属性还有经济属性。所以鲍威尔主张通过

---

① Otto Bauer, *The Question of Nationalities and Social Democracy*, Trans. J. O' Donnell, E. Nimni（ed.），Minneapolis, MN: University of Minnesota Press, 2000, p. 285.

② Ibid..

③ Ibid..

民族个人自由宣称方式来确定民族认同，以此来摆脱民族统治。鲍威尔把民族看作在"命运共同体"中产生的"性格共同体"，它决定了个人的认识与价值观念。从另一方面来看，在民族统治中，民族同化主张个人的"自由宣称"的权利，由此可以看到鲍威尔民族理论中"自由主义的民族主义"的影子。

其次，民族登记制度面临着现代国家职能和民族发展多样化问题。鲍威尔看到了民族的领土原则在现代民族的复杂性和多样性中所产生的民族问题，所以他提出了在民族的性格原则基础上实行民族登记制度。但是对于生活在多个民族中的个人来说是无法进行民族登记的，因为现代社会发展导致民族人口的迁徙与变化，使得民族的分布与构成缺乏统一性与均质性。在这种情况下确认民族归属与身份无疑是一种艰难的事情。鲍威尔看到了在民族边界以及多民族杂居的地带，人们常常受到多个民族文化的影响，因而无法确定他们的民族属性，在这种情况下，个人自由宣称不但不会促进民族之间的团结与统一，反而会加剧民族之间的矛盾。

鲍威尔认为性格原则消除了民族压迫。确切地说，在法律制度中，民族体现的是对于其他民族成员的吸引力。多数民族通过通婚吸收少数民族，通过经济和交往关系使少数民族融入他们的文化共同体。在民族的性格原则下产生民族之间的和平竞争，因此非历史民族受到历史民族先进文化的影响而自愿接受历史民族的文化，从而融入历史民族。但是现实中进行民族自愿选择的时候，首要面临的问题就是自我民族身份的确认问题。随着社会的发展，有的已经失去了自己的民族文化而融入其他民族文化，在这种情况下民族归属就难以得到确认。另外还存在着无法辨认身份的民族，如果基于自愿选择的登记制度就无法实施。基于民族登记制度上的个人自由宣称目的是实现民族自治和国家统一，却在一定程度上激化了民族之间的矛盾。所以说在这一点上，它所起的积极作用和它带来的消极影响一样突出。

　　最后，民族登记制度与民族识别问题。民族登记制度作为民族身份认同制度，它有利于民族文化的发展与权利保护，克服了民族统治与压迫所导致的矛盾。但同时它作为民族区分制度却又隔离了民族的统一与发展。与民族登记制度从个人的主观选择不同，民族识别是国家在政治上的一种统治措施。它通过民族成员意识和情感等主观意愿以及民族的语言、地域等客观标准两个方面对民族进行区分。国家常常"一方面要在相邻的地方族群之间依据文化差异来划界，即'辨异'；另一方面又不得不在确定族群身份时，比照已经存在的民族名单来进行'有限制的选项'，即'靠谱'"①。民族登记制度实际上是对于自由主义在民族区分中的运用，而民族识别虽然从属于民族的主观意愿，但是在民族区分中更多的是体现国家意志在民族中的运用。

　　苏联以及新中国成初期为了在民族平等基础上制定民族政策而进行了大规模的民族识别。民族识别在促进民族平等以及民族发展的同时，还加强了民族认同以及民族权利意识的不断增长。苏联民族识别最终并没有形成统一的"苏联"民族，反而是沿着所识别的民族界限分裂为不同的国家。我国"乌鲁木齐事件"以及"拉萨事件"说明刻意的民族区分反而会导致相反的结果，各个民族之间的差异与共同存在是国家长期历史发展的结果。苏联解体以后俄罗斯开始实行改革民族政策以改善国家与民族关系，避免类似苏联式的分裂。他们开始重新审视民族文化自治制度，强化国家公民意识，淡化民族意识，不再明确区分民族之间的差异性而是强调各个民族之间的共同权利和义务。所以鲍威尔提出的民族登记制度，对于民族与国家关系来说既是一种新的尝试，也是一种严峻的挑战。

　　鲍威尔民族文化自治理论及其提出的社会民主党的民族纲领使

---

　　① 胡鸿保、张丽梅：《民族识别原则的变化与民族人口》，《西南民族大学学报（人文社科版）》2009 年第 4 期。

其在奥地利面临着复杂的阶级矛盾与民族矛盾，比如对于工人阶级的民族性与国际性的认识，还有哈布斯堡家族统治下的君主专制以及社会主义自由与平等抉择。这就使得他的民族理论以及民族纲领一方面具有妥协性、改良性而受到马克思主义者的批判；但是他的理论和纲领是通过对奥地利复杂的民族矛盾和工人阶级意识具体的分析和考察基础上提出来的，因此又具有现实性、具体性和针对性，因而当时在各国政党中产生了广泛的影响。同时鲍威尔民族文化自治理论和他的民族纲领是在奥地利政治、经济、文化条件中提出来的，因此他的民族理论具有历史性与局限性。不过鲍威尔通过对资本主义社会发展历史的分析，揭示了民族问题产生的根源，阐述了民族文化发展和国家统一之间的关系。从历史条件上来看，"民族文化自治"理论在资产阶级统治条件下是不可能实现的。历史证明对于统治阶级的暴力统治除了暴力革命之外是别无选择的。因此马克思主义坚持在无产阶级革命基础上的"民族自决"是时代的要求；另一方面，"民族文化自治"理论通过保证民族文化的发展来解决少数民族权利问题，维护了国家领土完整与统一。在当代全球化条件下，民族与国家之间的矛盾再次成为国家政治制度的核心问题，它也成为包括"多元文化主义""自由主义"以及"少数民族权利"等问题所关注的主要内容。

第 六 章

鲍威尔民族理论历史发展与影响

第一节　鲍威尔民族理论的历史发展

一　列宁对"民族文化自治"理论的批判

鲍威尔"民族文化自治"理论反映了 20 世纪初奥地利马克思主义者对于国家与民族关系、民族问题与阶级问题以及少数民族问题的分析与思考。针对奥匈帝国的统一与各民族尤其是被压迫民族的发展提出了自己的民族理论并制定了党的民族纲领,试图维护传统国家的统一,但是在第一次世界大战结束以后,新的民族国家成立导致奥匈帝国解体。在帝国主义时代这一理论不但在实践中遭到了失败,而且破坏了工人阶级的斗争和团结,因此它受到了以列宁为代表的无产阶级革命理论家的批判。

作为无产阶级政治家、革命家与理论家,列宁是第一个社会主义国家苏联的缔造者,他坚持并创造性地发展了马克思主义理论,坚持依靠广大工人阶级和劳动群众,把马克思主义理论用于革命实践之中。列宁揭示了帝国主义掠夺和扩张的本质,捍卫了马克思主义理论的斗争性和革命性,支持并推动了世界被压迫民族革命运动,成立了世界上第一个社会主义国家,打破了资本主义世界的统一性,为世界无产阶级和社会主义革命运动做出了卓越的贡献。他所创立的社会主义国家虽然后来由于各种原因遭到了解体,但是他对于马克思主义理论的发展以及对于世界社会主义革命和斗争所做的贡献不可磨灭，尤其是他关于帝国主义本质及资产阶级批判的理论，在新的时代条件下对于资本主义及其本质依然有着非常重要的作用。

（一）唯心主义的民族理论

列宁在无产阶级革命和国际主义立场上对于鲍威尔所提出的"民族文化自治"理论进行了批判。他分别从唯心主义、改良主义以及对于无产阶级革命队伍的危害性方面进行了分析和批判。列宁认为鲍威尔的"民族文化自治"是唯心主义、精致的民族主义理论。列宁坚持马克思主义的唯物主义认识论，认为对于民族和民族问题的认识离不开具体的社会历史与经济的发展，民族是在一定社会历史、经济发展中形成和发展起来的，因此民族和语言、地域密切相关。对此鲍威尔认为，民族是在命运共同体历史中形成的性格共同体，是在一定的文化基础上形成的行为意识、价值观念相同的人们的总体性。地域和语言只是民族形成的前提和条件，它和人们的意识、价值与行为相关。针对鲍威尔民族"性格共同体"含义，斯大林在其《马克思主义与民族问题》中专门给予了分析和批判。他指出："**民族是人们在历史上形成的一个有共同语言、共同地域、共同经济生活以及表现在共同文化上的共同心理素质的稳定的共同体。**"[1] 共同的语言、地域、经济生活和在此基础上形成的心理素质是成为民族缺一不可的因素和条件，因为"上述任何一个特征单独拿来作为民族的定义都是不够的。不仅如此，这些特征只要缺少一个，民族就不成其为民族"[2]。斯大林把民族形成的主观条件和客观条件都纳入了民族的内容，他反对鲍威尔把"民族性格"作为民族的内容，认为他否认了民族形成的社会因素以及客观条件，因而是唯心主义的。在他看来，虽然有些人有着相同的民族性格，但是他们没有统一的语言和地域，因而无法形成一个民族。

---

[1] 《斯大林选集》上卷，人民出版社 1979 年版，第 64 页。

[2] 同上。

　　鲍威尔认为民族的本质并不在于语言、地域这些外在的客观性因素，而是在文化中形成的对于外在事物的意志倾向性以及由此产生的表象群，所以他把民族称之为在文化中形成的"性格共同体"。他认为相同的地域和语言固然是形成民族的条件，但是它们只有作为人们相互作用和影响的因素时才能作为民族的内容。鲍威尔认为地域导致民族问题的产生，因为地域原则是把人对物的控制和手段用于对人的统治，所以他主张民族的非地域的文化因素和民族性格。正是民族的"非地域"因素和"民族性格"受到了斯大林批判。斯大林认为鲍威尔的民族定义是自相矛盾的，因为鲍威尔认为民族是相互作用下形成的性格共同体，但是如果没有共同的地域和语言，人们之间的相互作用怎样发生，他们的联系又从何而来，"既然彼此完全隔绝，生活在不同的地域，并且操着不同的语言，他们还谈得上什么'共同命运'和民族联系呢？"[1] 在斯大林看来即使命运共同体也离不开共同的地域，譬如列宁和斯大林认为，虽然犹太人有着共同的宗教和生活习俗，但是没有固定的领土与语言，因此他们无法形成民族。这一问题上，鲍威尔一方面认为虽然犹太人没有统一的语言和地域却是一个民族，以此反对把语言和地域作为民族的必要因素。另一方面，在民族自治问题上，鲍威尔拒绝犹太人自治。在他看来，虽然犹太人作为一个非地域的民族但却是正在被同化的民族，散居的犹太人也就是丧失了独立存在的民族。尽管如此，鲍威尔"并不是用非领土模式取代领土模式"[2]。他不否认地域因素在民族中的作用，而是反对把单纯的地理因素作为民族形成的条件。他通过比较同样散居的捷克人与犹太人后，他认为捷克人的自治和独立性就在于捷克人具有独立国家因素，正是他们的国家形成和保持了捷克民族文化，这保证了捷克人的独立

---

　　① 《斯大林选集》上卷，人民出版社 1979 年版，第 66 页。

　　② Tim Nieguth, "An Austrian solution for Canada? Problems and possibilities of National Cultural Autonomy", *Canadian Journal of Political Science* 42：1, (March 2009), pp. 1–16.

性。而犹太人正是缺乏国家因素，因而不断被同化，从而失去了独立和自治的资格。犹太人是一个民族却不能给予自治，斯大林认为这一点体现了鲍威尔民族的矛盾性。因为"鲍威尔把民族和民族性格看成一个东西，这样就使民族脱离了它的根基，把它变成了不见形迹的独立自在的力量。结果就不是有生命的活动着的民族，而是一种神秘的、不可捉摸的、非人世间的东西"①。而鲍威尔的性格共同体则脱离了人们的具体生活条件，因而是一种主观的唯心主义的民族定义。不但如此，他的民族理论主观性还体现在他的民族理论有关个人选择和民族登记制度上。

　　民族的个人自由宣称以及民族登记制度是实施民族文化自治的手段，它是指作为享有国家法律规定权利和义务的公民自由地选择自己的民族归属，成立民族管理委员会来发展本民族文化。但是在列宁斯大林看来，民族是社会和历史的产物，它和资本主义的发展联系在一起，"民族不是普通的历史范畴，而是一定时代即资本主义上升时代的历史范畴。封建制度消灭和资本主义发展的过程同时就是人们形成为民族的过程。例如西欧的情形就是如此。英吉利人、法兰西人、德意志人、意大利人等都是在资本主义打破封建割据局面而胜利前进时形成为民族的"②。显然斯大林所说的民族是现代民族，它是在共同的地域、语言以及经济生活条件下形成的。对一个人来说，他的民族性就是社会性，它并不是个人选择的结果，而是社会和历史发展的结果。显然鲍威尔的民族自我宣称与登记制度意在说明个人民族归属的自由性，这样他把民族认同归结到个人的主观意志而忽视了它的历史性与社会性，割裂了民族形成的经济基础，因而鲍威尔民族理论是"用唯心论的针线缝成的理论"。列宁认为它是小资产阶级改良主义和机会主义虚伪性和反动性在理论上的表现，因此他对于民族文化自治理论的改良性进行了批判。

---

① 《斯大林选集》上卷，人民出版社 1979 年版，第 67 页。

② 同上书，第 69 页。

（二）修正主义的民族理论

马克思主义在形成和发展的过程中与各种资产阶级思想以及非马克思主义思潮进行了不懈的斗争，其中包括机会主义和改良主义。通过这些斗争既批判了资产阶级思想的反动本质，打击了非马克思主义思潮对于无产阶级队伍的侵蚀，推动了无产阶级革命事业的发展。但是随着资本主义社会发展，尤其是 19 世纪末 20 世纪初，资本主义由自由竞争阶段发展到垄断资本主义阶段。这一时期，资本主义在社会结构上不再是两大社会阶级的分化与对立，而是中间阶层的崛起。资产阶级为了巩固自己的统治地位逐渐完善政治与法律制度。在思想上出现了以"科学"和"调和"为主要特点的理论思潮，如新康德主义、逻辑实证主义，这就为"机会主义"和"修正主义"提供了理论基础。以伯恩施坦和考茨基为主要代表的修正主义和改良主义在理论上达到了相当完善的程度。这就需要无产阶级革命党人在新的时期在革命斗争和改良、社会主义和资本主义思潮之间做出正确的分析与判断，以澄清在广大群众中出现的混乱思想，以维护无产阶级革命斗争。正是在这种情况下，以列宁为代表的布尔什维克党人为了进行无产阶级革命，揭露帝国主义扩张和掠夺的本质，推动了世界范围内被压迫民族的解放运动。列宁对以折中为主要特点的奥地利马克思主义理论进行了深刻批判，其中就包括鲍威尔的"民族文化自治"理论。

列宁认为机会主义是"为了眼前暂时的利益而忘记根本大计，只图一时的成就而不顾后果，为了运动的现在而牺牲运动的未来"①，机会主义看到了资本主义社会发生的变化，但是在这种变化中他们不是坚持和完善马克思主义，而是根据实际利益对马克思主义作现实的、实证的修正。因此"修正主义"在本质上背叛了马克思主义，它主张在资本主义法律范围内进行民主与议会斗争。伦纳

---

① 《列宁全集》第 31 卷，人民出版社 1985 年版，第 67 页。

认为社会主义民主不是建立在摧毁资本主义制度基础上建立起来的，而是在资本主义成熟发展基础上建立起来的，他说："社会民主只能是来自于资本主义的成熟发展，而不是来自于被摧毁的资本主义经济体制废墟之中！这种摧毁旧制度的解放就像一只熊为了打死叮在一个熟睡和尚额头上的马蝇而打死了和尚一样。"① 他们并不认为资产阶级国家本质是阶级统治的工具，而认为是资产阶级社会力量协调组织。而"民族文化自治"理论就是机会主义在民族问题上的表现，因此列宁称鲍威尔为"民族机会主义者"，试图在资本主义国家政治范围内调和民族主义和社会主义，从而使无产阶级社会主义服从于资产阶级民族主义。列宁认为资产阶级的民族主义和无产阶级的社会主义是无法调和的，在革命和妥协之间没有别的道路可走。同时他认为在反对资产阶级统治以及无产阶级社会主义革命过程中，并不排除在资产阶级民主条件下进行斗争，但是这并不意味着放弃无产阶级的斗争，而是在进行坚决的阶级斗争基础上才能够取得革命的胜利。放弃无产阶级的革命立场就意味着妥协和投降，意味着放弃社会主义的革命事业。所以列宁认为社会主义革命要求在民族问题上不是机会主义的"民族自治"而是无产阶级的"民族自决"。

（三）本质上的资产阶级民族主义

资本主义民族主义是 18 世纪至 19 世纪以法国大革命为标志的资产阶级反对封建专制和追求民族自由、平等的斗争过程中形成的，它推翻了封建专制统治，成立了民族国家，推动了被压迫民族的独立和解放。这一时期的民族主义运动是以"民族文化"和"保卫祖国"为主，它是由资产阶级领导并由广大群众参与的运动。它不仅满足了资产阶级经济和民族统一的要求，同时促进了封建专制制度下的民族解放斗争。19 世纪中叶，在资产阶级统治地位确

---

① Robert. A. Kann, "KarlRenner", in *The Journal of Modern History*, Vol. 23, No. 3（sep., 1951），pp. 234 - 249.

立以后，广大工人阶级和劳动群众依然处于被压迫和被剥削地位。资本主义的镇压和扩张，使阶级矛盾日益激化，反对资产阶级的社会主义运动风起云涌，各国无产阶级政党相继成立，无产阶级开始登上历史的舞台。针对这一情况，列宁指出："帝国主义是极少数大国对世界各民族的愈来愈厉害的压迫，是极少数大国之间为扩大和巩固对各民族的压迫而进行战争的时代，是一些伪善的社会爱国主义者欺骗人民为群众的时代，这些人在'民族自由''民族自决权'和'保卫祖国'的幌子下，为一些大国对世界上大多数民族的压迫辩护和开脱。"①

如果说在自由资本主义时期，资产阶级的"民族"和"祖国"对于反对封建专制斗争起了积极作用，但是19世纪中叶以后，民族文化和保卫祖国就不再是民族解放的理论而是资产阶级民族征服和帝国主义扩张理论。正是在这个意义上，马克思、恩格斯从无产阶级和被压迫民族的解放事业出发，提出了"工人阶级没有祖国"的口号，以全世界无产阶级国际团结共同反对资本主义剥削和侵略的本质。因为作为群众性的"民族"和"祖国"这两个概念在帝国主义时期已经成为中产阶级掩盖阶级矛盾和帝国主义掠夺本质的手段。伦纳认为民族成员在国家中的地位是解决民族问题的前提。"正是这种地位性，个人的主体性公共权利，它是法律上解决问题的必要前提。"② 所以列宁认为鲍威尔"民族文化自治"把法律作为民族权利和平等的保障，没有认识到自由资本主义到帝国主义阶段的变化，因为"民族的民主权利问题在中东欧并不存在"③。把进步时期的民主自由和法律平等的民族文化用到以掠夺和扩张为本质的帝国主义，这恰恰符合了资产阶级的利益。因为"如果在整个

---

① 《列宁全集》第27卷，人民出版社1990年版，第78—81页。

② Ephraim Nimn i (ed.), *National Cultural Autonomy and its Contemporary Critics*, London and NewYork: Routledge, 2005, p. 20.

③ Stanley W., *Lenin and Self-Determination*, *The Slavonic and East Review*, Vol. 28, No. 71, (Apr., 1950), pp. 342 - 358.

国家内没有民主制度，'机关'本身是不能尽'保障'之责的"①。同时列宁指出："谁现在只援引马克思对资产阶级**进步**时代的战争的态度，而忘记马克思的'工人没有祖国'的这句**恰恰是**适用于资产阶级反动和衰亡时代、适用于社会主义革命时代的话。谁就是无耻地歪曲马克思，就是在用资产阶级的观点偷换社会主义的观点。"②

　　列宁反对鲍威尔的"民族文化自治"理论，提出了无产阶级"民族自决"理论。列宁认为民族自决就是"民族脱离异族集合体的国家分离，就是成立独立的民族国家"③。它是一种民族的自由分离权，它保护的是被压迫民族独立权。而在资产阶级国家政治制度和法律范围内的"民族自治"维护的是统治民族的利益，它是对于其他民族的剥削和压迫。但这并不是说列宁否认工人的民族性，恰恰相反，列宁肯定了工人阶级的民族性。他说没有工人阶级的民族性就谈不上工人阶级的解放。也就是说工人阶级是由不同的民族组成的，每个民族的工人都有着自己的民族文化和价值观念。列宁认为工人阶级民族性有它的"限度"，这个限度就是工人阶级走向国际性的条件，是支持被压迫民族解放的基础，而不是超越这个限度去维护资本主义民族文化，去替帝国主义的扩张辩护。每个民族文化都分为资产阶级的民族文化和无产阶级的民主和社会主义国际文化，而工人阶级经过阶级斗争所形成的是民主的和社会主义的国际文化，所反对的是资产阶级民族文化。在资本主义社会制度下无论什么样的民主和民族文化都是资产阶级所答应和允许的，因为它维护的正是资产阶级的统治地位。而鲍威尔提出的"民族文化自治"正是符合资产阶级统治要求，它试图在传统制度和资产阶级民主的范围内通过文化的自治维护国家的统一，在这种条件下所维护的只

---

① 《斯大林选集》上卷，人民出版社1979年版，第96页。
② 《列宁全集》第26卷，人民出版社1990年版，第332页。
③ 《列宁全集》第25卷，人民出版社1988年版，第225页。

能是占统治地位的资产阶级民族文化。这一点鲍威尔和中派考茨基主义一样，他们追求国家的民主和民族的平等，列宁认为考茨基的错误在于"使**正确的**民主要求倒退，退到和平的资本主义，而不是使之前进，向社会革命前进"①。因此在列宁看来资本主义社会对于民主和平等的追求和争取应该用革命和斗争的手段而不是用和平的方式，他说："民主的和平**必须**去寻求和争取，——但**不是向后看**，到非帝国主义的资本主义或资本主义制度**之下**的各平等民族的联合这种反动的空想里去寻求和争取，而是要**向前看**，到无产阶级社会主义革命中去寻求和争取。在先进的帝国主义国家里，不**经过**在社会主义旗帜下进行的革命搏斗，任何一个根本的民主要求都不可能比较广泛而巩固地实现。"② 因为资本主义的民主与平等只是资产阶级的民主与平等，是对于广大群众和工人阶级的统治和剥削。

列宁在批判帝国主义阶段资产阶级民族主义和民族文化的欺骗性的同时，并不是一般地反对资产阶级的民族主义和文化，他根据世界范围内民族运动发展以及无产阶级的任务区分了三类不同民族自决的国家，即占统治地位并压迫其他民族的西欧资本主义发达国家、资产阶级民族运动已经发展起来的中欧和东欧国家以及资产阶级民族民主运动刚刚开始的亚洲和非洲广大的殖民地国家。对于广大殖民地国家资产阶级的民族解放运动，无产阶级阶级支持被压迫民族的解放运动，并且使这种民族解放运动和无产阶级的革命斗争结合在一起，从而成为无产阶级革命运动的一部分。列宁的"民族自决"政策，推动了包括中国在内的亚洲和非洲广大的殖民地民族独立和解放运动，打击了资本主义势力，瓦解了帝国主义殖民体系，改变了世界的格局。

（四）文化自治对于无产阶级革命的危害性

列宁不但批判了"民族文化自治"理论的机会主义和资产阶级

---

① 《列宁全集》第 28 卷，人民出版社 1991 年版，第 103 页。

② 《列宁全集》第 27 卷，人民出版社 1990 年版，第 288—289 页。

性质，而且还分析了它对于无产阶级革命的危害性。"民族文化自治"理论的一个明显的特征就是民族的"非地域"原则，按照民族进行教育和文化事务，把民族事务和国家管理事务区分，以解决不同民族之间的矛盾和冲突，最终实现民族的自由发展和国家的统一。但是在列宁看来，这一理论不但在实践上行不通，而且违背了民族历史发展的规律，破坏了无产阶级革命的团结。他说："'民族文化自治'，即绝对彻底地按民族分学校，并不是资本家杜撰出来的（他们**目前还**在用更粗暴的方法来分裂工人），而是奥地利的机会主义知识分子市侩杜撰出来的。"① 列宁认为历史上彼此分离的民族形成了各自的民族文化，但是随着生产力的发展，尤其是资本主义的发展使得民族发展出现了两个趋势："民族生活和民族运动的觉醒，反对一切民族压迫的斗争，民族国家的建立，这是其一。各民族彼此间各种交往的发展和日益频繁，民族隔阂的消除，资本、一般经济生活、政治、科学等等的国际统一的形成，这是其二。"② 一个是各个民族在经济和文化上彼此相互影响所形成的相互融合的趋势；另一个是各个民族在意识觉醒基础上成立民族国家的独立趋势。鲍威尔主张按照民族分校，不同的民族成立自己的学校教育制度，这样就人为地把人们分割开来，切断了人们之间的联系。显然这一政策违背了民族发展的历史规律。由于资本主义的发展导致民族人口分布以及民族构成变化，这就不可能在民族基础上把教育和文化分开。列宁认为在实际操作上按照民族分校也是不可能的，因为在一些地方当人数很少的情况下就不可能按照不同民族单独教育。民族分校的落后性还在于阻碍了经济和文化上落后的民族进一步发展的可能性。经济的发展使得各个民族加强了彼此之间的联系和影响，落后的民族学习和接受先进民族的文化从而获得发展，最终实现民族的融合。但是按照民族分校就使他们局限于自己封闭

① 《列宁全集》第 24 卷，人民出版社 1990 年版，第 182 页。
② 同上书，第 129 页。

的、独特的民族语言和文化，因而使他们退回落后状态，这明显违背了社会主义的民族平等与发展的原则。更为严重的是，民族分校教育破坏了无产阶级的团结，也违背了无产阶级革命的国际主义原则。对此斯大林反对落后民族的文化自治，主张在高加索地区实行民族区域自治，通过先进民族发展使得落后民族融入先进民族文化，最终实现各个民族的融合与发展。

民族文化自治就是在国家统一的范围内自由地发展民族文化，对于工人阶级来说，他们有着自己的民族，实行民族文化自治也就意味着他们不是进行反对本民族资产阶级剥削和压迫的斗争，而是和本民族的资产阶级一起发展民族文化。所以"文化自治理论本质是在于帝国范围内的经济问题逐渐解决使文化—政治问题的和平解决成为可能"①。从事民族文化发展也就意味着放弃阶级斗争和本民族资产阶级联合起来共同反对其他民族的资产阶级和工人阶级，从而用民族矛盾掩盖了阶级矛盾。在这一点上，包括奥地利马克思主义在内的机会主义和改良主义通常把民族政治权力问题转化为文化与法律问题，从而放弃阶级斗争。如伦纳就认为："随着无产阶级登上了奥地利的政治舞台，民族问题就由权力问题转变为文化问题。"②所以解决民族问题不再是革命斗争而是文化权利。民族权力"必须成为法律中的权力。政治问题因而成为法律问题。对于国家权力的实际影响必须以法律参与到国家主权中"③。民族文化就把统一的工人阶级按照民族分裂开来，从而无法在世界范围内进行反对资产阶级的斗争，也就破坏了无产阶级革命的团结性。"无论在奥地利还是在俄国，**一切**民族的资产阶级都高喊'民族文化'这个口号，**实际上**是在分裂工人，削弱民主派，同农奴主大做出卖人民权

① Robert. A. Kann, "Karl Renner", *The Journal of Modern History*, Vol. 23, No. 3, (Sep. 1951), pp. 234 – 249.

② Ephraim Nimn (ed.), *National Cultural Autonomy and its Contemporary Critics*, London and NewYork: Routledge, 2005, p. 19.

③ Ibid., p. 28.

利和人民自由的交易。"① 资本主义在世界范围内的扩张形成了资产阶级的国际性与跨民族性，也形成了无产阶级的国际性。资产阶级为了维护自己的统治地位就诉诸"民族主义"和"保卫祖国"以达到掩盖阶级矛盾的目的。马克思就是从无产阶级利益出发支持英国统治下的爱尔兰民族独立运动，因为爱尔兰的独立运动符合无产阶级国际主义的原则，也符合无产阶级的利益，对于压迫民族的无产阶级来说"压迫其他民族的民族是没有自由的"。所以列宁认为压迫民族无产阶级应当摆脱资产阶级民族文化的影响和资产阶级保卫祖国的欺骗，支持被压迫民族的解放斗争。支持被压迫民族的独立和解放，支持他们的分离运动，这才符合无产阶级的利益。列宁进一步分析了无产阶级革命任务和国际团结的必要性和紧迫性，无产阶级的"民族自决"支持被压迫民族解放运动。他说："正是**无产阶级**反对资本主义的革命斗争的利益，而决不是弱小民族的利益**要求**大国的社会党人维护被压迫民族的**分离权**（＝自决权）。争取社会主义的斗争是**国际革命**无产阶级的斗争。正是因为资本主义**把**全世界**结合**成一个经济机体，所以这个斗争不能不是国际性的。"② 社会沙文主义者认识不到帝国主义的扩张和民族征服问题，对于强留在本国范围内的民族统治避而不谈，显然这是对于帝国主义的一种支持和妥协。而无产阶级国际主义则坚决地支持被压迫民族解放斗争，从而获得无产阶级自身的解放，因为无产阶级自己的解放是以整个人类的解放为前提，其中包括民族的解放。

列宁批判"民族文化自治"破坏了工人阶级国际团结，认为它不但是资产阶级民族主义的表现，而且是一种"最精致、最绝对、最彻底的民族主义"，③ 它具有迷惑性和欺骗性。这主要表现在以"民族文化自治"为内容的无产阶级"民族演进政治"。机会主义

---

① 《列宁全集》第 24 卷，人民出版社 1990 年版，第 123 页。
② 《列宁全集》第 27 卷，人民出版社 1990 年版，第 448 页。
③ 《列宁全集》第 24 卷，人民出版社 1990 年版，第 136 页。

和改良主义的一贯伎俩就是以马克思主义之名，行反马克思主义之实。名义上为无产阶级社会主义事业发展服务，实质上为资产阶级统治地位服务。从理论上讲，鲍威尔"民族文化自治"是用马克思主义理论为维护哈布斯堡家族统治和衰败的奥匈帝国服务。但是他坚持马克思主义对于资本主义政治、经济和文化的批判，坚持在劳动基础上实现民族文化共同体的统一。鲍威尔民族文化自治理论并不否认无产阶级斗争的国际性，并对民族修正主义进行了批判。而在列宁看来。鲍威尔对于修正主义批判和支持国际主义只不过是机会主义的一种策略和需要，实质上是"在国际观点的旗帜下偷运机会主义"[①]。因而鲍威尔民族文化自治是一种精致的民族主义，这种精致的民族主义受到了第二国际时期各国社会民主党以及崩得主义分子的拥护。正如列宁所批判的那样，鲍威尔的民族文化自治理论在现实中从未得到实现，况且在 1899 年布隆奥地利社会民主党的代表大会上也未获得通过。随着奥匈帝国的解体，各个民族国家的成立，民族文化自治理论也宣告破产。而列宁的"民族自决"理论推动了广大殖民地被压迫民族的解放与独立运动，无产阶级革命运动进入了新的历史时期。

二　民族自决和民族自治

（一）民族自决

　　民族自决观念发端于资产阶级启蒙运动中提出的天赋人权思想以及社会契约理论，作为一项政治理论它是在资产阶级反对封建专制斗争的过程中提出来的，在思想上它是在康德个人理性自决观念中引申出来的。康德认为启蒙就是独立运用理性能力，它是个人走向成熟的标志。费希特继承了康德的启蒙思想，他首先把康德个人意义上的自决扩展到了人类的自决即民族政治上的自决，指出了个

---

① 《列宁全集》第 26 卷，人民出版社 1990 年版，第 135 页。

人自决是国家自决的基础，但是个人只有在国家中的自决才是真正的自决。他的民族自决思想推动了德意志民族意识的觉醒以及民族主义运动。意大利民族主义者马志尼则在国家统一运动中推动了民族主义运动以及民族自决的进一步发展。他成立了青年意大利运动，唤醒了意大利乃至欧洲普遍的民族主义运动。后来青年欧洲运动进一步推动了欧洲范围内的国家统一和民族斗争，促进了英国、法国、西班牙等现代民族国家形成以及资产阶级民族自决思想的普及与发展。无产阶级导师马克思、恩格斯支持进步时期资产阶级反对封建专制的民族自决，并把这一理论用于无产阶级革命事业，他们支持波兰、爱尔兰民族独立运动，反对资产阶级的民族压迫和统治。

第一次世界大战后，一系列新的民族国家相继成立，传统的帝国开始解体，世界格局发生了重要变化，世界范围内主要资本主义国家之间的力量均衡状态被打破。一些老牌的资本主义国家如英国、法国地位进一步加强，特别是美国得到迅猛发展，实力大大增强，因此它试图在世界范围内重新划分势力范围和瓜分殖民地。而一些国家受到了削弱如奥匈帝国以及德国。在第一次世界大战期间俄罗斯宣布退出了资本主义国家之间的战争，成立了无产阶级专政的社会主义国家。这一时期殖民地反对帝国主义殖民压迫的民族斗争此起彼伏，"民族自决"理论成为解决民族问题以及处理国际问题的通行理论，其主要代表是美国总统威尔逊和苏联无产阶级革命家列宁。

威尔逊和列宁都主张以民族自决解决民族问题，但是他们的理论却有着本质的区别。在第一次世界大战后美国总统威尔逊提出了"十四点和平计划"，主要内容就是承认民族自决权，每个民族都有成立自己国家的权利。列宁把"民族自决"作为被压迫民族解放与斗争的理论，有力地促进了世界上无产阶级斗争以及被压迫民族的解放与独立运动。威尔逊所提出的民族自决是基于传统多民族帝国

的解体、广大殖民地独立运动的事实。美国是第一次世界大战期间
强大起来的国家，资本主义本性使它对于传统强国发起了挑战，以
重新瓜分世界。殖民地独立运动恰恰为美国插手殖民地事务提供了
机遇。因此"民族自决"口号既是美国支持新兴的民族国家摆脱传
统资本主义统治的借口，又是它参与新的民族国家事务的理由，于
是美国"抓住这一历史机遇，确立自己的世界领袖地位。而建立在
自由、平等和独立基础上的'民族自决'无疑是美国实现这种历史
性机遇的前提之一"①，从而实现其控制和称霸世界的目的。威尔逊
的"民族自决"是以民族独立为借口，其前提是符合资产阶级利益
的民族国家。所以威尔逊的民族自决是传统资产阶级民族自决理论
的进一步发展，这种"民族自决"实质上为了维护资产阶级利益，
从而实现对新兴国家以及殖民地重新划分和控制。在第一次世界大
战中曾作为战胜国的中国，在巴黎和会上非但没有维护自己的主权
和国家利益，反而受到了进一步的侵犯和分割。这一事件激发了中
国广大群众的反对帝国主义运动，而引起这一运动的直接原因就是
列宁领导的十月革命的胜利以及他所提出的"民族自决"理论。

　　列宁从民族运动历史中提出了"民族自决"，他认为："所谓
民族自决，就是民族脱离异族集合体的国家分离，就是成立独立的
民族国家。"②列宁的"民族自决"不但要求广大殖民地摆脱资本
主义国家殖民统治成立自己的国家，而且还要求多民族国家中的被
统治民族摆脱控制完全独立出去，在本质上是无产阶级革命以及被
压迫民族解放理论。它是基于各个民族之间的独立与平等原则，它
是摆脱外来的统治与压迫的手段，从而实现政治和经济上独立与发
展。正是在这一原则指导下，俄国十月革命胜利以后宣布承认芬
兰、波兰、爱沙尼亚、立陶宛等受沙皇统治的民族脱离俄国成立自

---

① 欧阳杰：《比较史学视野下的列宁与威尔逊的"民族自决权"思想》，《俄罗斯中亚东欧
研究》2006 年第 5 期。

② 《列宁全集》第 25 卷，人民出版社 1988 年版，第 225 页。

己的国家。因此列宁的"民族自决"理论是和无产阶级革命斗争结合在一起的，促进了广大殖民地反对帝国主义革命运动。

列宁的"民族自决"理论是对于马克思主义民族理论的进一步发展，它不仅揭露了资产阶级民族主义运动和"保卫祖国"的实质，而且它还推动了无产阶级阶级斗争和被压迫民族解放运动的理论武器。列宁认为鲍威尔"民族文化自治"理论是为了维护传统的奥匈帝国的统一，维护哈布斯堡家族的统治地位，因而在传统国家范围内利用资产阶级民主和法律制度，各个民族成立民族管理委员会自主地发展民族文化，这是对于自由资产阶级民族主义的迷恋，它只是看到了自由资本主义时期的进步性而没有看到新时期帝国主义阶段的腐朽性和反动性。伦纳"利用法律社会学改良方法背叛了马克思主义"[①]，他抹杀了无产阶级的革命斗争，放弃了社会主义革命事业，最终是无产阶级社会主义迁就于资产阶级民族主义。

民族文化自治和民族自决理论都在历史中有着重要的影响与作用，通过历史我们可以反思它们在实践和理论上的差异和共通之处，尤其是在新的时代背景下更显得有特别的意义。列宁批判了鲍威尔具有资产阶级性质的"民族文化自治"理论。列宁认为鲍威尔对于民主与和平的追求是倒退到资本主义社会，而不是前进到社会主义社会来追求，结果使社会主义迁就于资本主义的民族主义，实际上放弃了无产阶级的革命斗争，维护了资产阶级的统治地位。但从另一方面来看，列宁"民族自决"理论和鲍威尔民族自治理论并非完全对立的和不相容的理论，在某种程度上，它们诸多共通之处。

民族自决和民族文化自治都是工人阶级在社会主义革命中针对民族问题所提出的理论。在马克思主义历史理论基础上，它们都认为社会基本矛盾决定了民族的形成和发展，指出了民族问题的实质

---

① Robert. A. Kann, "Karl Renner", *The Journal of Modern History*, Vol. 23, No. 3, (Sep., 1951), pp. 234 – 249.

是社会问题。列宁把民族的发展和社会的经济发展结合在一起，鲍威尔根据不同社会阶段的经济结构区分了不同的民族文化共同体发展阶段。在民族与资本主义的关系上，他们都主张资本主义的发展形成了现代民族和民族意识，在资本主义社会中民族文化是资产阶级的文化，工人阶级和广大的劳动群众处于被压迫地位，他们只是民族的附庸，而无法成为民族成员。同时他们都认为资本主义是民族问题产生的根源，在资产阶级社会中无法解决民族问题。资本主义社会中的民族主义对于动员广大群众追求自由和平等，成立民族国家起了重要的作用，但是在资本主义垄断阶段，资产阶级的民族主义转变为民族征服和统治，因此帝国主义的民族问题掩盖了阶级矛盾。无产阶级通过阶级斗争的手段实现社会主义，不同的是列宁认为暴力革命是推翻资产阶级统治的主要手段。而鲍威尔认为文化自治本身就是阶级斗争的手段，它是通过文化的发展来进行，而革命是一种"防御性"暴力，只有在资产阶级进行暴力镇压革命时才使用。在无产阶级斗争过程中，他们都坚持"国际主义"原则，反对无产阶级及其政党的分裂。他们都反对并批判了改良主义和修正主义对于无产阶级革命的破坏作用。区别在于：列宁认为要坚决反对无产阶级政党和革命队伍中错误的改良主义意识，这是革命获得胜利的保证和基础；鲍威尔认为"修正主义"并不是无产阶级政党和工人阶级形成的"错误"意识，而是在资本主义发展阶段必然出现的意识。对这一问题的解决不是通过斗争与革命的方式来解决的，而是通过经济上的逐步发展以及无产阶级力量的不断壮大来解决。在工人阶级与民族的关系上，虽然他们都坚持国际主义，但是并不否认工人阶级的民族性，并且一致反对民族特权，主张各个民族的平等。列宁认为工人的民族性是工人阶级进行革命和团结的基础；鲍威尔则详细地分析了工人的民族性形成了朴素的民族主义。在社会主义与民族的关系上，他们都认为公有制基础上的社会主义制度是民族问题解决的基础和保证，在社会主义制度基础上各个民族自由地发展最终走向融合。列宁坚持了马克思主义民族理论，认为民族随着国家和阶级的消亡也走向消亡。而鲍威尔则认为社会主义和民族是一致的，即使阶级和国家消亡，民族也不会消亡，而是在民族的基础上实现文化共同体的统一。

三 列宁民族文化自治批判理论之思

通过列宁对于鲍威尔民族理论的批判可以看出，列宁的"民族自决"理论看到了世界无产阶级革命在新世纪的转变，同时还洞察了帝国主义的本质，揭示了民族文化自治必然失败的历史命运。但是结合奥地利复杂的民族矛盾以及当代民族文化自治发展来看，列宁对于民族文化自治理论的批判有三点值得我们思考：民族性格与民族唯心论、民族文化与民族封闭性以及社会主义与民族主义关系。

（一）民族性格与民族唯心论

鲍威尔认为民族是在命运共同体中产生的性格共同体，它是人们对于外界事物所产生的观念和意志倾向性，它主要表现为人们的价值观念和行为意识。列宁和斯大林认为鲍威尔从主观意识来规定民族，它隔断了民族与具体历史、经济条件之间的联系，显然它是一种唯心主义的民族观念。但是从另一方面来看，首先，民族概念是一个迄今为止都没有统一的、科学的概念，因为民族是一种复杂的社会现象，它可以是主观的也可以是客观的；可以是社会学的也可以是人类学的；可以是古典的也可以是现代的。如果以一种"科学的、统一的"民族概念排斥其他对于民族的认识不是一种科学态度。鲍威尔"民族性格"以及民族的"非地域"原则的确存在着主观性，但是正是从奥地利复杂的民族矛盾和关系中，他看到了领土对于民族的局限性，尤其是少数民族问题。因此"民族性格"的提出突破了传统民族的观念与认识，这对于民族问题的解决打开了新的思路。其次，唯物主义和唯心主义是马克思主义对于哲学认识论上不同路线的划分。但是如果把唯心主义认识论等同于资产阶级的认识论和反动的政治，把唯物主义等同于科学进步的活动，那么这是一种简单的、非此即彼式的二元思维方式，它忽视了人的行为与社会之间的复杂关系。同样，把哲学上的认识论和政治立场等同起来容易导致认识上的片面性和单一化。把人们的行为活动和认识划分为唯物和唯心两条路线的斗争在无产阶级政党历史发展上造成了深刻的教训。最后，作为主观上的民族概念，认为"民族性格"割断了民族与社会发展之间的联系，那么这是对于鲍威尔民族理论缺乏深入的了解。鲍威尔在民族理论上强调了民族的主观方面，但是鲍威尔运用了马克思主义唯物史观，根据不同的经济结构和社会关系划分了不同的民族文化共同体。在资本主义经济结构中分析了现代民族的产生，并且通过资产阶级与无产阶级之间的剥削和压迫关系揭示了民族问题产生的根源。因此鲍威尔并未离开社会的发展来分析民族性格，他之所以注重从人们的意志倾向以及行为意识上来分析民族，是因为他看到了对于民族客观与经验性分析无法说明复杂的民族本质。因此他提出了"非地域"的民族性格，对于民族而言，正是"由于都市化和工业化带来了各类型的社会变迁以及大规模的人口迁徙，从而使民族主义的另一个理想，亦即同一领土上的居民，应该具有相同的族裔、文化和语言渊源，变得更不可能实现"[①]。因此鲍威尔"非地域性"民族观念反映了当时社会经济发展给民族带来的变化。

（二）民族文化的封闭性与开放性

列宁认为鲍威尔文化自治理论的错误不但使无产阶级社会主义服从于资产阶级民族主义，而且它违背了资本主义社会中民族统一性规律，因为资本主义社会发展促进了各个民族之间的融合与进步，但是民族文化自治"在教育事业上宣扬民族的隔绝"使经济落

---

① ［英］埃里克·霍布斯鲍姆：《民族与民族主义》，李金梅译，上海人民出版社 2006 年版，第 151 页。

后的民族局限于自己的文化，从而"把各民族禁锢在旧的狭隘范围内，把它们固定在文化发展的低级阶段，妨碍它们走上高级的文化阶段"。① 鲍威尔民族自治理论的目的，一方面是促进民族文化的发展，扩大民族文化共同体；另一方面是旨在保护民族在国家中的权利和地位。列宁认为民族文化自治就是发展各自独特的文化，所以对于落后民族来说就是封闭性。但是鲍威尔并不认为民族文化的发展是封闭的，首先他是从保护民族权利和平等地位来发展民族文化。在资本主义社会中，少数民族的文化和地位受到排挤、压制与同化，造成了很多民族失去了自己的民族文化，从而也失去了在国家中的权利和地位。为了加强民族认同，在国家中获得平等地位，这就需要保护和发展自己的民族文化，这是获得民族发展的基础和前提，并非退到落后的状态，更不是走向封闭。其次，鲍威尔所说的民族文化不但包括教育上的知识和文化，而且还包括民族风俗习惯和价值观念等。从古代文化共同体、资本主义文化共同体到社会主义文化共同体。在鲍威尔看来，民族文化既是独特的又是开放的，各民族之间的文化不断交流和融合，从而得到发展。再次，鲍威尔主张民族文化和国家管理区分，但是这种区分并不是分离，更不是否认国家权力与政治制度在民族文化发展中的作用。相反，无论是鲍威尔还是伦纳，他们都不否认国家与民族之间的密切关系。伦纳认为宗教共同体的独立性是欧洲政教分离的结果，但是他并不否认国家和民族的一致性。通过改变传统民族地域性观念，调整民族与国家之间的关系，所以他提出民族与国家关系的"有机调整"，从而"开辟了一个广阔的视野，为在奥地利这个由多民族组成的君主国家内民主地解决民族问题指出了方向和思路"②。鲍威尔主张建立一种民族与国家之间的辩证关系，既保持国家的权威性，又保持

---

① 《斯大林选集》上卷，人民出版社 1979 年版，第 106 页。

② ［美］菲利克斯·格罗斯：《公民与国家——民族、部族和族属身份》，王建娥、魏强译，新华出版社 2003 年版，第 69—70 页。

民族发展的自由性。"奥地利马克思主义者认为通过政治的作用把民族文化同居住领域和政治权利分开是可能的。"① 他的这一理论对于解决民族与国家之间的关系有着深刻的启示意义。比如苏联和印度都有着复杂的民族矛盾和冲突，但是它们在民族问题上采取了不同的解决方式，导致了不同的结局。苏联以各个民族联邦共同形成一个统一的国家。尽管各个民族有自己的语言和教育，但是在政治上必须保持绝对的同一。"结果搞得任何一个民族中都有人被伤害，任何一个民族都积累了不满的情绪。但是在存在着民族矛盾的情况下，这种不满又容易被转嫁到两个民族之间。于是就导致了越这样搞这个国家就越是离心倾向严重。"② 政治上忽视了国家民主制度建设，同时民族矛盾不断激化，最后导致国家的解体。印度也有着非常普遍而复杂的民族矛盾，但是国家在宪政民主的基础上允许各个政党派别存在，但是在文化上各个政党保持着统一性。政治上的分歧并没有影响他们的民族认同，这就是国家政治与民族文化在不同层面上的区分所产生的结果。和苏联一样，俄罗斯也面临着复杂的民族问题，最突出的就是车臣问题以及南奥塞梯问题。历史的教训使他们改变了过去对于民族的认识与立场，开始采用民族文化自治理论并制定民族文化自治法，允许各个民族成立自己的文化组织，从而保障各个民族的权利，维护国家主权统一和领土完整。

（三）民族主义与社会主义

列宁批判了鲍威尔民族文化自治是一种"精致的民族主义"，它使社会主义服从于资产阶级民族主义。但是鲍威尔民族理论一方面依据马克思主义历史理论阐述了民族的发展历史，另一方面则突破了传统马克思主义的观念，他认为民族主义和社会主义并非对立

---

① Bill Bowring, "Austro-Marxism's Last Laugh? The Struggle for Recognition of National-Cultural Autonomy for Rossians and Russians", *Europe-Asia Studies*, Vol. 54, No. 2, Mar., 2002, pp. 229 – 250.

② 秦晖：《多民族国家的多元与认同之道——印度与南斯拉夫的比较》，《南方都市报》2010 年 7 月 11 日第 20 版。

而是能够相容的。民族主义、共产主义和自由主义是 19 世纪中叶
资本主义社会中出现的三大理论思潮，它们都看到了资本主义社会
的不合理性。不同的是自由主义是在法律的基础上追求个人的自由
和解放，注重国家保护个人合法的权利和自由。而民族主义和共产
主义是追求集体的平等和自由，反对不平等的社会制度，它们依靠
群众集体运动实现人类或民族的解放和自由。民族主义和自由主义
都在资产阶级反对封建专制斗争过程中起了重要的作用。马克思主
义主张以无产阶级革命斗争推翻资产阶级统治，实现社会主义社会
和人类的解放，反对资产阶级民族主义对于群众的欺骗性。马克思
主义支持被压迫民族解放运动，特别是列宁支持殖民地被压迫民族
解放运动，使它成为无产阶级运动的一部分。与马克思主义不同，
奥地利马克思主义"非常重视民族问题，他们认为在多民族国家中
寻找不同民族间的和平与共处是一个非常迫切问题"①。在鲍威尔看
来，因为工人阶级有着自己的民族文化和意识，在民族口号下更容
易发动群众和社会各阶级力量反对共同的敌人。"民族情感形成了
重要的和被忽略的工人运动的特征和工人的民族命运。"② 因此无产
阶级也可以利用民族主义反对资产阶级的统治，完成社会主义革命
任务，因此社会主义和民族主义并非对立而是能够相容的，它们都
是对于民族自由和平等的追求。无产阶级革命是跨民族的世界运动，
所以它主要依靠国际主义原则。正如列宁所说，无产阶级的国际主
义原则并不是否定工人的民族性，相反，恰恰是工人的民族性才是
工人国际性的基础。鲍威尔认为工人阶级国际主义意识并不是在相
同的文化上形成的，而是通过工人阶级各自不同的民族文化形成的。

---

① Roni Gechtman, "National-Cultural Autonomy and 'Neutralism': Vladimir Medem's Marist Analysis of the National Question, 1903 – 1920", *Socialist Studies*, Vol. 3, No. 1, 2007, pp. 69 – 92.

② Steven C., "Roach, Minority Rights and the Dialectics of the Nation: Otto Bauer's Theory of the Nation and Its Contributions to Multiculral Theory and Globalization", *Human Rights Review*, Oct. – Dec., 2004, pp. 91 – 105.

因此鲍威尔认为未来的社会主义社会是在民族基础上实现统一，而
不是取消民族的同一性。"和马克思认为民族会逐渐消亡不同，鲍威
尔认为在打碎资产阶级文化上的地位以后，民族问题不会消失反而
会进一步增强，他主张是民族社会化而不是消除它。"① 鲍威尔民族
理论在帝国主义阶段无法完成无产阶级社会主义革命，但是他对
于工人阶级国际主义意识的产生作了具体的分析，看到了民族意
识与民族认同在社会主义运动中所起的作用以及在社会主义运动
中所面临的复杂的民族矛盾，而这也是奥地利社会民主党所面临
的主要问题。

　　列宁批判了鲍威尔小资产阶级妥协性，揭露了民族文化自治的
机会主义和改良主义的本质，但是我们并不能忽视鲍威尔关于民族
文化与国家统一之间关系的合理性，如对于国家政治民主制度建
设，"鲍威尔很早提出了苏联发展的可能性，他认为残暴的政治力
量在残酷的经济面前不会胜利，他建议苏联转向法制和民主程
序"②。关于民族文化多元化以及少数民族权利，这也恰恰是民族文
化自治理论在当代复兴的原因。③ 鲍威尔对于民族国家的批判以及
自由民主的分析对于社会主义制度建设有着独到的价值与启示。但

　　① Walter Kemp, "The Question of Nationalities and Social Democracy" (Book Review), *Nations and Nationalism*, 8 (2), 2002, pp. 255 – 274.

　　② Melvin Croan, "The Politics of Marxist Sovietology: Otto Bauer's Vision", *The Journal of Politics*, Vol. 21, No. 4, (Nov., 1959), pp. 575 – 591.

　　③ 据 Bill Bowring 的研究资料表明：Gavriil Popov 第一个重新认识民族文化自治理论，他于1988 年首次提出。但是 1992 年由于在苏联时期理论界对于民族文化自治抱有深深的怀疑态度，所以当 Valerii Tishkov 制定俄罗斯民族政策时，把"民族文化自治"作为国家的民族策略，但是叶利钦并未同意这一民族政策。仅仅过了两年，随着国家总统与议会之间的冲突解决，开始采取了新的政策，民族文化自治获得了多数人的支持。1994 年正式作为报告提出了民族文化自治政策，并正式成立民族文化自治咨询委员会。1996 年 12 月 18 日颁布民族文化自治法令。1996 年 7月 17 日实施民族文化自治，1999 年以来俄罗斯有 126 个民族文化自治团体相继成立。参见 Bill Bowring, "Austro-Marxism's Last Laugh? The Struggle for Recognition of National-Cultural Autonomy for Rossians and Russians", *Europe-Asia Studies*, Vol. 54, No. 2, (Mar., 2002), pp. 229 – 250. 此外在西班牙、比利时、立陶宛、加拿大等国家也开始逐渐制定民族文化自治政策以解决国家所面临的民族问题。

是从帝国主义扩张和无产阶级革命的任务上来讲，民族文化自治理论在无产阶级革命时代是一种机会主义的策略，它反映了小资产阶级妥协性方案，这说明以奥托·鲍威尔为代表的奥地利马克思主义者虽然在理论上坚持马克思主义，但是由于脱离广大劳动群众和工人阶级，不相信他们的斗争力量。民族文化自治理论反映了他们在社会主义价值和现实帝国主义势力之间挣扎与困惑的处境，他们不得不寻求和资产阶级达成妥协来实现自己的理想，最后必然导致失败的命运。但是他"注重与工人日常问题和国家政治问题的实际相联系"①，注重对于民族和国家之间的辩证关系，反映了他对于民族问题的现实性与具体性思考。在全球化经济发展和民族意识再次凸显条件下，这对于解决国家统一和民族发展之间的矛盾提供了新的途径。

鲍威尔利用马克思主义历史研究方法对奥地利民族问题复杂性以及帝国主义本质的分析，显示出了他作为奥地利社会民主党理论家与政治家的创见。他的民族国家理论是迄今为止在马克思主义乃至在西方理论界也是独树一帜。罗尼·戈诗曼（Roni Gechtman）认为："鲍威尔从历史唯物主义角度对于民族长期的、复杂的以及成熟的分析在英语界中至今还是难以企及。"② 当今西方的自由主义多元文化主义、第三条道路以及新的时代条件下日益凸显的少数民族权利问题，这些也正是鲍威尔民族理论中的主要内容，所以他的民族理论在当代重新受到重视也就顺理成章了。

---

① ［美］菲利克斯·格罗斯：《公民与国家——民族、部族和族属身份》，王建娥、魏强译，新华出版社 2003 年版，第 68 页。

② Roni Gechtman, "Book Review: The Question of Nationalities and Social Democracy", *Labour/Le Travail*, Vol. 50, (Fall, 2002), pp. 374 – 378.

第二节　从民族自决到文化自治：俄罗斯
民族政策的历史转变

　　奥托·鲍威尔的民族理论非但没有解决奥地利民族问题而且在
理论上也受到了列宁的激烈批判。从历史发展来看，列宁的民族理
论在无产阶级革命以及被压迫民族独立和解放运动中起了重要作
用。但是无产阶级政党在民族问题上面临着民族统一与民族特殊
性、国家认同与民族认同、中央集权与地方自治之间的矛盾，正是
在这些问题上列宁与斯大林存在着差异。

一　民族自决与苏联民族问题

　　民族自决理论是无产阶级革命的理论，它坚持各个被压迫民族
的自由分离权，借此以摆脱统治民族的剥削和压迫，实现成立自己
国家的愿望。在苏维埃俄国成立之后，列宁积极宣传并在实践中实
施了民族自决理论，曾经在沙皇俄国统治下的芬兰、爱沙尼亚、立
陶宛、波兰在民族自决理论中相继独立，成立了自己的国家。列宁
认为民族自决理论中建立"自由分离权"的目的并不是成立独立的
国家，而是在摆脱异族压迫和统治的基础上进一步联合起来成立统
一的国家。列宁继承了马克思关于民族国家的观点，认为分散的民
族国家是经济落后的表现，统一的集权制国家符合资本主义统一市
场以及历史发展的趋势，所以将来的社会主义国家是统一的国家而
不是落后的联邦制国家，所以列宁主张在民族自决基础上成立统一
的国家，反对国家联邦制。但是随着历史的发展，各个苏维埃政党
成立了自己的国家，民族自决理论主张在自愿基础上实现各个国家
的联合。为了共同利益团结起来反对共同敌人，所以列宁及时改变
了建立统一国家的观点，而是主张各个苏维埃国家联合起来成立联
邦制国家。1922 年俄国境内的各个苏维埃社会主义共和国在民族自

决基础上联合为统一的国家——苏联。在统一的国家中，各加盟共和国有自己的行政机关和法律机构，享有管理本国内的政治和文化事务。民族自决理论主张各个民族在国家政治、经济、文化事务中一律平等，反对民族压迫，每个民族有权使用自己的语言和文化。

在民族自决理论中，苏联的民族关系和国家的建设取得了长足的发展和进步，但是这并不意味着解决了苏联的民族问题。由于苏联在社会主义建设中注重国家政治统一，低估了民族问题对于国家的重要作用。"用政权来表达一种民族认同与其说是所欲，不如说是遗憾。"① 一个国家政治制度上的统一性是国家稳定和发展的重要前提，但是统一的政治并不等于统一的认同意识。尤其是随着苏联高度集权制的建立，使得苏联面临着有统一的国家但却没有统一的民族。由于注重国家政治统一而忽视民族发展，尽管民族自决理论中包含了国家的民主和民族问题，但是这些问题只是被提出并没有形成完善的制度和政策。首先，在苏联社会主义建设时期，人们把"少数民族"问题视为国家团结与统一的威胁，因此对少数民族实行民族同化和人口迁徙政策，造成了严重的民族冲突，也为后来苏联的解体埋下了伏笔。其次，苏联的大俄罗斯主义严重地影响了民族的统一与团结。由于注重宣传俄罗斯人在苏联革命与建设过程中的特殊作用，忽视了其他民族干部和群众的重要作用。在语言上，俄语成为国家强制推行的语言，忽视了其他民族语言和文化发展的权利。苏联在进行社会主义建设过程中，尽管提出了关于民主和政治制度的设想，但是忽视了国家民主制度的建设，致使苏联和沙皇时代的民族政策没有什么区别。最后，高度集中的中央集权制使得各加盟共和国行政机构形同虚设，国家民主机制遭到了破坏。特别是面临复杂的民族矛盾和问题，苏联一味强调社会主义认同的重要性和统一性，主观

---

① ［加拿大］威尔·金里卡：《少数的权利：民族主义、多元文化主义和公民》，邓红风译，上海译文出版社2005年版，第275页。

上认为苏联已经解决了民族问题。[①] 在社会主义建设过程中强调新的共同体即"苏联人民"的形成，[②] 实际上这只是官方在政治上的自我宣传，而在各民族意识中并不存在。

二　列宁与斯大林的民族国家理论

列宁和斯大林都批判了鲍威尔民族文化自治理论对于社会主义的危害性，坚持"民族自决"理论，反对帝国主义的民族压迫，把马克思主义民族理论与无产阶级革命以及被压迫民族的解放斗争结合起来。列宁和斯大林的民族理论不仅发展了马克思主义民族理论，还推动了全世界被压迫民族的解放运动，沉重地打击了帝国主义的殖民体系。但是在民族与国家关系上，特别是多民族国家结构上，列宁与斯大林的观点是不同的。列宁认为，国家中的每个民族都是平等的，他们都有权成立自己的国家，这是充分保证民族经济、文化发展、民族权力以及民族平等的主要途径。而对于多民族国家结构形式，列宁认为多民族国家政治的合法性是在于充分保证每个民族的独立权，他们拥有自己的政权组织以及立法机构，在此基础上各个民族国家结合为统一的国家联盟，国家联盟有着统一的军事和外交权力。后来苏维埃社会主义国家联盟就是按照列宁这一国家结构理论成立起来的。但是斯大林并不同意各个民族国家联盟的观点，他认为苏维埃其他各个民族是以自治共和国身份而不是以加盟国和国加入俄罗斯联邦，从而成立以俄罗斯民族为主体的国家。斯大林这一理论受到了列宁的严厉批判，认为这是旧沙皇时代大俄罗斯主义的反映，它破坏了民族平等原则，违背了国家合法性基础。列宁和斯大林在民族与国家结构形式上所呈现的差异突出表

---

① 参见中国社会科学院苏联东欧研究所，国家事务民族委员会政策研究室编译《苏联民族问题文献选编》，社会科学文献出版社 1987 年版，第 350、451、462 页。

② 同上书，第 349、450 页。

现在 1922 年发生的"格鲁吉亚事件"① 上。

列宁的民族理论深受西方民族国家理论即"一国一族"的影响,他认为民族是国家政治合法性的基础,在民族基础上的国家才能保证民族的独立性,保证民族的自由与发展。因此对于一个多民族国家来讲,要保证民族的平等地位和自由发展权力,就是在民族基础上成立自己的国家,每个被压迫民族都具有退出国家的自由和权利,这就是列宁的"民族自决"理论在国家结构形式上的运用,所以"列宁主义的民族政策实际上包括着很多自由主义的因素"②。但是这对于统一的多民族国家来说,它将面临国家统一主权与民族权力关系的问题。在这种意义上"与其将苏联解体视为社会主义民族自决权理论和实践的失败,毋宁看作是它的历史成就"③。因为在苏联高度集中集权时代,各个加盟共和国失去了自己的权力和地位,它们的独立恰恰是把国家政治权力重新建立在民族基础上,而这种合法性正是来自列宁的民族自决理论。因此列宁的民族理论是典型的西方民族国家理论,它适用于西欧经济和文化发达的民族以及主体民族,但是对于那些被压迫民族来说,以独立民族国家身份加入一个统一的国家,把民族作为国家合法性基础以及民族发展的保证,则势必造成民族权力对于国家主权的威胁,甚至使国家面临分裂的危险。因此,斯大林并不同意在民族共和国之上再成立一个统一的国家,为此他提出了《关于俄联邦和各独立共和国关系草

---

① "格鲁吉亚事件"是格鲁吉亚共产党中央委员会,在是以加盟共和国还是以自治共和国身份加入苏联的问题上,同俄罗斯以斯大林为首的俄共中央委员会之间产生分歧与矛盾。这一事件的背后实际上反映了列宁与斯大林在苏联国家结构制度上观点的差异,事件的结果虽然最终是以列宁通过修改斯大林"自治化"方案而获得通过,但是格鲁吉亚、亚美尼亚以及阿塞拜疆三国仍然是以联邦的形式加入苏联,从而失去了自己的独立性。这一事件也成为后来格鲁吉亚和俄罗斯之间不断发生摩擦和矛盾的诱因。参见梁建东《苏联时期的格鲁吉亚事件初探》,载《黔东南民族师专学报》(哲社版) 1996 年第 3 期,第 6—9 页。

② 郑永年:《中国少数民族政策的问题到底在哪里?》,《联合早报网》2009 年 7 月 21 日,http://www.zaobao.com/forum/expert/zheng-yong-nian/story20090721 - 55807。

③ 汪晖:《现代中国思想的兴起》,生活·读书·新知三联书店 2004 年版,第 1560 页。

案》即"自治化"方案。主要内容是主张其他民族联邦以自治共
和国加入俄罗斯联邦成立一个统一的国家，从而防止各个民族共和
国分裂，保证国家领土完整和主权的统一。斯大林为了维护国家统
一性而削弱各个民族在国家中的权力，用国家的权力保证各个民族
的地位和发展。列宁对于斯大林的"自治化"方案表示反对，认为
"这个'自治化'的想法是根本不对的，是根本不合时宜的"①。他
认为各个苏维埃共和国之间是平等的，他们一起加入新的联邦，并
利用新联邦的权力来保证国家的统一性。

　　如果说列宁的民族国家结构形式深受西方民族理论的影响，那
么斯大林民族与国家结构形式则是对于东方殖民地国家统一性的思
考。而实际上，苏联在国家结构建设过程中虽然保留了列宁的国家
设想，但是在斯大林时期，各加盟共和国并没有自己的政治权力和
地位，这样苏联的国家结构形式实际上是在列宁国家形式下，实施
了斯大林的国家政治结构，形成了苏联在主权层面上有自己的国家
但是没有统一的民族，而对于各个加盟共和国来说，它们有自己的
民族却没有自己的国家。苏联的解体使得各个加盟共和国在民族基
础上成立自己的国家，这既是列宁"民族自决"理论的实现，也是
国家政权合法性的体现。全球化时代中民族与国家关系问题日益突
出，列宁和斯大林的多民族国家结构形式理论为人们解决民族问题
提供了探索的途径。20 世纪 80 年代至 90 年代，严重的民族矛盾和
冲突率先导致以波罗的海三国利用苏联宪法规定的民族自决权利宣
布独立，随后便引发了苏联其他各加盟共和国走向了独立，最终导
致苏联解体。

三　俄罗斯与民族文化自治

　　纵观苏联 70 年来的发展历史，以"民族自决"作为革命手

---

① 《列宁全集》第 43 卷，人民出版社 1987 年版，第 349 页。

段成立了由民族加盟共和国统一起来的苏联，最后却是在法律规定的"民族自决"中走向了解体。作为世界上的超级大国，苏联在民族理论和社会主义建设实践中，它所取得的成就与其所存在的缺陷同样突出。解体以后的各加盟共和国尤其是俄罗斯的民族矛盾非但没有得到缓解反而变得更加严峻，因为它们也想利用"民族自决"权力获得独立，如车臣、南奥塞梯、北奥塞梯以及印古什自治共和国。各个民族之间要求国家的权力以及发展自己的文化日益高涨。如何处理民族认同与国家认同之间的关系，既能够保持国家的统一又能满足各个民族经济和文化的发展就成为俄罗斯所面临的主要问题。在这种情况下，俄罗斯开始改变苏联时期的民族政策，首先是在国家宪法中取消了民族自决权，强调国家权力的至上性。民族自决权主要是政治上的自由分离权，它在反对民族压迫和无产阶级革命斗争时期确实起了重要的作用，但是在国家统一和建设时期它往往又会成为民族独立分子分裂国家的理论依据。因此俄罗斯为了避免发生苏联式的解体悲剧，在宪法中取消了民族自决权力。其次是在宪法中强调国家的公民意识和民主权利，淡化民族意识。国家在法律中规定国家的基本权利和义务，强调国家主权和统一是国家的最高利益。对于民族意识，国家取消公民的民族成分登记，不再强化民族区别，而是突出国家范围内不论民族和种族之间的公民平等。最后，国家承认各个民族在国家中的平等地位和权利，在原来的民族区域自治基础上实施民族文化自治，鼓励成立民族机构和组织，发展民族语言和文化，满足少数民族发展的权利和要求。

在苏联时期民族文化自治一直作为资产阶级民族理论受到批判，但是在苏联解体以后它重新得到了人们的认识。民族文化自治理论虽然没有能够挽救衰败的奥匈帝国，但是它对于国家统一和民族自由发展的探索，对于民族文化与自由民主制度的建设有着重要的意义，特别是它的民族概念突破了人们对于民族的认识。民族文化自治理论既是世界多元化发展的先声，也表达了少数民族自我发展的需要，从而改变了国家对于少数民族保护被动性要求所产生的民族矛盾。俄罗斯在原来民族区域自治基础上，1996 年 12 月正式颁布《民族文化自治法》，鼓励并承认少数民族语言和文化发展的权利，各个民族成立自己的民族文化机构，实施国家政治权力和文化教育的区分，推动了各个民族在经济、文化上的发展，维护了国家统一和领土完整。尽管俄罗斯依然面临着严峻的民族问题，但是在民族文化自治基础上，各个民族在经济和文化上得到了快速发展，民族矛盾得到了缓解。民族文化自治理论命运的转折不只是与世界发展的多元化相关，而且和全球化时代条件下民族意识的觉醒分不开。

第三节　当代视野中的鲍威尔民族理论

一　当代民族运动

20 世纪 80 年代，随着科学技术广泛运用以及政治制度上的改革与完善，世界上主要的资本主义国家在经济上获得了较快的发展。与此同时，社会主义国家在民主制度建设以及经济发展上陷入了困顿，尤其是不断激化的民族矛盾最终使苏联和东欧的社会主义国家走向了解体。当代无论是发达国家还是落后国家，无论是资本主义制度还是社会主义制度，无论是专制国家还是"自由民主"的国家都面临着民族问题。

21 世纪以来，当代世界发展的全球化使得人们在物质生活上越来越趋向同一性，但是"提供物质利益并不必然可以保证他们融入一种共同文化，或者发展出对一种共同文明的共享的忠诚感"①。因此经济上的发展促使民族意识的觉醒，从而导致民族独立运动的

① ［加拿大］威尔·金里卡：《多元文化公民权——一种有关少数族群权利的自由主义理论》，杨立峰译，上海译文出版社 2009 年版，第 230 页。

广泛兴起。这意味着经济上发展的趋同性并没有形成统一的民族，反而加强了民族文化与意识的觉醒。

马克思主义认为，随着经济发展各个民族不但在经济上互相接近，而且在民族文化上开始融合。在共产主义社会，随着阶级和国家的消亡，民族也走向消亡。而鲍威尔认为将来民族的统一性不是没有民族特性的"同一"，而是在民族特性之上的统一。因此经济的发展不但不会使各个民族之间的差异消失，反而会增加民族之间的差异性与独特性。当代的经济全球化发展以及民族运动的兴起证实了鲍威尔对于民族与经济发展一致性的关系观点。正是民族意识的觉醒和加强使得民族问题在西方国家中越来越突出，并由此形成了自由民主国家制度的危机。①

二　自由民主制度与少数族群权利

自由民主是资产阶级在反对封建专制制度过程中提出来的，但是它是资产阶级特权制度，广大群众依然处于被剥削、被压迫地位。在垄断资本主义阶段，民族国家无法满足资本主义经济发展的需要，于是对民族自由和民主的追求也开始转变为民族压迫和民族统治，民族国家转变为多民族的帝国主义国家。帝国主义的扩张与掠夺引起了被压迫民族独立和解放斗争，二战以后，随着经济全球化的不断发展，民族意识开始增强，资产阶级自由民主制度下民族与国家之间的矛盾不断激化，民族独立运动开始高涨，少数民族权利以及文化问题成为突出的问题。

自由民主制度体现了民主的广泛性和参与性，但是自由民主制度形成的国家和民族认同之间的矛盾带来了民族国家的危机。因此"西方的自由民主体制正在经历一种'合法性危机'的可能，由于福利国家正在向它的公民提出更多的要求，而公民们不再能够把国

---

① 对此鲍威尔在民族理论中就已经对于资本主义自由民主国家制度进行了批判，详细本书内容第三章第二节。

家和广义的政治社群看作任何认同或忠诚的中心，这种危机已经出现了"①。这主要表现在三个方面：首先是国家在法律上的普遍性与平等性，但它忽视了民族作为个人认同的重要作用。自由民主制度在法律上规定个人在国家中的平等权利，它强调作为国家公民所享有法律规定的权利和义务以及在国家机构和政治组织中的平等地位。在自由民主制度中，原子化的个人只有作为国家公民的地位和权利，并没有民族的地位和权利。"当法律赋予个人以权利时，这一权利并不是取决于其具体的民族归属，而是必须作为公民才有资格享有这一权利。"② 个人只有作为公民的认同，但是并没有民族认同。因此"公民的共同的民族平等，摧毁了所有横在公民和国家之间的组织与团体，公民民族主义的意识形态将传统的和本土的文化归入社会的边缘，归入家庭与民俗的范畴"③。正是在生产基础上的社会性（包括民族性）塑造了人们的生活习惯、价值观念和行为意识。对此金里卡认为："个体不是'普遍地'（就是说每个公民均代表了与国家的同样的直接联系），而是'联合地'（即是以一个或另一个文化社群中的成员身份的名义加入国家的）纳入国家的。"④ 所以民族文化形成了个人的认识和行为，但是对于个人有着重要作用的民族却在自由民主国家制度中没有地位和权利，这就造成了各个民族为了争夺国家的权力而进行斗争，从而引起了民族矛盾和冲突。鲍威尔认为资本主义的自由与平等取消了封建社会团体性社会组织与机构，使得个人只有在国家中才有作用。面对这种情况，鲍威尔把民族作为在国家中享有法律规定的实

---

① ［加拿大］威尔·金里卡：《自由主义、社群与文化》，应奇、葛水林译，上海译文出版社 2005 年版，第 80 页。

② Ephraim Nimn (ed.), *National Cultural Autonomy and its Contemporary Critics*, London and NewYork: Routledge, 2005, p.15.

③ ［英］安东尼·史密斯：《全球化时代的民族与民族主义》，龚维斌、良警宇译，中央编译出版社 2002 年版，第 120 页。

④ ［加拿大］威尔·金里卡：《自由主义、社群与文化》，应奇、葛水林译，上海译文出版社 2005 年版，第 131 页。

体，即民族法人组织，实行民族文化和教育与国家政治制度的调整。这样通过赋予民族以集体性的法人实体，使得各个民族不必再为国家的权力而斗争。这一制度不但改善了民族之间的关系，而且改变了民族与国家之间的关系。因为"在欧洲，民族—国家的权威受到欧盟的崛起和地区性、区域性政府独断的双重打击。然而，具有讽刺意味的是，分离主义者的主要要求恰恰是要建立更多的民族—国家，即使主权机制正越来越失去其曾经的意义"，于是"民族认同开始挑战曾经作为唯一认同的国籍认同"①。在这种情况下，"民族文化自治"作为在奥地利历史条件下解决国家与民族之间的矛盾所提出的理论得到了人们的重新认识，并在实践中发挥越来越重要的作用。世界不少国家包括俄罗斯、澳大利亚、加拿大以及西班牙等国均开始采用民族文化自治解决国家与民族之间的矛盾，以促进国内民族文化的发展，从而维护国家的政治统一和领土完整。

其次，自由、平等作为国家制度反映了商品经济的发展要求却忽视了民族文化多样性。自由与平等不但是资本主义反对封建专制的理论武器，还是资本主义市场经济发展的内在要求。资本的本质在于不断地增长和扩张，它首先需要统一的商品生产和销售市场，在统一的范围内实现最大化的商品和劳动力自由与平等的交换，"资本主义的自由实质上就是资本交换的自由"，资本主义对于商品生产和销售市场的扩大化和统一趋势的需求，使得资本主义尽可能地扩大商品生产和销售市场，因此资本主义产生就伴随着殖民掠夺和民族征服。它把世界范围内的市场纳入资本统治之下，以民族同化取消民族独特性，但是对于民族来说"通过摧毁少数群体的民族性来培养一个共同的民族认同这种做法看起

---

①　［美］吉东·戈特利布：《在联合和分离之间：调和之道》，载［英］爱德华·莫迪默、罗伯特·法恩主编《人民·民族·国家——族性和民族主义的含义》，刘弘、黄海慧译，中央民族大学出版社2009年版，第144页。

来是虚伪的（并且经常是不现实的）"①。经过了两次世界大战以及随着民族运动兴起，无论是在发达国家，还是在落后国家，单一的民族国家理想以及同质化国家制度均遭到了失败。经济全球化发展使得世界范围内的各民族在经济上越来越接近，但是各民族在文化发展上日益多元化。这使得自由民主制度无法满足民族发展的要求。"民族文化自治"理论主张每个民族有权使用和保留本民族语言和文化，但是这种权力不是成立独立国家，而是民族文化发展的权利，这在很大程度上满足了国家的统一以及民族发展的多元化要求。② 在这种制度下，每个民族拥有自己的文化，同时尊重其他民族的发展，任何一个民族都没有强迫其他民族服从另外一个民族语言和文化的权力。民族国家的政治模式就转变为多民族国家的多元文化和政治模式，所以尼姆尼把鲍威尔称为"多元文化主义"的先驱。

最后，民主制度的多数原则忽视了少数民族权利和要求。由于民族与国家在领土范围上并不一致，经济和政治上的发展使得国家成为多民族国家，因此在国家领土范围内造成了民族人口的差异性，从而形成了多数民族和少数民族，各个民族在国家中的权利和地位以及各民族之间的关系就成为重要的问题。如果说自由平等的法律制度取消了民族在国家中的权利和地位，那么资本主义国家民主制则掩盖了多数民族的特权地位。全球化发展、民族意识的觉醒，在国家范围内主要表现为少数民族权利问题。资本主义民主制度是以"多数人"的意愿作为原则，由于少数民族在数量上并不占优势，所以他们在国家中的权利和地位就得不到体现，从而失去了在语言和文化发展上的权利。自从民族国家形

① ［加拿大］威尔·金里卡：《少数的权利：民族主义、多元文化主义和公民》，邓红风译，上海译文出版社 2005 年版，第 254 页。

② 从俄罗斯颁布《民族文化自治法》开始到 2007 年，俄罗斯境内共成立了 17 个联邦民族文化自治组织，206 区域自治组织和 409 个地方自治组织。参见王莉《后苏联时期的俄罗斯民族政策研究》，博士学位论文，中央民族大学，2011 年，第 84 页。

成以来，少数民族就一直作为征服和同化的对象，正如金里卡所指出的那样，在民主制国家中，"这些问题一直是留给通常的多数主义决策程序来决定。我将表明，这样做的结果一直是使得文化少数群体易于遭受多数人的严重不公正的伤害，并且更容易加剧种族—文化冲突"①。但是自由主义者如 J. S. 穆勒和阿克顿在少数民族权利观点上并不相同。穆勒认为自由制度只有在统一的民族国家中才能实现，自由需要的是统一的政治制度和民族文化，在国家中要想实现自由就需要对统治民族以外的民族进行同化。但是阿克顿认为自由主义制度在单一的民族国家中无法实现，只有在多民族国家中才能真正实现。他认为"真正的自由只有在一个多民族国家中才是可能的。……把民族性群体和它们对自己的一种精神生活的渴望分割开，有助于控制国家权力的扩张和滥用"②。一战前后，自由主义呼吁和保护少数民族权利，国际联盟制定了少数民族保护法规和政策，不过这种情况随着社会的发展以及国家政治和经济的发展，同质化国家制度得到了进一步的加强，少数民族因而失去了在国家中的地位和权利。随着民族意识的增强，少数民族在国家中的地位和权利就成为它们的普遍要求。民族文化自治理论提出了少数民族权利以及国家中的民族文化发展问题，尤其是它的非地域民族概念恰恰是当今经济发展条件下民族变化的真实反映。它一方面保证了少数民族权利，另一方面对于国家的统一起了积极作用。

三　鲍威尔民族理论与社会主义

鲍威尔的民族理论试图在文化上解决民族问题并完成社会主义革命的任务，以维护奥匈帝国的统一。显然这一理论在帝国主

---

① ［加拿大］威尔·金里卡：《多元文化公民权——一种有关少数族群权利的自由主义理论》，杨立峰译，上海译文出版社 2009 年版，第 6 页。

② 同上书，第 66 页。

义时代是无法实现的。列宁在无产阶级革命立场上指出了帝国主义的扩张本质，提出了"民族自决"理论。这一理论促进了工人阶级的国际团结，推动了广大被压迫民族的独立和解放运动。同时我们也应该看到，在社会主义国家建设过程中，民族问题具有复杂性，面临着越来越突出的民族矛盾。20世纪80年代苏联领导人开始了对民族理论的反思，戈尔巴乔夫认为："我们的理论界欠了民族关系的实践很大一笔债。……我们的一些社会学家不是对民族关系方面的一些实际现象进行客观的研究，对实际的社会经济过程和精神过程这样一些十分复杂，实际上又是矛盾的现象作出分析，而是宁愿长时间地写带有'颂扬'性质的论文，这些论文更像是美好的祝酒词，而不是严肃的科研报告，这是有目共睹的事实。"① 因此社会主义国家在加强经济建设的同时，必须重视民族问题，在对"民族文化自治"理论进行批判的同时，我们应该看到这一理论是在奥地利复杂的民族矛盾条件下，对于自由主义、民族主义以及社会主义前途和命运的思考，其中包括它对于阶级问题与民族问题的分析。它揭示了文化在人们认识和行为中所表现出来的价值，因为我们的行为是"由我们的文化遗产决定的。不同的生活方式不单是物质运动模式不同。物质运动之所以对我们有意义，只是因为它被我们的**文化**认为是有重大意义的，因为它与我们的文化所认可的一种生活的那些活动模式是相符的"②。在当前全球化和民族运动兴起的条件下，鲍威尔的"民族文化自治"理论对于解决我国复杂而严峻的民族问题有一定的借鉴意义。

---

① 中国社会科学院苏联东欧研究所、国家事务民族委员会政策研究室编译：《苏联民族问题文献选编》，社会科学文献出版社1987年版，第467—468页。

② ［加拿大］威尔·金里卡：《自由主义、社群与文化》，应奇、葛水林译，上海译文出版社2005年版，第157页。

第四节　民族文化自治与民族区域自治制度

一　我国民族发展历史与民族问题

(一) 中华民族的形成和发展

有着五千多年的历史和光辉灿烂文化的中华民族是世界上最古老的民族之一。历史上秦汉时期、魏晋朝时期、辽宋时期以及明清时代都经过几次民族的大融合，形成了以汉族与各民族共同组成"一体多元"的民族格局。我国各民族在政治、经济、文化上经过长期的历史发展与融合最终形成了各个民族"你来我去、我来你去，我中有你、你中有我，而又各具个性的多元统一体"① 的中华民族。

19 世纪中叶，由于西方列强的入侵，中国进入了半封建半殖民地社会，落后的封建王朝被西方列强纳入了资本主义体系之中。1921 年中国共产党正式成立，从此掀开了反帝反封建斗争的新篇章。在中国共产党的领导下，全国各族人民经过了艰苦卓绝的斗争，打败了反动派以及帝国主义侵略者，最终成立了中华人民共和国。全国各民族人民从此在党的领导下开始了伟大的社会主义建设，在民族区域自治制度下各族人民实现了自由与平等发展。

(二) 中华民族意识与民族认同的形成

中华民族经过几千年来的生活变迁以及文化交流，各个民族之间互相影响、互通有无，单纯的少数民族已不多见。汉族作为中华民族的主体占总人口的 92%，主要分布在黄河和长江中下游地区，其他 55 个民族占总人口的 8%，被称为少数民族，主要分布在中国的东北、西南、西北地区。汉族已经从中原地区扩展到西南、西北等少数民族聚居的地区，和少数民族一起促进了边疆的发展。同样

---

① 费孝通主编：《中华民族多元一体格局（修订本）》，中央民族大学出版社 1999 年版，第 3—4 页。

在我国的东部和南部少数民族也日渐增多，几乎每个省市都有为数不少的少数民族，在经济、教育和文化上共同得到发展。

我国历史上各民族之间也存在着差异，在古代就有"华夷之辨"，对待华夏以外的民族用不同的称谓以示区别，如蛮、夷、狄、戎。这种华夷之辨不是种族上的区分而是一种文化上的分别。对待不同的民族，人们认为"非我族类，其心必异"。因此各民族之间在历史上也发生过民族战争与征服，但是我国历史上对于那些与华夏民族不同的民族主要以文化教化为主，而不是民族征服。儒家"修身，齐家，治国，平天下"理想决定了国家政治制度。天下归心、协和万邦是封建时期统治者对于不同民族尤其是对于异族的政策，这种"平天下"就是政治上"大一统"思想的"天下观"。各民族与华夏民族的关系主要是依靠朝贡体制来保持地方独立与国家统一之间的关系，而不是民族之间的征服与统治的关系。这种朝贡体制一方面保持了国家在政治上的统一性与完整性，另一方面又保证了地方各民族发展的自主性，这种国家体制很类似鲍威尔所提出的"民族文化自治"中的文化与政治区分的原则。我国历史中的行省制度、羁縻府州等使得国家中央统一性与各民族的自由性结合在一起，它保证了中国在很长的历史时期内国家与地方的统一性与完整性。因此我国各民族在长期的历史条件下形成了统一的民族共同体，它不但在经济上是一个不可分割的统一体，而且在文化上也是一个文化共同体，在历史上有着共同的命运，从而形成了"命运共同体"。

（三）我国民族问题

新中国成立以后，根据我国民族实际情况，在少数民族聚居地区相继成立了广西、宁夏、新疆、西藏等自治区。我国的民族区域自治制度有力地促进了当地各少数民族经济和文化的发展，维护了国家统一和领土完整，体现了我国社会主义制度下民族平等和共同繁荣的原则。民族区域自治为国家统一、社会稳定与发展奠定了基础。近年来，在西藏、新疆发生的一系列事件使我们认识到，我国改革开放和社会的发展，国家东西部以及民族之间经济和文化发展水平差距不断拉大，各个民族之间的区别依然存在。

团结与统一是我国各民族的主要特征，但是我国在发展中存在的民族问题成为国家统一和社会发展的不稳定因素，这些问题主要表现在民族之间经济发展上的差距，以及民族语言、政治上的平等以及少数民族分裂分子的独立活动。这些民族问题既有经济上的原因也有政治上的原因；既有国内的原因还有国际的原因。我国改革开放以来在经济、政治、文化上取得了巨大发展，国家实力增强和国际地位的提高大大促进了各民族之间的团结。从另一方面来看，我国由于历史和政策的原因导致了地区发展的不平衡，主要表现在东部发展较快而西部发展较为缓慢。随着改革开放的进一步深入和全球化发展，东西部之间的差距越来越大，这就为民族分裂分子制造了借口。其次是在文化上，尽管儒家文化作为大多数民族价值观念基础，但是由于一些民族有着不同于汉族的语言与文化，从而限制了他们在国家中的权利与平等地位。最后一些海外反华势力，试图利用民族所存在的问题勾结国内少数民族分裂分子进行非法活动。在国家法律的范围内重视并解决我国存在的民族问题，既保证国家领土完整与主权统一，还促进了民族平等与发展，最终实现全国各民族的团结与共同发展。

二　我国民族区域自治制度

民族问题是我国面临的主要问题之一，也是关系到国家长治久安的基本问题。现阶段，我国在社会主义制度下坚持国家领土和主权统一是民族问题解决的前提，坚持各民族自由平等和共同发展是我国民族问题解决的目标，社会主义初级阶段是我国民族问题解决的基本依据，党领导下的民族区域自治是解决我国民族问题的基本制度。

　　我国于 1984 年颁布并在 2001 年得到修正的《民族区域自治法》规定："民族区域自治是在国家统一领导下，各少数民族聚居的地方实行区域自治，设立自治机关，行使自治权。实行民族区域自治，体现了国家充分尊重和保证各少数民族管理本民族内部事务权利的精神，体现了国家坚持实行各民族平等、团结和共同繁荣的原则。"这表明民族区域自治制度是结合我国民族特点而制定的基本制度，它对于维护国家统一和民族平等，促进社会稳定和民族发展起着重要的作用。我国的民族区域自治制度为国家统一和各民族的共同发展奠了坚实的基础。经过历史上发展，各民族在经济和文化上彼此接近，各个民族在分布上相互交错，从而形成了大杂居小聚居的局面，这就为我国的民族区域自治提供了现实依据。

　　马克思和恩格斯在民族问题上主张"民族自决"以实现无产阶级革命和被压迫民族的解放，在国家制度上反对联邦制，主张实行单一的民主共和国，认为统一的国家是社会发展的必然要求。列宁继承了马克思民族自决和单一制国家理论，进一步推动了无产阶级革命和民族解放运动。十月革命胜利以后，随着各个苏维埃共和国成立，列宁改变了建立单一国家的观点，同意各个苏维埃共和国联合组成统一的国家，从而维护了无产阶级革命胜利的成果，促进了各个民族的统一和发展。列宁还把区域自治作为解决民族问题的制度，他指出："民主集中制不仅不排斥地方自治以及有独特的经济和生活条件、民族成分等等的区域**自治**，相反，它必须**既要求地方自治，也要求区域自治**。"① 斯大林继承了列宁的民族理论，他指出："区域自治的优点首先在于实行的时候所遇到的不是没有地域的空中楼阁，而是居住于一定地域上的一定居民。其次，区域自治不是把人们按民族划分的，不是巩固民族壁垒的，相反地，是打破这种壁垒，把居民统一起来，以便为实现另一种划分即按阶级划分

---

① 《列宁全集》第 24 卷，人民出版社 1990 年版，第 149 页。

开辟道路的。最后，它使大家不必等待整个中央机关的决议而能最适当地利用本地区的天然富源并发展生产力，——这样的职能是民族文化自治所没有的。总之，**区域自治**是解决民族问题的**一个必要条件**。"① 所以斯大林反对高加索地区的"文化自治"，主张实行区域自治。我国民族区域自治正是在马克思主义理论影响下，特别是斯大林民族理论为我国民族制度提供了直接的理论来源。

民族区域自治制度作为我国解决民族问题的一项基本制度，我们党对于这一制度的认识过程大体经历了三个主要阶段：第一阶段，1922 年至 1936 年民族自决阶段；第二阶段，1937 年至 1948 年民族自决和民族自治交替使用阶段；第三阶段，1949 年后民族区域自治确立。第一阶段是从党成立一直到红军长征胜利完成和抗日战争爆发前夕。在这一时期，我们党主要是处于理论上的探索和学习阶段，在实践上对于我国的民族具体情况还不了解，党在这一时期的特点主要是学习列宁的民族和国家政权建设理论。党在二大宣言中提出了中国共产党的奋斗任务是："（一）消除内乱，打倒军阀，建设国内和平；（二）推翻国际帝国主义的压迫，达到中华民族完全独立；（三）统一中国本部（东三省在内）为真正民主共和国；（四）蒙古西藏回疆三部实行自治，成为民主自治邦；（五）用自由联邦制，统一中国本部、蒙古、西藏、回疆，建立中华联邦共和国；……"② 由此看出，党在这一时期的民族纲领和政策除了在理论上深受苏联影响之外，还与当时共产国际制定的广大被压迫民族的政策有着密切的关系。列宁与斯大林继承了马克思民族自决理论，1920 年共产国际在第二次代表大会上，提出了把无产阶级革命运动和东方被压迫民族解放运动结合起来，主张广大殖民地国家和被压迫民族实行民族自决，以实现民族的解放和国

---

① 《斯大林选集集》（上），人民出版社 1979 年版，第 113—114 页。

② 中央档案馆编：《中共中央文件选集（一九二一——一九二五）》第 1 册，中共中央党校出版社 1989 年版，第 115—116 页。

家的独立，从而在无产阶级领导下完成资产阶级民族民主革命，最终在工人阶级领导下成立社会主义社会国家政权。年轻的中国共产党作为共产国际的一个支部遵循它的方针和政策势所必然。另外，虽然社会主义苏联刚刚成立，但是它在国家的政治建设以及社会发展中所取得的成就和世界范围内的广泛影响也是中国共产党学习的直接原因，因此说我们党在这一阶段基本上是处于学习阶段。

第二阶段是从 1936 年至 1949 年初。党在长征中经过了不少民族地区，认识到了一些少数民族情况和问题，建立了少数民族政权。特别是随着抗日战争的爆发，党认识到以民族分离和独立为主要特征的民族自决理论无法适应中国各民族统一抗战策略，因此党在这一时期提出了以统一和地方自治为特点的民族区域自治制度。1947 年我国第一个民族自治区域——内蒙古民族自治区成立。但是这一时期并不是意味着党独立提出民族区域自治理论，主要有以下原因：首先，共产国际七大确立了建立反对法西斯统一战线，在这政策指导下，共产党成立了抗日民族统一战线，为抗日战争的胜利和各民族的团结奠定了基础。其次，虽然党提出了民族自治这一策略，但这一时期的"民族自治"并不是后来所说的"民族自治"，因为它是"自决"意义上的"民族自治"，而不是地方性的民族自治。毛泽东 1938 年在《论新阶段》中提出了民族自治理论，但是这只是带有"自治性"的"民族自决"。因为此时"民族自治权利作为中国共产党解决中国民族问题和国家政权建设的主张，最终是相对于包含分离权或独立权的'民族自决权'的概念而提出来的"[1]。1945 年党在第七次代表大会上仍然是把"民族自治"和"民族自决"一起提了出来。再次，这一时期党从直接学习列宁的民族自决理论和国家联邦制国家制度以外，还受到了斯大林民族理

---

[1] 周勇：《探索中国"区域自治"和"民族自治"结合之路》，王铁志、沙伯力编《国际视野中的民族区域自治》，民族出版社 2002 年版，第 165 页。

论影响，并开始把他的民族理论用于中国实际。党在这一阶段仍处于列宁和斯大林民族理论影响之下，在"民族自治"和"民族自决"政策上犹豫不决，在民族问题与制度上还没有独立的立场。根据国民党高级幕僚唐纵日记记载，早在第二次世界大战期间，斯大林就主张中国的民族问题应用"民族自治方式解决之"。① 不过在这一时期，党开始思考我国民族历史和实际情况，并带有尝试性地采用民族区域自治制度以解决我国民族问题，但是尚未形成独立的民族区域自治制度，如果认为在这一时期就开创性地形成了我国民族区域自治制度是不符合历史事实的。在这一阶段，我们党虽然意识到我国与苏联民族情况的差异，但是在民族理论与实践上尚不足以独立和创见性地提出自己的民族理论。我们党包括毛泽东在内的多数人认识到党在实践和理论方面有着诸多不足，因而在一些重大政治和决策上要向斯大林学习和请教。所以在党成立以及在新中国成立后很长一段历史时期内基本上是受苏联政治制度与民族政策的影响。这一点在毛泽东与斯大林的电报中就可以看出，"务必就一系列问题当面向苏联共产党（布）和大老板亲自汇报，……真心希望他们给予我们指示"②。最后，斯大林特使米高扬 1949 年初密访中共中央所在地西柏坡对于我们党的民族政策的确立起了决定性作用。1949 年中国共产党在国内革命战争中取得了决定性的胜利，面对中国共产党即将解放中国并建立新政权这样的局面，苏联与中国领导人开始就未来中国建设方针以及国内外政策进行探讨。1949 年 1 月 30 日至 2 月 8 日，斯大林特使米高扬秘密访问中国共产党领导人，毛泽东就将来国家政治制度和建设的一系列方针政策谈了自己的看法。据当时担任俄语翻译的师哲回忆，由于米高扬声称自己只

---

① 公安部档案馆编著：《在蒋介石身边八年——侍从室高级幕僚唐纵日记》，群众出版社1991 年版，第 430 页。

② ［俄］安·列多夫斯基：《米高扬与毛泽东的秘密谈判（1949 年 1—2 月）（上）》，李玉贞译，《党的文献》1995 年第 6 期。

是"带耳朵来的，没有权利发表意见"[①]，一切政策和决议需要汇报给苏共中央再做决定。对于内蒙古、新疆等双方比较关心的问题，米高扬表示苏联没有任何企图，支持中国民族的统一和领土完整。在对待少数民族问题上，他转告了斯大林在民族问题上对于毛泽东等中共领导人的建议，他认为苏联的民族自决并不适合中国的具体情况，他说："我们中央委员会建议中国共产党在民族问题上不要过分大度，如让少数民族独立并从而在中共执政后缩小中国的领土。应该让少数民族自治，而不是独立。"对此"毛泽东很赞赏这项建议，但他的表情说明，他不打算让任何人独立自主"[②]。此外，在这次密谈中，米高扬还转达了斯大林在中国民族问题上的态度，苏方领导人认为中国应"建立一个有别于自己的联邦制国家的统一的多民族国家，用民族区域自治的方法解决国内的民族问题"[③]。也正是在这次谈话之后，我国的民族方针和政策就基本确立下来。

第三阶段从1949年9月至我国民族区域自治法制定。1949年9月新中国成立前夕，中国共产党召开了由各个党派参加的政治协商会议，并通过了《共同纲领》，制定了我国的民族政策，确立了我国民族区域自治制度。因此在我国民族区域自治制度形成过程中，既要看到党结合我国民族的历史发展以及现实的格局进行探索的进程，同时也要实事求是地承认斯大林的民族理论和苏联的建设经验对于这一制度的重要影响。因为"1949年中华人民共和国成立后，在许多方面（城乡经济的所有制体制、政府结构、高校教育体制、军队建设等）效仿苏联的成功经验，也包括了民族理论和相应的政

---

① 师哲口述，师秋郎笔录：《我的一生——师哲自述》，人民出版社2001年版，第275页。师哲回忆，李海文整理《在历史巨人身边——师哲回忆录》，中央文献出版社1991年版，第378页。

② ［俄］安·列多夫斯基：《米高扬与毛泽东的秘密谈判（1949年1—2月）》（下），李颖、杜华译、李玉贞校，《党的文献》1996年第3期。

③ 胡岩：《西藏问题中的苏联因素》，《西藏大学学报》2006年第9期。

策。在当时的国际环境下，新中国只能'一边倒'，只能效仿苏联，这是那时合情合理的抉择"。所以"斯大林的民族理论的核心概念和苏联制定的民族政策在 20 世纪 50 年代基本上被我国政府接受下来"①。

三　民族区域自治与民族共治

（一）民族区域自治与民族问题

随着世界全球化发展，民族意识也日益增长，从而导致民族与国家之间的冲突不断加剧，我国的民族问题就是在这种情况下的反映。民族区域自治作为一种维护少数民族权利、促进民族发展和国家统一的制度，它对于解决民族问题起了重要的作用。但是在国家民主和法律制度还有待完善的情况下，区域自治越来越显示出它在解决民族和国家关系时的局限，这主要表现在：

首先，它无法有效地避免在国家层面上采取对于少数民族不利的政策和措施。现代国家在法律意义上遵循普遍平等原则，而对于少数群体权利则是一个难以解决的问题。我国民族区域是按照少数民族聚居区域实行管理民族事务的权利，但是这种权利还无法体现少数民族的真正权利。我国民族区域自治是把民族自治和区域自治结合起来以解决少数民族权利和自我发展问题，但是这一制度却并没有规定区域内的少数民族人口所占的规模和比例。它对于在一定范围内成为多数民族的区域来说，区域自治和民族自治是一致的。民族区域自治在于确保民族自治权利，但是对于那些在一定区域内都不是多数民族的情况下，这就使得民族自治与区域自治产生矛盾。少数民族自治权利只是体现在少数民族干部的行政管理上，而这些民族干部不一定真正代表少数民族利益。在民族自治区域内的自治主体是按照"地权"原则而忽略了民族自治区域内的自治主体

---

① 马戎：《当前中国民族问题的症结与出路》，载谢立中主编《理解民族关系的新思路：少数族群问题的去政治化》，社会科学文献出版社 2010 年版，第 187 页。

即"人权原则"，因此民族区域自治对于一定区域内占优势的民族是适合的，但是对于分散的民族以及不占多数的情况下，区域自治就难以发挥它应有的作用。鲍威尔所提出的"文化自治"理论就是突破了传统民族"属地原则"限制，主张民族的"属人原则"即"非地域原则"，在一定程度上克服了地区范围内的区域自治与民族自治之间的矛盾，从而保证少数民族自我文化发展的权利。

其次，区域自治对于新时代条件下民族意识的增强和民族冲突还无法制定针对性的解决方法。区域自治是以民族聚居区域作为自治的依据和基础，这种地方性自治条件首先在于"被保护的群体生活在一个地理上孤立、界限明确的地域范围内，并构成了当地居民中的多数"①。这说明在这一区域内的全体居民拥有民族行政事务的管理权，但是在这区域范围之外的民族成员则没有这种权利。随着现代社会的发展以及市场经济的自由流动，民族的人口迁移和流动已成为普遍现象，因此各个民族的人口很难再局限于传统的民族居住区域，这样跨地域的、分散的民族就失去了他们的民族文化和教育权利。随着民族意识和民族认同在经济发展中日益增强，区域自治对解决这种问题越来越无能为力。在这种情况下，对于在一个国家范围内的少数民族成员来说，面对国家与民族之间的矛盾有两种选择：要么放弃国家规定的权利保持自己的民族文化与认同而处于孤立状态；要么放弃民族文化，融入所在地民族的文化而享有国家规定的权利，在享受普遍的国家公民权利和保持民族特性之间只能选择其一。这是在现代条件下越来越多的民族矛盾和民族冲突越发普遍的原因。而鲍威尔所提出的政治与文化的区分，在一定程度上解决了独特的民族认同和普遍性的国家认同问题，缓解了民族与国家的矛盾，从而成为当今许多国家解决少数民族问题的主要途径。

再次，区域自治面临着区域自治范围内全体居民与作为自治主

---

① ［德］汉斯－乔姆斯基·海因茨：《国际法上的自治》，载王铁志、沙伯力编《国际视野中的民族区域自治》，民族出版社 2002 年版，第 222 页。

体的少数民族之间的矛盾。民族区域自治制度旨在民族平等原则下
各少数民族实现自我管理权利，它既是一种在国家层面上避免对少
数民族风俗、文化、语言和宗教做出不利政策的一种防范措施，在
民族层面上又是少数民族制定本民族法律、法规权力的具体表现。
在区域自治制度中关键的问题包括：其一，在自治区域内如何把国
家所赋予的语言和文化发展的权利转化为少数民族具体的权力，在
国家自治机关中体现少数民族的意志。由于民族区域自治目的是既
要实现少数民族语言和文化的自由发展，又要在本民族的行政管理
上实现当家做主的权利。所以民族区域自治实现区域自治和民族自
治结合，它需要平衡和协调三个方面的利益冲突：地方利益和少数
民族群体利益；当地的少数民族群体利益与其他民族群体利益之间
的关系；不同层级国家行政体系与少数民族群体利益。① 从实质上
来说，自治就是国家权力向地方权力的转移。这种转移既是国家统
一的基础和保证，也是民族发展的内在需求。民族自我发展和管理
不仅体现在民族语言和文化发展上，还体现在民族事务上的行政立
法和司法权，这一权力也正是国家所赋予的体现民族意志的权力。
其二，在自治区域内如何处理作为多数的少数民族与其他少数民族
之间的权力关系，而不至于产生新的民族压制和矛盾。从历史上来
看，现代民主制度中的多数原则使得在一定范围的民族为了改变民
族之间的人口比例，增加本民族人口数量，就采取驱逐、同化其他
民族甚至种族清洗等手段，从而产生了"多数人的倒置"问题，也
就是说，"先前的少数人对于其他群体获得了权力。这导致那些
'新'少数人群体有受到压制的危险；或者，人口的结构可能经由
'种族清洗'而改变"②。所以这种方式虽然解决了旧的少数民族问

---

① 参见周勇《探索中国"区域自治"和"民族自治"结合之路》，载王铁志、沙伯力编
《国际视野中的民族区域自治》，民族出版社2002年版，第167页。
② ［德］汉斯－乔姆斯基·海因茨：《国际法上的自治》，载王铁志、沙伯力编《国际视野
中的民族区域自治》，民族出版社2002年版，第222页。

题，却产生了新的少数民族问题。鲍威尔的民族"非地域性"理论为这一民族问题的解决提供了新的途径。

最后，区域自治与民族平等问题。一般来说，民族自治是在国家范围内主体民族对处于弱势地位的少数民族实施的一种保护性措施，它通常是对于在历史上遭受排挤压迫的少数民族进行的一种补救和纠正。这种意义上的自治在本质上是临时性的，因为一旦这种压制和排挤由于国家制度的发展不再存在，那么也就意味着对这一民族实施的保护就要取消。否则，"自治仅仅是被冲突中的一方在其'最终目标'的追求中'用来'改善自己的地位，那么，自治就不仅不能预防和解决民族冲突，而且还会在很长的时间内加剧这种冲突"①。其潜在的问题是民族自治非但不能解决民族问题反而会产生新的问题：其一，它违背了民族平等原则。历史证明在民族之间的发展关系上，不分条件和具体的民族实际情况而刻意强调民族之间的平等，一味采取"以强补弱"的方式来促进民族的发展，这不但不能促进少数民族的真正发展，反而会引起各个民族的强烈不满。因为对于少数民族来说，对于他们的保护与优惠政策与其说是一种改善和提高，不如说是另外一种意义的"损害"和"践踏"。真正的民族平等既要在民族语言、文化、宗教上保持发展，又要在国家权力机关中有本民族利益的真正代表。在这种情况下，民族自治就不再是一种临时性措施，而是永久的民族政策，以确保国家统一和民族的发展。其二，在一定范围内的民族区域自治有时会作为这一区域内的主体民族通过自治的手段以获取在国家中的地位，一旦时机成熟就会宣布独立从而达到分裂国家的目的。苏联的加盟共和国以及每个加盟共和国之内的民族自治共和国就很容易产生这种"滑坡式"的独立效应。

---

① ［英］斯蒂芬沃尔夫：《多民族社会中的自治——从欧洲视角看冲突预防与解决的局限性与机会》，载王铁志、沙伯力编《国际视野中的民族区域自治》，民族出版社 2002 年版，第267—268 页。

（二）从民族区域自治到民族共治

民族自治理论是在资本主义征服与扩张过程中发展起来的，它反对外来民族的统治与压迫，要求在本民族范围内独立自主地发展本民族的经济与文化。文化自治与区域自治都是这一时期发展起来的民族理论。民族"自治"相对于"他治"是一种发展和进步。它在多民族国家范围内保障各个民族的平等权利与发展，在保证少数民族参与国家管理以及文化发展上起了积极作用。但是从另一方来讲，它还无法从根本上解决民族主体与区域制度之间的矛盾。面对越来越突出的民族问题，愈来愈多的人认识到，单纯地强调国家范围内的民族自治已经无法满足少数民族发展的要求以及国家公民建设的需求，于是人们对于民族存在与发展的认识开始由民族自治向民族共治转变，不再强调民族区域内的自我独立和发展，而是主张在一定区域内的各个民族同样作为国家公民参与国家事务的管理，共同行使国家所赋予的权利和义务。中国社会科学院一直致力于研究民族共治理论的研究员朱伦认为，包括殖民地自治、民族文化自治以及领土自治在内的民族理论是对于帝国主义民族征服的反映，它所强化的是民族认同而不是国家公民认同，是统治民族"他治"下的反抗，还是"一种绥靖主义的帝国统治策略，它实际上是强势民族的统治阶层与弱势民族的统治阶层达成的妥协"[1]。但是这些民族自治制度都无法从根本上解决民族与国家以及民族之间的矛盾。在现代条件下，民族自治理论已经无法满足民族发展的要求，这需要重新认识民族自治，把民族与国家的发展统一起来实现民族共同管理国家事务即民族共治。因此他反对人们在"自治"意义上对于民族区域自治制度的理解，认为我国的民族区域自治是一种保

---

[1]　朱伦：《关于民族自治的历史考察与理论思考——为促进现代国家和公民社会条件下的民族政治理性化而作》，《民族研究》2009 年第 6 期。

障各个民族共同"当家做主"的民族制度即一种"共治",① 以此来解决西方古典民族理论以及自由民主理论在民族问题上"排他性"与"从属性"之间的矛盾。在一定地域内各个民族成员在平等的基础上实现对于民族事务和国家事务共同管理的权利,从而取消区域范围内的主体民族以及少数民族与多数民族之间的区分。具体来说,它是"以民族政治民主和共和思想为指导,以促进民族关系平等、自由与和谐为宗旨,以合理保证各民族的自身利益和共同利益为出发点和归宿的民族政治理念和行为"②。它是"民主—共和—共治"三位一体的民族政治制度。这样由"民族自治"到"民族共治"观念意识的转变在一定程度上以避免区域内的少数民族形成"多数倒置"以及民族独立倾向,有利于在民族意识发展的基础上形成公民意识。在当前民族问题日益突出,强调国家的公民意识以及各个民族共同管理地方和国家事务的"共治"理念不失为对于民族政治制度思路的一种重新认识。

鲍威尔的"民族文化自治"理论不但考虑到了民族的"地域原则"所产生的少数民族问题,而且他的"非地域原则"取消了少数民族与多数民族的概念区分,改变了民族自治中的保护观念。民族的非地域构成,既满足了民族对于文化发展与认同的需求,又把"被动"的民族保护变为"主动"的民族权利要求,把国家强制性民族同化转变为民族的融合与统一。所以沃尔夫冈·当斯派克格鲁伯针对民族文化自治这一民族问题的解决方式指出:"为社群提供一种可依赖的选择,以保证其享有自身文化、民族和宗教归属、自治、最大程度的社会文化发展、民主和透明政策,以及尽可

---

① 近年来,朱伦研究员为阐述共治理论发表了一系列论文,主要有:《民族共治论:对当代多民族国家族际政治事实的认识》,《中国社会科学》2001 年 4 期;《民族共治的理论基础与基本原理》,《民族研究》2002 年 2 期;《自治与共治:民族政治理论新思考》,《民族研究》2003 年 2 期;《关于民族自治的历史考察与理论思考——为促进现代国家和公民社会条件下的民族政治理性化而作》,《民族研究》2009 年第 6 期。

② 朱伦:《自治与共治:民族政治理论新论》,《民族研究》2003 年第 2 期。

能以独立的身份参与地区一体化和全球市场化进程，并使它的年轻人能享受到培训和受教育的好处。因此，社群对安全、对自身的地位和平等权利的满意程度、对自身文化归属不受威胁以及为自己的孩子提供一个可行的未来等就变得至关重要。只有在这种情况下，一个社群才会接受一个缺乏完全主权和不改变外部边界条件下的长期解决方案。"① 因此俄罗斯开始改变了苏联时期对于民族文化自治理论的批判态度，吸取了这一理论在调整民族与国家上的策略，并在原来民族区域自治基础上实行文化自治，鼓励民族成立文化团体，以满足民族意识的增强以及民族认同需求，并获得了积极的成效。对我们来说，在当今国际政治经济发展的形势下，在对于民族文化自治理论批判的基础上，合理利用这一理论来解决我国所面临的民族问题则是我们的主要任务。

---

① ［美］沃尔夫冈·当斯派克格鲁伯：《自我管理与区域一体化模式——作为一种促进和平与稳定的手段》，载王铁志、沙伯力编《国际视野中的民族区域自治》，民族出版社 2002 年版，第 188 页。

第 七 章

鲍威尔民族理论的省思

第一节　鲍威尔民族理论特点及其内在矛盾

一　鲍威尔民族理论特点

作为奥地利马克思主义者的奥托·鲍威尔，在马克思主义革命者眼中他是一个修正主义、机会主义和资产阶级代表，因而受到严厉批判。在奥地利社会民主党右派眼中鲍威尔是一个激进的暴力革命者，因而受到抵制。鲍威尔在不同的政治派别眼中有着截然不同的形象和立场，这正是他在马克思主义理想与现实的帝国制度之间，也是在社会主义信念以及西方民主制度上妥协的结果，这也决定了他的民族理论与纲领的折中性与妥协性。

以鲍威尔为代表的奥地利社会民主党结合国内的具体情况以及党的历史任务，在马克思主义民族理论基础上提出了自己的民族理论与文化自治纲领。通过对于鲍威尔民族理论与民族纲领的研究和分析，可以看出他的民族理论和纲领是把维护奥匈帝国的统一以及社会民族党的政策结合在一起，这就必然使他想在现实国家权力框架中实现国家制度以及职能的变革，从而完成从传统到现代国家的转换，并在新的国家中实现各个民族的文化和经济的自由发展。因此鲍威尔对于西欧自由民主制度以及民族—国家模式进行了批判，提出了民族的非领土原则以及文化本质，以希望奥地利成为一个统一的多民族国家，所以他的民族理论是力图在国家的统一与民族的自由之间保持一种平衡。这种民族自由主要体现在民族属性的个人选择以及国家在民族自我管理制度两个层面。在个人自由宣称以及登记制度中决定了民族的归属，这就排除了国家权力以及外来民族的强制同化，是个人在民族语言、文化以及情感归属上的自主性。在国家制度中，各个民族成立自己的民族委员会实现对于本民族文化、经济发展的自我管理即民族自治。这种民族自治既是国家民主制度的体现，又是民族自由的自我实现。所以鲍威尔民族理论具有自由主义特征。

此外，鲍威尔在马克思主义资本主义批判的基础上，具体分析了资本主义社会所产生的民族问题，认为民族问题在资本主义社会不能根本解决，只有在社会主义制度下才能得到最终解决。但是它又不主张通过武装斗争和革命的方式来实现，而是想保持现有传统与社会制度前提下实现社会主义的"和平转变"。因此鲍威尔支持和同情俄国布尔什维克革命，但是反对把它作为普遍性的社会主义实现途径，尤其是不适合社会力量"均衡"发展的奥地利。因此鲍威尔主张不放弃马克思主义阶级斗争前提下，把民族自治作为阶级斗争的一种手段，这就是他的无产阶级"民族演进政治"，以此反对资产阶级的"民族权力政治"。在鲍威尔看来，资本主义生产形成了工人阶级的国际意识，但是这种国际意识并不是在世界性的文化中形成的，而是在各个民族的文化之上形成的，也就是说，民族文化是形成世界意识的基础。所以鲍威尔注重民族文化、民族性格以及民族意识对于工人阶级国际意识以及斗争的重要作用，由此他反对修正主义以及改良主义对于工人阶级的破坏作用，意在把民族主义与社会主义结合起来，实现社会主义信念与现实策略的统一。

二　鲍威尔民族理论内在矛盾

虽然鲍威尔独创性地具体阐述了民族文化自治理论，但是由于他的理论有着无法解决的内在矛盾，使得他的民族理论以及民族纲领根本无法维护奥国的统一以及解决复杂的民族问题。这种矛盾主要表现在：首先是个人在民族属性上的自由选择与民族性（社会性）之间的矛盾。（民族登记制度）在个人民族属性上，鲍威尔坚持个人自由宣称基础上的民族登记制度。这种民族的自由选择，是针对国家存在的强制同化与民族统治而突出了个人的自觉性与自主性，是个人自由权利的体现。受马克思主义关于人的社会性以及奥地利马克思主义者麦克斯·阿德勒（Max Adler）的"先验化"的社会意识理论影响，鲍威尔认为个人是民族的产物，个人的特性是他的民族性格的体现，也就是说个人性格和意识是由他的社会性即民族性所决定的。同一个民族的成员具有相似的观念意识和价值行为即民族性格，这恰恰是人的社会性。而人的社会性是个人无法决定和选择的，它体现了民族的不可选择性。对于个人来说，民族属性体现为一种"自然性"，在民族本质上它是一种"文化性"。M. 阿德勒称之为"先验的"社会化意识。而个人宣称基础上的民族登记制度，对于个人权利来说它是自由的。在民族属性上，它体现的不是民族"自然性"和社会"先验性"，而是一种个人自觉的"人为性"，是一种自主性决定。这样，在鲍威尔民族理论中，个人意识上的民族自主性与民族本质上的社会性，民族文化性与国家政治制度性之间就形成了一种紧张关系。这种紧张关系既是由他的自由主义与民族主义之间的冲突所造成的，又是传统的君主制度国家以及工人阶级社会民主党的任务之间的矛盾所决定的。

其次是奥匈帝国传统国家权力结构与社会民主党自由民主权利要求之间的矛盾。作为反对奥匈帝国君主制度以及资本主义社会制度，并且肩负着工人阶级解放和斗争任务的奥地利社会民主党，是在马克思主义理论影响下成立并发展起来的。一方面，他们坚持社会主义理想，坚持对资本主义社会制度的批判，坚持改善工人阶级工作条件和生活状况。但是另一方面，他们又看到了奥地利政治颓废、经济落后于西欧发达国家，武装斗争会导致国家经济上的衰退甚至是国家的解体，因此他们并不愿意进行武装斗争以武力夺取国家的政权，而是期望在维持现实国家权力结构下，对于国家权力机构和民主制度进行改革，使之成为现代民主国家，实现国家在制度形式、民族构成以及民主制度向社会主义转变，从而完成工人阶级最终的任务。因此在民族问题上，社会民主党提出了他们的民族纲领，希望解决国内复杂的民族问题以及国家制度的矛盾。鲍威尔进一步发挥了伦纳的民族思想，但是他并不同意在法律的范围内解决民族问题。在鲍威尔看来，国家中的民族问题从根本上说并不是法律问题，而是权力问题。他坚持阶级斗争，把民族自治作为阶级斗争的一种手段。不但如此，他还反对修正主义以及改良主义对于社会主义事业以及工人运动的危害性，主张在民族文化的基础上加强各个民族工人的团结。即使如此，鲍威尔还是希望在保持现有的国家结构与制度不变的情况下，实现社会主义和平革命的任务，因此他提出了工人阶级的"民族演进政治"，反对资产阶级的"民族权力政治"。不过与机会主义以及社会民主党右翼不同的是，他在一定的条件下还是坚持工人阶级的暴力斗争，这就是他的"防御性暴力"。但是在法西斯反动势力的铁蹄下，工人阶级"防御性暴力"革命遭到了失败。由此看出，鲍威尔通过他的民族文化自治理论在国家层面上保持国家领土的统一性以及国家权力结构的完整性，在党的层面上维护社会民主党各个派别的团结性，在未来目的上达到社会主义目的与现实策略的一致性。这种完整性与统一性，由于他的理论在传统的国家权力制度与现实的民主权利之间的内在矛盾，使得他既受到来自传统马克思主义的批判，还受到来自社会民主党右翼的批评，正是这一矛盾决定了他既是一个批判者，又是一个被批判者。

　　最后是民族性格原则与民族的非领土原则之间的矛盾。民族非领土原则以及民族的文化本质是鲍威尔民族理论的主要特点，其目

的是在解决各个民族发展问题的基础上维护奥匈帝国统一。民族的
非领土原则，使得民族与一定的区域失去了必然的联系，民族之间
的界限不再是地域而是文化，文化形成人们的民族意识。同时，在
民族概念上鲍威尔把它定义为"从命运共同体产生的性格共同体"，
而民族文化本质属性又是民族性格形成的前提。所以"非地域性"
原则把文化作为判别民族的依据。他从抽象的民族意识与精神属性
上来定义民族而不是传统实体意义上的民族属性，认为具有相同的
文化但居住在不同地域的人们也可以形成一个民族，这样的目的在
于：一是在资本主义生产条件下为迁徙的民族成员的认同提供了基
础；二是打破了西方民族国家成立的原则，为统一国家中的民族分
裂消除了地理上的依据；三是为少数民族，特别是分散的民族认同
提供了理论基础。对于犹太人来说尤其如此，因为犹太人历史上长
期流散于世界各地，没有固定的区域。按照人们通常对民族定义的
理解，犹太人就无法作为一个民族。但是按照鲍威尔对于民族的概
念，由于犹太人拥有共同的文化和宗教，有着共同的价值观念和行
为意识，亦即有着共同的民族性格，所以承认他们是一个散居于世
界各地的民族。另外，尽管鲍威尔在概念上认为犹太人是一个民
族，但是对于犹太民族的发展上，他认为民族自治并不适用于犹太
人，原因恰恰是在于犹太人民族有自己的固定区域，而民族性格共
同体形成的前提就是要拥有共同的生活区域。鲍威尔为此比较了奥
地利的捷克人和犹太人之间的差异，认为民族自治适合捷克人而不
适合于犹太人。因为奥地利的捷克人有着自己的祖国，祖国的文化
保证了他们文化的稳定性与长期性。但是犹太人由于没有自己固定
的区域，从而失去了民族性格共同保持和发展的前提和基础。鲍威
尔主张犹太人不是自治而是融入所在地的民族中去。鲍威尔在民族
本质与意识属性上承认民族的非地域性，但是在民族性格共同体保
持和发展上却又把共同的"地域"作为基础。鲍威尔这一民族概念
上的内在矛盾造成了犹太人虽然是一个民族，但却没有民族自治的

权力，这一矛盾也反映了作为犹太人的鲍威尔在民族问题上的复杂心态。

第二节　鲍威尔民族理论的限度及其合理性调适

一　鲍威尔民族理论的限度

在新的时代条件下，鲍威尔所提出的民族文化自治理论得到了重新认识，并在许多国家中得到运用。一方面，形成这一现象的原因是多方面的，既有经济发展转变为文化发展的因素，又与这一理论所形成的历史条件有关。另一方面，民族文化自治理论并不能从根本上解决民族问题，这是由民族文化自治理论自身的缺陷所决定的。因此重新认识和运用民族文化自治理论并不是否定在历史上的批判，所以要真正把握民族文化自治理论本质，既要从历史角度，又要从现实立场上来探讨。从历史上来看，它作为改良主义以及维护奥匈帝国统一不符合历史发展的潮流，是列宁所说的一种"倒退"。在旧的国家体制范围内，在不改变传统国家制度和权力结构的前提下，实行国家政治与文化的区分来发展民族文化，这是一种小资产阶级改良主义的幻想。因此它根本无法实现发展民族文化的目的，更遑论完成革命的任务。奥匈帝国解体以及工人阶级革命运动的失败证明了列宁对于民族文化自治理论批判的正确性。而在现实条件下，民族意识觉醒以及民族主义运动的兴起，使得国家统一与民族发展关系成为突出问题。民族文化自治理论既是国家政治制度的表达，也是民族自我发展的内在需求。

民族自决、民族文化自治、区域自治以及单一的民主共和国、国家联邦制作为解决民族问题的制度都是在民族与国家历史发展中形成和发展起来的。这些形式是和各个民族与国家的具体情况、历史文化国家制度以及社会结构紧密地结合在一起，因此每个民族自我管理形式和制度都没有普遍必然性，它们都随着社会的发展而对国家和民族具体情况做出合理性调适，以利用民族自治理论，充分发挥民族自我管理制度的作用。

在帝国主义民族统治和征服过程中，马克思为主义民族理论对于无产阶级的斗争以及被压迫民族的解放运动起了重要的作用。列宁进一步阐述了作为被压迫民族独立的民族自决理论并推动广大殖民地民族革命和斗争。在苏联社会主义建设过程中，由于没有解决民族之间的矛盾与冲突，20 世纪 80 年代末民族自决理论反而成了苏联解体在法律上的依据。在欧洲民族主义运动影响下，针对奥地利复杂的民族问题以及无产阶级政党的革命运动，奥地利马克思主义者提出了民族文化自治理论，试图在传统政治制度框架下维护帝国的统一，并在此基础上进行改革以实现社会主义目标。但是衰败的封建帝国以及垄断资本主义国家的本质决定了具有改良色彩的民族文化自治理论必然失败的命运，但是这并不意味着民族文化自治理论失去了它应有的价值和意义。尤其是苏联和东欧社会主义国家解体和全球化发展，传统民族国家以及自由民主理论受到了民族意识和民族认同的挑战。国家统一与民族发展成为世界各国所共同面临的问题，旨在维护国家的统一和民族发展的民族文化自治理论重新受到了人们的重视并作为解决多民族国家统一问题的重要手段，显示了它本身所具有的价值和意义。因此我们要在坚持马克思主义对它的批判的同时，还要分析它在现实中所具有的合理性价值，以便在民族区域自治制度中发挥它在解决我国民族问题时的作用。

二　鲍威尔理论的合理性调适

鲍威尔所具体阐述的"民族文化自治"理论是在民族概念的"非地域原则"基础上，实行国家政治与民族调整，在民族自由发展基础上实现国家的统一。但是由于这一理论忽视了现代国家的领土特征，所以民族自治必须以地域为前提，在此基础上才能保证国家统一和民族自由。我国民族区域自治就是在国家领土和主权统一的基础上，承认民族之间的区别。这种区别不但是数量上也是在文化上的区分，正是各个民族之间的区分才有实行民族自治的必要性。它要求在政治上坚持社会主义制度和党的领导，在少数民族聚居的地区实行自治，发展本民族的文化和经济，从而既保证了国家的统一又促进了民族的发展。在民族区域自治制度中，一定的民族聚居区域是实施这一制度的前提和基础，民族文化与教育的发展是这一制度本身所包含的重要内容。以此来看，民族区域自治以及文化自治虽然在民族发展原则和基础上存在着差异，但是它们在维护国家的统一以及发挥民族自我管理权利上是一致的，它们在调整国家与民族关系、解决多民族国家中的少数民族问题则是相互补充的。如果民族区域自治制度是在国家层面对于少数民族实施的民族保护制度，它体现了民族自我发展的权利以及民族平等的原则。而民族文化自治则更多的是在民族层面实现民族的自我管理，主要体现了在具体制度与技术操作层面实现作为民族自治主体的权利。因此民族文化自治在国家统一和建设时期可以作为民族区域自治制度的一种必要的补充。这就需要在坚持我国民族区域自治制度条件下对于民族文化自治作理论和实践上的调适，从而发挥它在解决民族问题上的价值和作用。

当前社会发展的文化转向，是资本主义从军事霸权到经济霸权再到现在全球化时期文化霸权的一贯延续和继承。20 世纪以来，尤其是苏联和东欧社会主义国家的解体，东方和西方两大意识形态领域内的斗争被经济全球化发展以及文化发展的多元化所取代。因此在资产阶级看来，国家与国家之间的斗争不再是意识形态斗争和阶级斗争，而是不同国家和地区的文化与文明之间的冲突。塞缪尔·亨廷顿在其《文明的冲突与世界秩序的重建》中把世界分为主要的七大文明，即西方文明、东正教文明、伊斯兰文明、中华文明、日本文明、印度文明、拉美文明以及可能存在的非洲文明。①
亨廷顿的文明冲突理论的确说明了在全球化时代世界的多元化发展
趋势以及冷战结束以后世界冲突的表现。但是他把不同民族文明价
值作为世界的矛盾和冲突根源，实际上是把意识形态斗争归结为文
明的矛盾，它实际上遮蔽了资本主义国家扩张和统治世界的本质，
并没有指出造成文明冲突背后的深层根源。实际上，从冷战结束以
后世界资本主义的发展来看，多元化发展只是一个表象。资本主义
本质上对于发展中国家的控制得到了进一步的加强。多元化并不是
各国以及民族实现了真正的自由和多元的发展，它只是资本主义发
展形式的多样性和多元化。对于资本还不能控制区域，它就利用军
事、经济和文化等各种手段进行渗透和控制，从而纳入资本主义发
展范围。所以冷战结束以后，文化发展成为世界各国经济发展的一
个重要手段，其实文化手段也是资本主义进行征服和控制的一个重
要手段，只不过是它随着资本主义不同的发展阶段采取不同的形
式。在资本主义初期军事占领、殖民掠夺是资本扩张的主要方式，
为资本主义发展积累了雄厚的实力和基础。两次世界大战以后，在
世界范围内的民族独立运动打击下，帝国主义殖民体系开始瓦解，
于是资本主义就开始采用经济渗透和不平等贸易来继续帝国主义的
殖民掠夺政策。20 世纪以来世界进入全球化时代，冷战结束并没
有带来世界的和平与发展，反而是资本主义国家在经济上控制世界
发展以后，逐渐转向了文化和意识形态领域，它是资本主义掠夺和
控制政策的进一步加深和继续。这就是新世纪文化问题成为资本主
义世界发展的突出问题的本质所在。因此民族文化自治理论既是资
本主义国家解决国家与民族关系的措施，也是世界发展变化在民族
问题上的反映，更是文化帝国主义在民族问题上的表现。从本质上
来说，民族文化自治并不能从根本上解决民族问题。所以说民族问

---

① 参见［美］塞缪尔·亨廷顿《文明的冲突与世界秩序的重建》，周琪等译，新华出版社
1998 年版，第 29—32 页。

题背后所涵盖的资本的本质依然没有改变，民族文化自治虽然在改善民族与国家关系上起了一定的作用，但是它无法从根本上解决世界性的种族冲突和民族矛盾，这是由资本主义的扩张本质所决定的。

民族文化发展问题是民族问题解决的一个方面或一个部分，但是民族问题的最终解决是需要社会制度和生产关系的革命性变革。鲍威尔的民族文化自治理论一方面继承了马克思主义的唯物主义史观，揭示了民族问题形成的社会根源；另一方面鲍威尔民族文化自治理论也反映了第二国际时期马克思主义理论发展从政治到文化上的转向，开启了马克思主义到马克思学的发展道路，因此这一时期奥地利马克思主义理论是后来西方"马克思学"的源头。随着苏联和东欧社会主义国家解体，世界范围内的地区矛盾和冲突日益频繁，尤其是种族矛盾和斗争成为世界各国突出的问题。尽管不少国家开始采用了民族文化自治理论，比如俄罗斯、立陶宛、爱沙尼亚、比利时、加拿大等国，但是民族冲突和矛盾依然严峻，民族问题并没有得到根本解决。这是由于冷战的结束，资本主义进一步加强了在全球范围内控制和掠夺所造成的民族问题，可以说资本主义扩张和掠夺的本质不变，民族问题本质就不会改变。所以在吸取社会主义国家在历史上处理民族问题的教训，借鉴其他国家成功经验基础上，正确处理和解决我国的民族问题，这是促进我国民族发展和社会稳定的重要保证和基础。

第三节　鲍威尔民族理论与西方"民族—国家"制度批判

当前国家与民族关系的处理以及解决成为人们关注的焦点，其中从文化上来解决民族问题成为人们争论最多的内容。因此一直受到广泛的争论、质疑以及批判，"民族文化自治"理论重新引起了人们的普遍关注。从第二国际时期被批判为机会主义与改良主义的奥托·鲍威尔民族理论，现在被人们认为是"文化化"而"非政治化"来解决民族问题的理论。事实上，无论是传统马克思主义把他看作修正主义者，还是西方理论界眼中的自由主义者，鲍威尔的民族理论特别是关于民族与国家关系理论为人们处理民族问题和审视民族国家制度提供了必要的理论依据。

鲍威尔民族理论所解决的主要是民族与国家之间的关系，它不但关系到民族在国家中的权利以及文化、经济上的发展，而且还涉及多民族国家的领土统一和主权完整。不过在这一问题上，人们通常认为鲍威尔所提出的民族文化自治理论是把民族文化发展独立于国家政治而无法获得成功，这也是它在第二国际时期受到列宁激烈批判的原因。不过随着苏东剧变、民族冲突与运动再次成为世界各国所面临重要问题，民族文化自治理论重又引起了人们的广泛关注，人们甚至把非政治化解决民族问题途径归结为民族文化自治理论。[①] 在实践中，"民族文化自治"开始成为世界一些国家解决民族问题的主要政策依据，特别是俄罗斯于 1996 年颁布的《民族文化自治法案》进一步推动了民族文化自治的发展与运用。甚至有人提出在当今时代条件下重新思考和利用民族文化自治理论解决民族问题的价值和意义。[②]

一　西方"民族—国家"制度的阶级性

鲍威尔认为民族国家制度是在资本主义发展中，为了资产阶级

---

① 北京大学马戎教授在关于以文化开辟解决民族问题新途径上发表了一系列文章并引发了广泛的争议和讨论，参见马戎《理解民族关系的新思路——少数族群问题的"去政治化"》，《北京大学学报》（哲学社会科学版）2004 年第 6 期；金炳镐、孙军、肖锐《民族问题"去政治化"、"文化化"："新思路"还是"老套路"？——民族理论前沿研究系列论文之三》，《黑龙江民族丛刊》2012 年第 3 期；郝时远《中国民族区域自治不能改为"民族文化自治"》，《中国民族报》2011 年 4 月 29 日。

② 参见何俊芳、王莉《俄罗斯联邦民族文化自治政策的实施及意义》，《世界民族》2012 年第 4 期；陈联璧《俄罗斯民族关系理论和政策的变化》，《东欧中亚研究》1991 年第 1 期；陈云生《民族文化自治历史命运的转折与引进设想》，《广西干部管理学院学报》2007 年第 3—4 期；《民族文化自治的历史命运及价值蕴含》，《民族法学评论》（第七卷）2011 年。

政治和经济的利益而形成的，它符合资产阶级发展要求，因此它具有阶级性。资产阶级在摧毁传统国家之后把民族国家确立国家制度模式，突破了封建时期的自然边界以及边陲的模糊性。资产阶级在批判传统国家过程中形成了民族国家理论，他们认为民族的生存性与有机性意味着民族的自然性，是内在的，而国家则是人为的、外在的，是可以改变的。正是民族的自然性形成了民族共同体，另外民族与语言、地域因素密切相关，又和国家领土、人口等因素结合在一起，从而推动了资本主义商品经济发展、资产阶级统治地位是在商品经济发展，民族国家建立以及资本主义社会结构相互作用中建立起来的。商品经济为资产阶级奠定了经济基础，自由贸易与平等交换推翻了封建传统社会的等级制度以及传统观念，自由、民主、平等成为新的社会观念。民族成为国家形成的基础，一方面确立了国家的边界和疆域，明确了国家为国际主体；另一方面统一了资本主义经济发展的市场，满足了经济发展的需要。资本主义社会结构是由教育、行政官僚以及法律制度组成，这些构成了资本主义社会行政教育和法律的主要内容。它说明了民族国家资产阶级性质即"人为性"，而它决定了民族—国家是满足资产阶级利益的工具，因为他们反对封建的国家制度，成立新的国家。资产阶级认为民族是自然的，自然的也就意味着给定的、永恒的、不变的。

　　和民族权力建立在国家权力机关之上一样，国家权力也牢固地建立在民族权力之上。作为国家形成的基础，民族原则还推动了资产阶级国家政治制度和结构的发展和变化。鲍威尔认为在资产阶级革命时期，民族反对封建专制和追求自由，从而发展经济、成立国家。在资本主义发展后期，民族区域内的经济发展已经无法满足需要，它要求更多的商品原料和销售市场，资本主义初期的民族国家开始转变为多民族国家，于是民族自由变为民族征服，世界大部分落后国家相继沦为发达资本主义国家的殖民地。新兴国家需要清晰的国家疆界，以确立经济发展和商品市场存在的明确性，资产阶级国家的统一性是建立在一系列政治、经济结构以及法律义务关系之上，但是资产阶级国家的边界如何确立，这是资产阶级所必须面临的问题。

鲍威尔认为资本主义的发展、集中分散制度以及民族领土原则是造成民族问题的诸多原因，特别是资本主义是民族问题形成的社会原因。资本主义的剥削本质以及经济制度是产生民族压迫和剥削的根本原因，资本主义的扩张和侵略导致一个民族压迫和剥削另一个民族，从而形成了压迫民族与被压迫民族。资本主义社会的被压迫民族在国家政治制度中没有它们的地位和作用，甚至本民族的语言、文化无法运用，只能使用统治民族的语言和文化，所以对于被压迫民族来说，自己无法决定本民族的文化与经济的发展，本民族的命运掌握在异族手中，这种状态就是"民族他治"。鲍威尔在民族问题根源分析中阐述了资本主义从自由贸易时期到帝国主义发展过程中民族原则发生的变化，揭示了资本主义是民族问题产生的根源，在这一点上鲍威尔继承并发展了马克思和恩格斯关于民族问题根源的理论。而且鲍威尔关于帝国主义与民族问题分析理论为希法亭金融资本对于资本主义本质的分析提供了直接的理论来源。鲍威尔"民族文化自治"恰恰是针对资本主义的剥削本质批判以及帝国主义殖民统治所形成的民族统治。在资产阶级统治地位确立以后，资产阶级的民族成为统治民族，他们的民族政策就由民族自由转变为民族统治、侵略与扩张，所以"民族文化自治"是反对资本主义制度下的民族统治与压迫，争取本民族自由与权利，是属于民族发展的权利。"民族文化自治"是被统治民族即非历史民族摆脱统治民族的剥削和压迫，实现民族文化和经济上的自由发展，这正是资本主义初期实行自由贸易政策在民族问题上的反映。

二　西方"民族—国家"制度的历史性

"民族—国家"制度是从古代国家制度到现代国家制度发展过

程中出现的国家形式，从古代氏族国家到封建专制主义国家再到"民族—国家"，因而它具有历史性。历史上的国家主要有氏族国家、部族国家以及王朝国家几种形式，而"民族—国家"是伴随着资本主义发展起来的。"民族—国家"的形成和资本主义兴起以及欧洲宗教的衰落有着不可分割的联系，而在世界其他地方还存在着包括多元一体国家以及多民族帝国等形式。中世纪以来的欧洲政治是神圣罗马帝国政教合一的统治，罗马教皇既是人们精神世界的统治者，又是世俗政治的统治者。在封建等级制社会中国王是国家的最高统治者，他把土地分封给各个诸侯并向他们收取赋税。但是随着社会生产的发展，世俗政治势力不断壮大，国王和新兴地主阶级逐渐联合起来反对罗马教皇的精神统治。经过长期的斗争，以国王代表的世俗阶层最终打败了神圣罗马教皇取得了统治权，长期居统治地位的宗教势力退出了政治舞台。但是这并不意味着宗教失去了它的作用，而是继续维持其在精神世界的影响，从而保留了它的独立性。从此宗教性质的神圣罗马帝国走向衰落，王朝帝国成为新的政治形式。三十年战争后，1648 年威斯特法利亚合约正式确定了主权国家成为国际交往的主体，这标志着世俗势力最终取得了胜利。商品经济的发展以及资产阶级兴起使得世俗的王朝国家无法满足发展的需要，于是他们把民族作为国家成立的基础与原则。因此"民族"的建立跟当代基于特定领土而创生的主权国家是息息相关的，若我们不将领土主权国家跟"民族"或"民族性"放在一起讨论，所谓的"民族国家"将变得毫无意义。以民族为界限打破了封建时代关税壁垒和割据状态，统一了资本主义商品贸易市场，促进了资本主义经济的发展。资产阶级统治地位确立以后，为了巩固自己的统治地位，"民族—国家"成为资产阶级统治的国家形式。而"民族—国家"的发展经历了从资产阶级革命时期的民族自由向帝国主义时期的民族征服演变，使得民族帝国主义成为资本主义后期的主要国家制度形式，这是资本主义殖民征服和扩张的必然结果。

三　西方"民族—国家"制度的区域性

"民族—国家"是在西欧资本主义历史条件下形成起来的，并不具有普遍性，在此意义上它具有区域性。尽管民族国家是当今世界普遍的国家制度理论，但是并没有真正符合这种形式的国家，绝大多数国家不是民族国家而是多民族国家。世界各国在不同的历史时期存在着不同的国家制度，即使在同一地区，不同的国家由于历史上不同的文化、传统，各国国家制度也存在着巨大的差异。比如19世纪西欧已经建立起完备的民族国家制度，而中欧以及东欧还处于封建时代的多民族帝国时代，主要包括奥匈帝国、土耳其帝国以及俄罗斯帝国。奥地利地处中欧，这一地区由于历史上的军事战争、民族迁徙以及国家合并等各种原因形成了错综复杂的宗教、文化与民族分布。19世纪60年代，奥地利和匈牙利合并为一个二元君主制国家即奥匈帝国，随着资本主义的发展，特别是西欧文艺复兴运动以及宗教改革的影响，民族意识开始觉醒。正如霍布斯鲍姆所说："使国家民族主义甚至更为必要的，是工业技术时代的经济和其公私管理的性质需要民众接受小学教育，或至少具有阅读文字的能力。"[①] 于是在经济、政治、文化、战争以及宗教等各种因素影响下民族矛盾十分尖锐，可以说它是奥地利社会民主党在社会主义斗争过程中所必须加以解决问题，因为这一问题的解决不仅关系到工人阶级革命和斗争问题，而且还关系到奥地利社会民主党在国家中的政治命运，更为主要的是这一问题决定着奥地利社会主义前途。如何解决现实的民族问题是奥地利社会民主党所致力解决的首要问题，这正是鲍威尔所阐述的民族文化自治理论。鲍威尔的民族文化自治理论体现为民族与国家的关系调整，它主要是把民族作为法律实体，注重民族平等和文化发展的权利，从而保持各个民族自

---

① ［英］艾瑞克·霍布斯鲍姆：《帝国的年代》，贾士蘅译，江苏人民出版社1999年版，第186页。

由与国家统一。

　　"民族文化自治"反对民族征服、民族同化和种族灭绝等帝国主义的民族政策，要求本民族有着独立语言和文化权利，在国家政治上是一种民族自主权利。由此可以看出，它是要求民族在国家中的地位与发展上的自主性而不是国家的政治权力。换言之，它的目的是在国家统一范围内的民族管理权，而不是带有分离性质的独立权，但是这种自主和发展权恰恰又离不开国家，相反，民族与国家是一种彼此共存的关系。因此，"民族文化自治"不应被认为是"去政治化"或"非政治化"，因为无论是从理论上还是目的上，"民族文化自治"都是对于民族与国家在政治关系上的一种有机调整（organic regulation）。这种有机性体现在民族自由与国家统一、主体民族与少数民族的关系上。因此说"民族文化自治"本身就是一种政治即国家统一与民族发展的政治，它是民族与国家在政治、经济和文化发展关系上的"有机调整"。不过由于"民族文化自治"理论没有意识到世界无产阶级革命时代的转变，它试图在腐朽的奥匈帝国传统国家制度中使民族在文化上获得发展，以解决由于民族意识产生的问题。但是他并没有意识到在当时社会条件下，民族意识产生的决定性因素并不是文化而恰恰是腐朽的国家制度所造成的。以文化的发展谋取民族自由和国家统一，不但脱离了奥地利社会民主党自身所提出的纲领，而且还与无产阶级政党革命的根本任务相违背，正如列宁所批判的那样，它不是前进到社会主义中而是退回资本主义社会去追求民主。当然这并不意味着我们完全忽视民族文化自治理论和它关于"民族—国家"批判本身所具有的价值，特别是当"民族—国家"理论成为西方国家分裂其他国家的有力工具时，我们更应看到"民族文化自治"理论所具有的作用和意义。

　　鲍威尔"民族文化自治"理论中的"民族—国家"批判对于我们具有重要的现实意义，它主要包括：

其一，它有助于进一步审视当代西方民族国家理论，尤其"民族—国家"理论成为当今世界民族冲突与国家分裂的背后推手。在某种程度上讲，它充当了西方瓦解统一的多民族国家的利器，从而更进一步地控制更多分裂出来的国家。我国是一个统一的多民族国家，而当前世界的民族独立运动对于我国的统一以及民族问题是一个严峻的考验。鲍威尔的"民族—国家"批判理论使我们能够认清西方"民族—国家"的历史与本质，从而坚持多民族国家的统一。

其二，在历史理论与实践中如何认识民族、如何处理"民族"与"国家"以及民族与民族之间的关系、如何完善社会主义民族制度成为我们当前面临的重要问题。而这一问题在第二国际时期的民族理论及其争论就成为当时马克思主义民族理论的重要内容，它不但为我们在认识民族本质以及民族国家关系上提供了直接的理论来源，而且在实践中为解决民族问题提供了新的途径。

其三，我们既要看到鲍威尔民族理论所具有的局限性以及它对于当时无产阶级革命带来的危害，但同时我们还应当看到这一理论对于马克思主义民族理论发展以及解决当前民族问题所具有的价值和意义，所以旨在维护国家的统一和民族发展的民族文化自治理论重新受到了人们的重视并作为解决多民族国家统一问题的重要手段，显示了它本身所具有的价值和意义。此外，鲍威尔民族理论还为不同的理论和政治派别之间开启了对话和协商的可能性，也为社会主义制度下重新审视民族理论以及制定民族政策打开了更为广阔的视野。

结　　语

　　鲍威尔民族理论和民族纲领随着一战后奥匈帝国的解体，其维护帝国的统一愿望落空，也意味着他的民族理论在当时条件下遭到了失败。但是他的民族理论为后来的自由主义以及民族主义和社会主义在民族问题上提供了理论基础和参照。历史的发展凸显了鲍威尔民族理论的价值和意义，它突破了单一的、同质化的全能主义模式，为不同理论和政治派别之间的对话和协商开启了可能性，也为社会主义制度的开放性提供了思考。因此改变过去对于鲍威尔民族理论非此即彼的批判方式，从而为我们解决民族问题和制定民族纲领提供必要的参考和借鉴意义。

　　具体来说，鲍威尔民族理论有以下几点引起我们的思考：

　　第一，社会主义政治认同与民族认同关系问题。列宁认为20世纪世界各个被压迫民族斗争进入无产阶级革命时代，工人阶级与被压迫民族的解放需要各个民族无产阶级团结起来反对压迫民族以及资产阶级。因此它需要阶级意识和国际意识，但是这不会自发形成，而是由通过党的教育来形成。因此列宁注重社会主义认同，坚持无产阶级革命策略，坚持暴力革命，坚持工人阶级的国际意识。他认为资产阶级的民族文化以及民族意识有瓦解工人阶级革命队伍与阶级团结的危险，所以在苏联社会主义革命和建设中，人们非常重视社会主义价值观念和意识形态的形成，而忽视了民族文化和意识。苏联和东欧社会主义国家解体说明在社会主义制度中，民族问题是一个国家的重要问题。鲍威尔民族自然共同体与文化共同体理论说明，国家层面的政治认同是国家制度建设的需要，但是它并不排斥，更不能取代人们生活中的民族意识与认同。在这一方面，鲍威尔民族文化自治理论中民族与国家关系的有机调整，为我们提供一种在国家层面与民族层面的合理区分。这种"有机调整"不是在民族问题上"去政治化"，更不是使民族与国家分开，而是在国家制度范围内调整它们之间的关系。这种有机性是一种有效性和合理性，以便使它们在各自的结构与功能上充分发挥作用。俄罗斯在苏联解体以后改变了过去对于民族文化自治理论的批判态度，而是鼓励在文化层面建立各种自治机构。这一方面满足了民族文化发展的要求，另一方面弱化了民族政治诉求，避免了刚性的政治意识形态与民族冲突的激化。

第二，民族与民主制度建设。民族问题的核心是国家权力问题，它主要包括：一是民族在国家中的地位，这在国家中表现为民主问题；二是各个民族之间的外部关系，它表现为平等问题；三是民族对于内部事务的权限，它表现为自治问题。鲍威尔民族文化自治理论正是从民主制度、民族平等以及自治上来解决国家统一与民族自由问题，以希望在不改变帝国权力结构的前提下，实现国家职能、民主制度的转变以及民族自我管理。由于国家民主制度的转变必须改变帝国的权力结构，所以鲍威尔提出的民族理论并不能解决当时的民族问题，但是他在统一的国家制度与结构下对于民族与国家关系的调整以及民族文化与民主制度之间关系的探讨，为当前解决民族问题，维护国家统一提供了一种尝试和选择。针对民主制度，鲍威尔指出，民主不仅是一种制度，更重要的意义上它是一种生活方式。对于广大的群众来说，对他们起决定作用和影响的是现实社会生活中的观念和意识，而不是政治家普遍的理论和意识。因此，对于民主的追求和建设，不仅仅是一种价值和国家意义上的制度，更重要的是民族成员的生活意识。把一种民主制度从抽象的法律意义变为民族成员的生活意识和观念，也就是把政治制度和"实体"意义上的民主转变为生活"主体"意义上的民主。这包括尊重民族语言文化、生活习俗、宗教信仰等，既在国家法律层面具有它的实体意义，又在生活层面实现民族成员的自觉性与主体性。

第三，民族文化与自主性。19 世纪末 20 世纪初，包括民族主义、自由主义以及社会主义在内，人们普遍认为民族—国家的模式即"一个国家，一个民族；一个民族，一个国家"几乎成为解决民族问题的唯一途径。但是鲍威尔通过对于资本主义本质以及自由民主制度的分析，批判了民族国家制度，这为我们摆脱西方民族国家理论窠臼，发展民族文化自主性提供了理论基础。

我国是世界上迄今为止唯一一个经过了千百年来的沧桑巨变之后，依然在民族构成以及国家疆土上保持基本一致的国家。在共同的文化与政治制度上，我国是一个统一的多民族国家，各个民族在共同的历史与斗争中形成了多元一体的格局。当前世界的民族运动浪潮对于我国的统一以及民族问题是一个严峻的考验。鲍威尔的民族国家批判理论使我们能够认清西方民族国家的历史与本质，从而坚持多民族国家的统一。这主要表现在：其一，西方民族国家模式是在资本主义发展过程中确立起来的，它是符合资产阶级利益和需求的。这种国家模式具有西欧地域性，在性质上是属于资产阶级。当前诸多国家中的民族问题从某方面来讲并不是国家制度造成的，而正是由民族—国家制度引起的。其二，民族国家的本质是和资产阶级利益以及资本主义的本质紧密结合在一起。在资产阶级统治地位确立以后，民族国家就由追求自由与民主开始转变为资产阶级谋取政治和经济利益的手段，它一方面在国内力图避免使用民族国家理论以引起民族独立运动，从而威胁国家的统一；另一方面，在国际上大力宣扬民族国家理论，以排斥其他国家保证自己的最大利益。另外它还是瓦解统一的多民族国家的利器，从而控制更多分裂出来的民族国家，最终获得更多的殖民地。当前不少国家的民族独立运动，就是误入了西方民族国家理论陷阱而成为这一理论的旗鼓手。其三，民族的非地域原则。当前固定的区域、语言无法作为区分民族的依据，况且民族之间的交流以及文化上的融合也使得民族之间越来越难以区分。在这种情况下，如果强调民族地域划分，一方面容易在这一区域内形成新的少数民族而造成"多数倒置"问题；另一方面，民族独立分子把区域内的自治作为谋取国家主权的跳板，从而在自治达到一定程度后会形成独立的要求。民族非地域原则取消了民族地域性的本质要素，在一定程度上消除了民族划分的地理基础。因此重新审视鲍威尔民族文化自治理论就成为新时代条件下维护国家统一以及解决民族问题的理论必然和现实要求。

参考文献

一 经典著作

1. 《马克思恩格斯选集》，第1—4卷，人民出版社1995年版。

2. 《列宁选集》，第1—4卷，人民出版社1995年版。

3. 《斯大林选集》（上），人民族出版社1979年版。

4. 马克思：《共产党宣言》，人民出版社1997年版。

5. 马克思：《1844年经济学哲学手稿》，人民出版社2000年版。

6. 恩格斯：《家庭、私有制和国家的起源》，人民出版社1999年版。

7. 马克思、恩格斯：《德意志意识形态（节选本）》，人民出版社2003年版。

二 奥托·鲍威尔著作

1. 《到社会主义之路》，生活·读书·新知三联书店1964年版。

2. 《苏俄的"新方针"》，生活·读书·新知三联书店1977年版。

3. 《鲍威尔言论》，生活·读书·新知三联书店1978年版。

4. 《布尔什维主义还是社会民主主义？》，生活·读书·新知三联书店1978年版。

5. 《鲍威尔文选》，人民出版社2008年版。

三 中文著作及译著

1. ［俄］阿·伊·米高扬：《斗争之路——米高扬回忆录》（一），

北京外国语学院俄语系 1972 年毕业生译，生活·读书·新知三联书店 1975 年版。

2. ［英］阿克顿：《阿克顿勋爵论说集》，侯健、范亚峰译，商务印书馆 2001 年版。

3. ［英］阿克顿著，费尔斯编：《自由史论》，胡传胜等译，译林出版社 2001 年版。

4. ［奥］埃·普里斯特尔：《奥地利简史》（上、下），陶梁、张傅译，生活·读书·新知三联书店 1972 年版。

5. ［英］安东尼·史密斯：《全球化时代的民族与民族主义》，龚维斌、良警宇译，上海人民出版社 2006 年版。

6. ［英］爱德华·莫迪默、罗伯特·法恩主编：《人民·民族·国家——族性和民族主义的含义》，刘弘、黄海慧译，中央民族大学出版社 2009 年版。

7. ［英］埃里·凯杜里：《民族主义》，张明明译，中央编译出版社 2002 年版。

8. ［美］本尼迪克特·安德森：《想象的共同体——民族主义的起源与分布》，吴叡人译，上海人民出版社 2005 年版。

9. ［英］戴维·米勒：《论民族性》，刘署辉译，译林出版社 2010 年版。

10. 董小川主编：《现代欧美国家民族的同化与排斥》，上海三联书店 2008 年版。

11. ［美］杜赞奇：《从民族国家拯救历史：民族主义话语与中国现代史研究》，王宪明、高继美、李海燕、李点合译，江苏人民出版社 2009 年版。

12. ［英］厄内斯特·盖尔纳：《民族与民族主义》，韩红译，中央编译出版社 2002 年版。

13. ［西］胡安·诺格：《民族主义与领土》，徐鹤林、朱伦译，中央民族大学出版社 2009 年版。

14. ［法］吉尔·德拉诺瓦:《民族与民族主义》,郑文斌、洪晖译,舒蓉、陈彦校,生活·读书·新知三联书店 2005 年版。

15. 姜宜桦:《自由主义、民族主义与国家认同》,台北:扬智文化事业股份有限公司 1998 年版。

16. 金炳镐主编:《马克思主义民族理论发展史》,中央民族大学出版社 2007 年版。

四 期刊论文

1. ［俄］安·列多夫斯基:《米高扬与毛泽东的秘密谈判(1949 年 1—2 月)》(上),李玉贞译,《党的文献》1995 年第 6 期。

2. ［俄］安·列多夫斯基:《米高扬与毛泽东的秘密谈判(1949 年 1—2 月)》(中),李玉贞译,《党的文献》1996 年第 1 期。

3. ［俄］安·列多夫斯基:《米高扬与毛泽东的秘密谈判(1949 年 1—2 月)(下)》,李颖、杜华译,《党的文献》1996 年第 3 期。

4. 陈爱萍:《西方学者对第二国际马克思主义哲学研究的三个阶段》,《哲学动态》2010 年第 2 期。

5. 陈壁生:《民族主义与民族国家建构》,《社会科学论坛》2006 年第 9 期。

6. 陈联壁:《俄罗斯民族关系理论和政策的变化》,《东欧中亚研究》1999 年第 1 期。

7. 陈林:《第二国际时期关于民族问题的争论》,《国际共运史研究》1990 年第 3 期。

8. 陈晓律:《欧洲民族国家演进的历史趋势》,《江海学刊》2006 年第 2 期。

9. 陈云生:《民族文化自治历史命运的转折与引进设想(一)》,《广西政法干部管理学院学报》2007 年第 3 期。

10. 陈云生:《民族文化自治历史命运的转折与引进设想(二)》,《广西政法干部管理学院学报》2007 年第 4 期。

11. 成小明：《从一般国家到民族国家——兼评霍布斯与卢梭的国家理论》，《西南科技大学学报》（哲学社会科学版）2010 年第 8 期。

12. ［美］戴伊、齐格勒：《少数与多数》，《国外社会科学文摘》1989 年第 9 期。

13. 国外理论动态记者：《应重视和加强对第二国际的研究——姚顺良教授的访谈》，《国外理论动态》2008 年第 6 期。

14. 韩承文：《"民族文化自治"纲领的实质是什么?》，《新史学通讯》1956 年第 6 期。

15. 郝时远：《重读斯大林民族（нация）定义——读书笔记之一：斯大林民族定义及其理论来源》，《世界民族》2003 年第 4 期。

16. 郝时远：《重读斯大林民族（нация）定义——读书笔记之二：苏联民族国家体系的建构与斯大林对民族定义的再阐发》，《世界民族》2003 年第 5 期。

17. 郝时远：《重读斯大林民族（нация）定义——读书笔记之三：苏联多民族国家模式中的国家与民族（нация）》，《世界民族》2003 年第 6 期。

18. 胡岩：《西藏问题中的苏联因素》，《西藏大学学报》2006 年第 9 期。

19. 江宜桦：《自由民主体制下的国家认同》，《台湾社会研究季刊》1997 年第 25 期。

20. 马戎：《关于"民族"定义与民族意识》，《民族社会学研究通讯》1999 年第 17 期。

五　其他

1. 崔之元：《从奥地利马克思主义非地域民族法人理论看中国民族政策》。崔之元正式网页：http：//www. cui-zy. cn。

2. 陈爱萍：《第二国际马克思主义哲学研究》，博士学位论文，南开大学，2010 年。

3. 冯卫民：《欧洲民族过程与欧洲一体化》，博士学位论文，中国社会科学院研究生院，2001 年。

4. 李小丽：《奥托·鲍威尔对于马克思主义的理解》，硕士学位论文，河南大学，2012 年。

5. 黎英亮：《普法战争与厄内斯特·勒南的民族主义思想》，博士学位论文，华东师范大学，2008 年。

6. 马丽雅：《另一种社会主义的逻辑》，硕士学位论文，上海社会科学院，2009 年。

7. 秦晖：《多民族国家的多元与认同之道——印度与南斯拉夫的比较》，《南方都市报》2010 年 7 月 11 日第 20 版。

8. 田文林：《怎样理解国际政治中的民族分离问题》（上），《中国民族报》2011 年 3 月 18 日第 8 版。

9. 田文林：《怎样理解国际政治中的民族分离问题——"民族自决权"日渐成为西方大国削弱对方的战略手段》（中），《中国民族报》2011 年 3 月 25 日第 8 版。

10. 田文林：《怎样理解国际政治中的民族分离问题——模式选择直接影响对民族分离的"免疫力"》（下），《中国民族报》2011 年 4 月 1 日第 8 版。

六　外文

1. Adina Preda，"The Principle of Self-Determination and National Minorities"，*Dialectical Anthropology*，Vol. 27，No. 3 - 4（2003），pp. 205 - 226.

2. Albert Lauterbach，"Werkausgabe"，*ACES Bulletin*，Vol. 18，No. 1（1976），pp. 83 - 85.

3. Andrés Nin，"Austro-Marxism and the National Question"，http://www. marxists. org/archive/nin/1935/xx/austromarx. htm.

4. Andrew C. Janos, "Nationalism and Communism in Hungary", *East European Quartertly*, 5: 1 (1971: Mar.), pp. 74 – 102.

5. Anthony D. Smith , *Nationalism and Modernism: A Critical Survey of Recent Theories of Nations and Nationalism*, London and New York: Routledge, 1998.

6. Arthur G. Kogan, "The Social Democrats and the Conflict of Nationalities in the Habsburg Monarchy", *The Journal of Modern History*, Vol. 21, No. 3 (sep. , 1949), pp. 204 – 217.

7. Ephraim J. Nimni, *Marxism and Nationalism: The Theoretical Origins of the Political Crisis*, London: Pluto Press, 1991.

8. Ephraim J. Nimni (ed.), *National Cultural Autonomy and its Contemporary Critics*, London and New York: Routledge, 2005.

9. Elias Jose Palti, "The Nation as a Problem: Historians and the ' National Question '", *History and Theory*, Vol. 40, No. 3 (Oct. , 2001), pp. 324 – 346.

10. Ernest Renan, *What is a Nation?* In Stuart Woolf. (Ed.) *Nationalism in Europe*, 1815 *to the Present: A Reader*, London and New York: Routledge, 1996.